AGUILAR

ELIZABETH GILBERT

Comprometida

ELIZABETH GILBERT

Comprometida

Una historia de amor

AGUILAR

Título original: *Committed. A Skeptic Makes Peace with Marriage*
© 2006, Elizabeth Gilbert. Todos los derechos reservados.
Publicado originalmente por VIKING, de Penguin Group.

© De esta edición:
   2010, Santillana USA Publishing Company
   2023 N. W. 84th Ave., Doral, FL, 33122
   Teléfono (1) 305 591 9522
   Fax   (1) 305591 7473
   www.editorialaguilar.com

Primera edición: Mayo de 2010
ISBN: 978-1-61605-076-4
Traducción: Gabriela Bustelo
Diseño de cubierta: Elke Sigal

Published in The United States of America
Printed in USA by HCI
12 11 10   1 2 3 4 5 6 7 8 9 10

Para J.L.N —*o meu coroa*

No existe un riesgo mayor que el matrimonio.
Pero no hay mayor felicidad que un matrimonio feliz.

Benjamín Disraeli, 1870, en una carta a Louise,
hija de la reina Victoria, al darle la enhorabuena
por su compromiso

Índice

Una nota al lector

Hace unos años escribí un libro llamado *Comer, rezar, amar*, donde conté la historia de un viaje que hice por el mundo, sola, tras un divorcio complicado. Cuando lo escribí, a los 30 y tantos años, me alejé por completo de mi, hasta entonces, trayectoria como escritora. Antes de *Comer, rezar, amar*, en los círculos literarios se me conocía (en caso de que se me conociera) como una autora que escribía fundamentalmente para, y sobre, hombres. Llevaba años trabajando como periodista en revistas como GQ y Spin, enfocadas hacia un público masculino, empleando sus páginas para explorar la masculinidad desde todos los ángulos posibles. De igual modo, los personajes de mis tres primeros libros (tanto de ficción como de no-ficción) eran todos tipo súper macho: vaqueros, pescadores de langostas, cazadores, camioneros, cargadores, leñadores…

Por aquel entonces mucha gente me decía que escribía como hombre. Ni siquiera tengo muy claro lo que significa "escribir como un hombre", aunque sospecho que suele decirse como un halago. En todo caso, en aquel momento me lo tomé como un halago. Para un artículo de GQ hasta me hice pasar por hombre durante una semana. Después de cortarme el pelo y aplastarme el pecho me metí un condón lleno de semillas en los pantalones y me pegué una barba tipo mosca debajo

13

del labio, en un esfuerzo por colonizar y desentrañar los fascinantes secretos de la masculinidad.

Debería añadir aquí que mi fijación con los hombres también afectaba mi vida privada, lo que a menudo me generaba problemas.

Mejor dicho, *siempre* me generaba problemas.

Entre mis amoríos y mis obsesiones profesionales, el tema de la masculinidad me tenía tan ocupada que jamás dediqué ni un solo segundo al tema de la feminidad. Y, desde luego, jamás perdí el tiempo dedicándome a mi propia feminidad. Por ese motivo, aparte de sentir una indiferencia general hacia mi propio bienestar, jamás había llegado a familiarizarme conmigo misma. Así las cosas, cuando a eso de los 30 caí al fin en una profunda depresión, fui incapaz de entender ni articular lo que me estaba pasando. Primero se me vino abajo el cuerpo, luego el matrimonio y después —durante un intervalo horrible y aterrador— la mente. El flanco masculino no me servía de nada en aquella situación; la única manera de salir del embrollo anímico en en el que me encontraba era intentar dilucidarlo a tientas. Recién divorciada, hecha polvo y sintiéndome muy sola, lo abandoné todo para lanzarme a un año de viaje e introspección, para estudiarme a mí misma tan a fondo como en sus tiempos estudié la huidiza psicología del vaquero estadounidense.

Y después, como soy escritora, lo conté todo en un libro.

Y entonces, como la vida a veces es muy extraña, ese libro se convirtió en un *bestseller* gigantesco y de pronto —tras una década de escribir solamente sobre el hombre y la masculinidad— me empezaron a llamar autora de *chick-lit*, o literatura rosa moderna. No es que tenga muy claro qué tipo de literatura es, pero estoy bastante segura de que no es un halago.

El caso es que ahora la gente me pregunta si ya veía venir toda esta historia. Quieren saber si cuando estaba escribiendo *Comer, rezar, amar* llegué a imaginar el fenómeno de ventas que iba a ser. Pues no. Era imposible que hubiera podido predecir o planificar una respuesta tan apabullante. Lo único que me pasaba por la cabeza al escribir el libro era que los lectores me perdonaran por escribir una crónica autobiográfica.

Es cierto que por entonces sólo tenía un puñado de lectores, pero eran fieles a la terca joven que escribía historias duras sobre hombres masculinos que hacían cosas masculinas. Jamás pensé que esos mismos lectores fueran a disfrutar de un relato, más bien sentimentaloide y en primera persona, sobre el intento de una mujer divorciada de hallar un remedio psico-espiritual para sus males. Esperaba que tuvieran la generosidad de entender, eso sí, que tenía motivos personales para escribir un libro así. Entonces, una vez aceptado eso, lo dejarían correr y todos podíamos seguir adelante como si nada.

Pero no fue así como salieron las cosas.

(Y para dejar bien claro el asunto: el libro que tienes ahora entre las manos tampoco es una historia dura sobre hombres masculinos que hacen cosas masculinas. ¡Qué no se diga que no estás sobre aviso!)

Otra pregunta que la gente me hace sin parar es cómo me ha cambiado la vida a partir de *Comer, rezar, amar*. Me resulta difícil contestar porque la influencia ha sido monumental. Hay una analogía infantil que puede resultar útil. Cuando yo era pequeña mis padres me llevaron al Museo de Historia Natural de Nueva York. Ahí estábamos los tres, en la Sala de los Océanos. Alzando el brazo hacia el techo, mi padre señaló la enorme ballena azul que colgaba sobre nuestras cabezas, una reproducción en tamaño natural. Intentó que me fijara en el tamaño mastodóntico de aquella criatura, pero yo era incapaz de ver la ballena. Estaba justo debajo de ella y la estaba mirando directamente, pero era incapaz de asimilarla. Mi mente no estaba dotada para comprender algo así de grande. Veía el cielo azul y las caras asombradas de todos los que estaban en la sala (¡era obvio que estaba pasando algo emocionante!), pero fui incapaz de asimilar a la ballena en sí.

Eso es lo que me sucede a veces con *Comer, rezar, amar*. Una vez publicado el libro llegó un momento en que me era imposible asimilar las dimensiones de su trayectoria, así que dejé de intentarlo y dediqué mi atención a otros pasatiempos. Plantar un jardín me resultó útil; no hay nada como quitar caracoles de las tomateras para mantener la perspectiva de la vida.

Dicho esto, me ha producido cierta desazón plantearme cómo, después de un fenómeno semejante, voy a poder volver a escribir sin sentirme consciente de ser quien soy. Y no quiero fingir nostalgia por la antigua escritora sumida en las tinieblas, pero antes siempre escribía mis libros convencida de que los iban a leer muy pocas personas. Esa idea, por supuesto, casi siempre me parecía deprimente. Pero tenía un consuelo desde el punto de vista crítico: si me humillaba de un modo excesivamente atroz, al menos no habría demasiados testigos. En cualquier caso, ahora se trataba de una cuestión académica. De pronto había millones de lectores atentos a mi siguiente proyecto. ¿Cómo demonios se escribe un libro que satisfaga a millones de personas? No estaba dispuesta a hacer algo descaradamente facilón, pero tampoco quería descartar por las buenas a mi público recién adquirido —sagaz, apasionado y formado en su mayoría por mujeres—, después de todo lo que habíamos vivido juntos.

Sin tener claro cuál iba a ser mi proceder, procedí de todas formas. Tardé un año en escribir un borrador completo de este libro —500 páginas—, pero en cuanto lo terminé me di cuenta de que fallaba algo. La voz narradora no sonaba a mí. En realidad, no sonaba a nadie. Sonaba a un discurso saliendo mal traducido por un megáfono. Guardé el manuscrito con intención de no volver a echarle la vista encima y salí al jardín a iniciar una técnica contemplativa a base de escarbar, raspar y meditar.

Quiero dejar claro que no fue exactamente una *crisis* el periodo aquel en que no sabía bien cómo o qué escribir, digamos, no sabía escribir con naturalidad. Por lo demás, mi vida era verdaderamente agradable y estaba tan satisfecha ante mi éxito personal y profesional que no tenía la menor intención de convertir mi particular dilema en un drama. Pero el asunto desde luego me estaba dando qué pensar. Incluso llegué a plantearme la posibilidad de estar acabada como escritora. Dejar de escribir no era lo peor que me podía pasar en el mundo, en caso de que fuera mi destino, pero aún no lo había dilucidado. Tenía que pasar muchas más horas en el huerto de los tomates, no sé si me explico, para poder aclararme las ideas.

Al final me puse bastante contenta al admitir que era incapaz —que *soy* incapaz— de escribir un libro que satisfaga a millones de lectores. O al menos no sé hacerlo deliberadamente. Es decir, no sé escribir un *bestseller* maravilloso por encargo. Si supiera hacerlo, puedo asegurar que lo habría hecho desde el principio, porque así habría llevado una vida mejor y más cómoda desde hace siglos. Pero las cosas no son así, o al menos no para las escritoras como yo. Es decir, las que escribimos lo que nos sale o lo que somos capaces de escribir en un momento dado, publicándolo a sabiendas de que, por algún motivo, no es asunto nuestro lo que le suceda al libro a partir de entonces.

Dicho esto, el libro que yo tenía que escribir, por una serie de motivos personales, era exactamente *éste*: otra crónica autobiográfica (¡con textos socio-históricos de regalo!) sobre mi esfuerzo por hacer las paces con la complicada institución del matrimonio. Sobre el tema central nunca hubo ninguna duda; simplemente tardé algo en encontrar una voz propia. Al final descubrí que la única manera de lograr volver a escribir era limitar drásticamente —al menos en mi cabeza— el número de personas para quienes estaba escribiendo. Así que volví a mis inicios. Y esta versión de *Comprometida* no la escribí para millones de lectores. De hecho, la escribí exactamente para 27 lectoras: Maude, Carole, Catherine, Ann, Darcey, Deborah, Susan, Sophie, Cree, Cat, Abby, Linda, Bernadette, Jen, Jana, Sheryl, Rayya, Iva, Erica, Nichelle, Sandy, Anne, Patricia, Tara, Laura, Sarah y Margaret.

Esas 27 mujeres constituyen mi círculo pequeño —pero fundamental desde el punto de vista crítico— de mujeres amigas, parientes y vecinas. Abarcan edades que van desde los veintipocos hasta los 90 y tantos. Resulta que una de ellas es mi abuela; otra es mi hija adoptiva. Una es mi amiga de toda la vida; otra es mi amiga más reciente. Una está recién casada; otras dos están deseando casarse; varias acaban de volver a casarse; una en concreto está absolutamente encantada de no haberse casado jamás; otra acaba de terminar una relación con otra mujer que ha durado una década. Siete de ellas tienen hijos; dos (en el momento de escribir esto) están embarazadas; el resto —por una serie de motivos y con una amplia gama de sentimientos asociados— no tienen hijos. Algunas son amas de casa; otras son profesionales; un par de ellas, que Dios les dé valor, son amas de casa y profesionales. La mayoría son blancas; varias son negras; dos proceden de Oriente próximo; una es escandinava; dos son australianas; una es hispanoamericana; una es india cajún. Dos son fervientemente religiosas; a cinco de ellas no les interesa lo más mínimo el asunto de la divinidad; la mayoría están algo perplejas desde el punto de vista espiritual; las demás han logrado, con el paso de los años, llegar a un entendimiento privado con Dios. Todas estas mujeres tienen un sentido del humor por encima de la media. Todas ellas, en algún momento de su vida, han experimentado alguna tristeza que les ha partido el alma.

Durante años y años de copas y tazas de té compartidas, he hablado con estas almas luminosas de temas como el matrimonio, la intimidad, la sexualidad, el divorcio, la fidelidad, la familia, la responsabilidad y la autonomía. Podría decirse que este libro se ha escrito sobre los huesos de todas esas conversaciones. Mientras yo iba hilando las piezas de esta historia, me veía literalmente hablando en voz alta con estas amigas, parientes y vecinas, respondiendo a preguntas que a veces se remontaban décadas atrás, o planteando cuestiones por primera vez. Este libro nunca habría cobrado forma sin la influencia de esas 27 mujeres extraordinarias a quienes estoy enormemente agradecida por su presencia colectiva. Como siempre, ha sido una lección y un consuelo tenerlas a todas reunidas a la vez.

Elizabeth Gilbert
Nueva Jersey, 2009

Capítulo primero

El matrimonio y las sorpresas

> *El matrimonio es una relación de*
> *amistad reconocida por la policía.*
> Robert Louis Stevenson

Un día del verano de 2006, a última hora de la tarde, estaba en un pequeño pueblo del norte de Vietnam, sentada ante una fogata en una polvorienta cocina, con un grupo de lugareñas cuyo idioma no entendía, empeñada en hacerles una serie de preguntas sobre el matrimonio.

Ya llevaba varios meses viajando por el sudeste asiático con un hombre que estaba a punto de convertirse en mi marido. Supongo que el término convencional para el individuo en cuestión sería "novio", pero como a ninguno de los dos nos gustaba esa palabra, no la usábamos. De hecho, a ninguno nos convencía demasiado todo el asunto del matrimonio. No teníamos pensado hacerlo juntos, ni era una de nuestras metas en la vida. Pero el destino se había interpuesto en nuestros planes, motivo por el cual estábamos viajando sin rumbo por Vietnam, Laos, Camboya e Indonesia mientras hacíamos esfuerzos ingentes —incluso desesperados— por volver a Estados Unidos para casarnos.

El hombre en cuestión llevaba dos años siendo mi amante, mi amor, y a lo largo de estas páginas le llamaré Felipe. Es un señor brasileño amable y cariñoso, 17 años mayor que yo, al que había conocido durante un viaje previo (o periplo planificado, por así decirlo) por el mundo para intentar recomponer mi corazón maltrecho. Al final de aquella travesía conocí a Felipe, que llevaba varios años viviendo tranquilamente en Bali, solo, recuperándose de su propio corazón roto. Lo que vino a continuación fue una atracción mutua, un lento cortejo y, finalmente, ante nuestro mutuo asombro, el amor.

Nuestra resistencia al matrimonio, por tanto, no venía provocada por la ausencia de amor. Por el contrario, Felipe y yo nos queríamos abiertamente. Estábamos dispuestos a jurar por lo que fuera que íbamos a ser fieles para siempre. Incluso nos habíamos jurado lealtad eterna, aunque en privado. El problema era que los dos habíamos pasado por un divorcio siniestro, experiencia tan dolorosa que la sola idea de un matrimonio legal —con cualquiera, incluso con alguien tan maravilloso como nosotros— nos daba verdadero pánico.

Es evidente que la mayoría de los divorcios son un mal trago (Rebecca West decía que "divorciarse es una ocupación tan alegre y útil como romper una buena vajilla de porcelana"), y nuestros casos no eran ninguna excepción. Puntuando del uno al diez en la Escala Cósmica de los Divorcios Nefastos (en la que el uno equivale a una separación amistosa y el diez a lo más parecido a una ejecución), yo a mi divorcio le daría un 7.5. Sin haber implicado ningún suicidio o asesinato, la ruptura me pareció el proceso más repugnante que pueden protagonizar dos personas civilizadas. Y duró más de dos años.

En cuanto a Felipe, su primer matrimonio (con una australiana inteligente y profesional) había fracasado casi una década antes de conocernos en Bali. Su divorcio fue medianamente razonable, pero la pérdida de su esposa (junto con la casa, los hijos y casi dos décadas de vida compartida) había generado en este buen hombre una impronta de tristeza con tendencia al remordimiento, la reclusión y la preocupación económica.

Nuestras experiencias, por tanto, nos habían dejado a los dos marcados, tristes y decididamente recelosos ante la prometida felicidad del sacrosanto matrimonio. Como todo el que ha caminado por el valle de las sombras del divorcio, Felipe y yo habíamos vivido en carne propia esta aterradora verdad: que toda intimidad oculta bajo su hermosa superficie inicial, los sigilosos resortes de la catástrofe total. También habíamos aprendido que el matrimonio es un estado al que es fácil entrar, pero del que cuesta mucho salir. Libre de la ley, un amante no casado puede librarse de una relación nociva en cualquier momento. Pero la persona legalmente casada que quiera huir de un amor fallido pronto descubrirá que una parte importante del contrato matrimonial pertenece al Estado, que a menudo tarda mucho en darte la baja. Por tanto, te puedes ver atrapado durante meses o años en un pacto legal que te hace sentirte encerrado en un edificio en llamas. Y en mitad del incendio, querido amigo o amiga, estás en el sótano esposado a un radiador, incapaz de moverte, mientras las vigas se desmoronan alrededor y todo se va llenando de humo...

Cuánto lo siento, pero el panorama no es muy halagüeño, ¿verdad?

Si cuento todas estas cosas tan desagradables es sólo para explicar por qué Felipe y yo habíamos llegado a un acuerdo bastante excéntrico justo al empezar nuestra historia de amor. Consistió en jurarnos solemnemente que jamás de los jamases, bajo ninguna circunstancia, nos íbamos a casar. Incluso nos prometimos no unir jamás nuestros patrimonios ni bienes terrenales, para eliminar la pesadilla potencial de tener que dividirnos un turbio arsenal compartido de hipotecas, escrituras, casas, cuentas de banco, aparatos de cocina y libros preferidos. Tras cumplir fielmente esas promesas, los dos entramos en nuestra sociedad compartimentada con una auténtica sensación de bienestar. Pues del mismo modo que un compromiso legal hace sentirse acolchadas a otras muchas parejas, nuestro juramento de no casarnos nunca nos daba toda la protección afectiva necesaria para volver a arriesgarnos en el amor. Y ese compromiso nuestro —voluntariamente falto de compromisos oficiales— fue una liberación milagrosa. Era como haber encontrado el Paso del Noroeste hacia esa intimidad perfecta que, como dice García Márquez, se parece al amor, pero sin los problemas del amor.

Y eso fue lo que hicimos hasta la primavera de 2006: ocuparnos de nuestros asuntos, llevar una vida exquisitamente dividida de felicidad sin ambages. Y así podíamos haber seguido hasta el fin de los tiempos, de no haber sido por una interferencia de lo más inoportuna.

Me refiero a la intervención del Departamento de Seguridad Nacional de Estados Unidos.

*

El problema era que Felipe y yo —teniendo muchas virtudes en común— no teníamos la misma nacionalidad. Él era un brasileño con ciudadanía australiana y cuando nos conocimos pasaba la mayor parte de su vida en Indonesia. En cuanto a mí, era una estadounidense que, sin contar los viajes, había vivido casi siempre en la costa este de Estados Unidos. Al principio no pensábamos que nuestra historia de amor apátrida nos diera problemas, aunque quizá deberíamos haberlos previsto. Como dice el refrán, puede ser que un pez y un pájaro se enamoren pero, ¿dónde van a vivir? La solución al dilema, o eso nos parecía, consistía en ser los dos viajeros y tener capacidad de adaptación (yo era un ave nadadora y Felipe un pez volador), así que el primer año lo pasamos a medio camino: remontando océanos y sobrevolando continentes para poder estar juntos.

Nuestras vidas laborales, afortunadamente, nos permitían llevar una vida así de improvisada. Ser escritora me permite llevar el trabajo donde quiera. Y Felipe, un joyero que importa piedras preciosas para venderlas en Estados Unidos, tiene que viajar de todas formas. Lo único que necesitábamos era coordinar nuestros traslados. Yo iba a Bali; él venía a Estados Unidos; los dos nos íbamos juntos a Brasil; nos volvíamos a ver en Sydney. Mientras yo daba clases de literatura creativa en la Universidad de Tennessee, pasamos unos meses muy curiosos en un hotel decrépito de Knoxville. (Eso sí que lo recomiendo, por cierto, para poner a prueba el nivel de compatibilidad de una relación incipiente.)

Llevábamos una vida sincopada, a salto de mata, casi siempre juntos pero nunca quietos, como si fuéramos testigos de un estrambótico programa de protección internacional. Nuestra relación —relajada y tranquila a un nivel personal— implicaba un constante desafío logístico que, con tanto vuelo internacional, resultaba verdaderamente caro. Y la tensión psicológica era evidente. Cada vez que nos reuníamos era como volver a conocernos. Recuerdo ese momento tenso mientras le esperaba en el aeropuerto de turno, haciéndome preguntas como "¿Todavía se acordará de mí?" o "¿Me acordaré de él?" Entonces, al cabo del primer año, empezamos a plantearnos una relación más estable, y fue Felipe quien dio el primer paso. Abandonó su casa de Bali, pequeña pero preciosa, y se vino a vivir conmigo a un chalet diminuto que yo había alquilado en las afueras de Filadelfia.

Cambiar Bali por una barriada de Filadelfia puede parecer una elección curiosa, pero Felipe ya llevaba años harto del Trópico. La vida en Bali le parecía demasiado simplona y se quejaba de que todos los días eran una réplica agradable y aburrida del día anterior. Ya llevaba tiempo diciendo que quería marcharse, incluso antes de conocerme a mí. Es posible que aburrirse del paraíso le parezca increíble a quien nunca lo haya probado (a mí desde luego me parecía una excentricidad), pero a Felipe el eterno ensueño de Bali llevaba años produciéndole angustia. En cuanto a mí, jamás olvidaré una de las últimas noches que pasamos en su casita de allí, sentados al aire libre, descalzos y con la piel húmeda por el cálido clima de noviembre, bebiendo vino y viendo parpadear las constelaciones en la negrura del cielo. Mientras el viento perfumado agitaba las palmeras y la brisa nos traía la música tenue de una lejana ceremonia religiosa, Felipe me miró, soltó un suspiro y dijo en tono hastiado: "Qué harto me tiene toda esta tontería. Estoy deseando volver a Filadelfia".

¡Y así fue como nos mudamos a la ciudad de los baches! La verdad es que el barrio nos gustaba mucho. El chalet alquilado estaba cerca de mi hermana y su familia, cuya proximidad se ha vuelto fundamental para mí con el paso de los años, y eso nos hacía sentirnos acompañados. Además, después de tantos años viajando a sitios exóticos por todo el mundo, era agradable y hasta estimulante volver a Estados Unidos, un país que, pese a todos sus defectos, nos seguía pareciendo *interesante*: un sitio veloz, multicultural, versátil, desesperantemente lleno de contradicciones, cargado de posibilidades artísticas y pleno de vida.

Fue al instalarnos en Filadelfia cuando Felipe y yo pusimos en práctica nuestras primeras sesiones de domesticidad compartida. Él seguía vendiendo sus joyas; yo trabajaba escribiendo encargos que implicaban hacer una investigación sin tener que moverme. Él cocinaba; yo me encargaba del jardín; de vez en cuando alguno pasaba la aspiradora. Estábamos a gusto trabajando juntos en casa y nos repartíamos las tareas del hogar sin problemas. Los dos pasábamos por una etapa ambiciosa, productiva y optimista. Llevábamos una buena vida.

Pero esos intervalos de estabilidad nunca duran mucho. Como Felipe estaba sometido a las restricciones de su visado temporal, tres meses era lo máximo que podía pasar legalmente en Estados Unidos antes de tener que marcharse durante un tiempo a algún otro país. Y cuando se iba yo me quedaba sola con mis libros y mis vecinos. Entonces, al cabo de unas semanas, volvía a Estados Unidos con otro visado de 90 días y reiniciábamos nuestra vida doméstica. Nuestra reticencia al compromiso lo demuestra el hecho de que esos bloques de 90 días compartidos nos parecían casi perfectos: la cantidad exacta de planificación que nos podíamos consentir los dos trémulos divorciados sin tener un ataque de pánico. Y, a veces, cuando mi trabajo me lo permitía, le acompañaba en sus viajes forzados por el visado.

Por eso un día, cuando volvíamos a Estados Unidos de un viaje de negocios, aterrizamos —obligados a hacer escala por nuestros boletos baratos— en el aeropuerto internacional de Fort Worth, en Dallas. Yo pasé por la aduana a la primera y sin problemas, como el resto de la fila de mis compatriotas. Cuando ya estaba dentro me quedé esperando a Felipe, que estaba en medio de una fila de extranjeros. Le vi acercarse al aduanero, que empezó a estudiar detenidamente el grueso pasaporte australiano de Felipe, mirando fijamente cada página, cada sello, cada holograma. Como normalmente no eran tan exhaustivos, me puse nerviosa. Esperé y esperé, deseando oír el golpe sólido y tranquilizador —casi como el de una biblioteca local— del sello del visado temporal. Pero nunca llegó.

En vez de eso, el aduanero se puso a hablar por teléfono en voz baja. Momentos después apareció un agente uniformado del Departamento de Seguridad Nacional y se llevó a mi amor del brazo.

*

Los agentes del aeropuerto de Dallas pasaron seis horas interrogando a Felipe. Me pasé seis horas sin poder verlo ni hacerle preguntas, sentada en una sala de espera del Departamento de Seguridad: un cuarto aséptico con luz fluorescente y lleno de gente nerviosa del mundo entero, todos tensos y temerosos. No tenía la menor idea de qué le estarían haciendo a Felipe, ni qué le estarían preguntando. Sabía que no había hecho nada ilegal, pero la idea no era tan reconfortante como pueda parecer. Eran los últimos días de George W. Bush: no precisamente el mejor momento para que unos agentes del gobierno se lleven a tu amante extranjero. Procuré tranquilizarme recitando la frase de aquella famosa mística del siglo XIV, Juliana de Norwich: "Todo irá bien, y todo irá bien, y todas las cosas del mundo irán bien". Pero no me lo creía. Nada iba bien. Ni una sola de las malditas cosas del mundo iba bien.

Cada cierto tiempo me levantaba de mi silla de plástico para intentar sacar algo más de información al aduanero encerrado en la cabina de cristal antibalas. Pero ignoraba todos mis ruegos, repitiendo sin parar la misma respuesta: "Cuando tengamos algo que decirle sobre su novio, señorita, se lo haremos saber".

He de decir que en una situación semejante tal vez no exista una palabra más ñoña que *novio*. A juzgar por el tono displicente con que la decía, la relación no parecía impresionarle demasiado. ¿Por qué demonios va a perder el tiempo

25

un agente del gobierno dando información sobre un simple *novio*? Me faltó poco para darle explicaciones, algo así como: "Mire, ese hombre al que tienen retenido me importa mucho más de lo que se imagina". Aunque estaba en pleno ataque de ansiedad, sabía que no me habría servido de nada. Y que si me pasaba de la raya quizá incluso perjudicaría a Felipe, así que me contuve, desesperada por sentirme tan inútil. Ahora se me ocurre que podría haber intentado llamar a un abogado. Pero no llevaba un teléfono encima, no quería abandonar mi puesto en la sala de espera, no conocía a ningún abogado en Dallas y era domingo por la tarde, así que, ¿a quién iba a llamar?

Por fin, al cabo de seis horas, apareció un agente que me llevó por una serie de pasillos, una especie de madriguera de misterios burocráticos, hasta una habitación pequeña y mal iluminada donde estaba Felipe con el funcionario del Departamento de Seguridad que lo había estado interrogando. Los dos hombres sentados, parecían igual de agotados, pero sólo uno de los dos era *el mío*, mi amor, el rostro que más me gustaba del mundo. Verlo en semejante estado me partió el alma. Mi primer impulso fue acariciarlo, pero sabía que estaba prohibido, así que me quedé ahí de pie.

Felipe me sonrió con un gesto de cansancio y dijo: "Cariño, nuestra vida se va a poner mucho más interesante de lo que era".

Sin darme tiempo de contestar, el encargado del interrogatorio se hizo cargo de la situación, emprendiendo las explicaciones correspondientes.

—Señora —me dijo—. La hemos hecho venir para explicarle que no vamos a permitirle a su novio que siga entrando y saliendo de Estados Unidos. De momento vamos a detenerlo en la cárcel hasta poder ponerlo en un avión de vuelta a Australia, ya que tiene pasaporte australiano. A partir de ese momento tendrá prohibida la entrada en Estados Unidos.

Mi primera reacción fue física, como si se me hubiera evaporado toda la sangre del cuerpo. Durante unos segundos se me nubló la vista. Entonces, al instante, la mente se me puso en marcha, haciendo un rápido repaso al historiál previo a esta crisis tan grave como repentina. Mucho antes de conocernos, Felipe se ganaba la vida en Estados Unidos, donde pasaba temporadas cortas todos los años, importando piedras preciosas y joyas de Brasil e Indonesia para venderlas legalmente en el mercado norteamericano. Estados Unidos siempre ha acogido a los empresarios internacionales como él, que aportan mercancía, divisas y comercio al país. Por su parte, Felipe ganó mucho dinero en esa época. Si pudo meter a sus hijos (que ya eran adultos) en los mejores colegios privados de Australia fue gracias a lo que ganó durante décadas en Estados Unidos, que siempre fue el centro de su vida profesional, aunque su traslado definitivo fuese tan reciente. Pero era donde tenía tanto su inventario como su lista de clientes. Si le prohibían la entrada al país, su vida profesional se iba al garete. Sin olvidar que Estados Unidos era donde vivía yo, la mujer con quien Felipe quería compartir su vida. Y yo, por motivos familiares y profesionales, siempre iba a tener el cuartel general allí. Además, Felipe ya formaba parte de mi familia. Estaba completamente integrado al mundo de mis padres, mi hermana y mis amigos. Pero, ¿cómo íbamos a continuar nuestra vida juntos si lo echaban para siempre del país? ¿Qué solución nos quedaba? (*¿Dónde vamos a dormir tú y yo?*, dice una melancólica canción de amor de los indios californianos de la tribu Wintu. *¿En fría penumbra donde se acaba el cielo? ¿Dónde vamos a dormir tú y yo?*)

—¿Y qué motivo alegan para deportarlo? —pregunté al funcionario, impostando un tono autoritario.

—No es una deportación propiamente dicha, señora.

Al contrario de lo que me pasaba a mí, el funcionario no tenía que esforzarse para parecer autoritario. Le salía de manera natural.

—Simplemente le vamos a prohibir entrar en Estados Unidos, porque ha venido demasiadas veces durante este último año —dijo—. No ha rebasado nunca el periodo que establece el visado temporal, pero de sus idas y venidas se deduce que vive con usted en Filadelfia. Cuando se cumplen los tres meses de rigor se marcha del país, pero siempre vuelve al poco tiempo.

Su argumento era difícil de rebatir, porque eso era precisamente lo que hacía Felipe.

—¿Y eso es ilegal? —le pregunté.

—No del todo.

—¿Es ilegal o no?

—No, señora. No es ilegal. Por eso no lo vamos a detener. Pero el permiso temporal que el gobierno de Estados Unidos concede a los ciudadanos de nuestros países aliados no se puede prolongar indefinidamente a base de viajes consecutivos.

—Pues eso no lo sabíamos —le dije.

—Es verdad, señor —intervino Felipe—. Un funcionario de inmigración de Nueva York nos dijo que yo podía volver a Estados Unidos siempre que quisiera, mientras no rebasara los tres meses de mi visado temporal.

—No sé quién les habrá dicho eso, pero no es verdad.

Al oír la respuesta del funcionario recordé lo que me dijo un día Felipe sobre las aduanas internacionales: "Nunca hay que bajar la guardia, cariño. Ten en cuenta que un buen día, por cualquier motivo que se le ocurra, un funcionario de aduanas puede decidir que quiere dejarte pasar".

—¿Y usted qué haría si estuviera en nuestro lugar? —pregunté.

Es una técnica que he aprendido a usar a lo largo de los años siempre que me topo con un empleado difícil o un burócrata apático. Así, la persona que está en la posición poderosa se toma la molestia de ponerse en el lugar del indefenso. Es una manera sutil de provocar empatía. A veces funciona. La mayoría de las veces no sirve de nada, la verdad. Pero en ese momento no perdía nada si lo intentaba.

—Vamos a ver. Si su novio quiere volver a entrar en Estados Unidos tiene que conseguirse un visado mejor, más estable. Yo, en su lugar, haría lo posible para que se lo den.

—Vale —dije—. ¿Y cuál es la manera más rápida de conseguirle un visado mejor y más estable?

El aduanero miró primero a Felipe, después a mí y luego otra vez a Felipe.

—¿Lo dice en serio? —me preguntó—. Lo que tienen que hacer es casarse.

*

Al oírlo decir eso se me cayó el alma a los pies. Casi me pareció escuchar el golpe seco que daba al llegar al suelo. Y sabía que al otro lado del cuartucho a Felipe le había pasado lo mismo. Éramos un tándem derrotado.

Al mirar atrás, me parece increíble que su respuesta me dejara tan asombrada. ¡Como si no supiera lo que es un matrimonio de conveniencia para conseguir una tarjeta verde! Y, bien analizado, también me parece increíble que —dado lo dramático de la situación— la idea del matrimonio me pareciese deprimente, en vez de alegrarme. Porque al menos nos habían dado una salida, ¿no? Pero el caso es que la idea me dejó atónita. Y angustiada. Como había eliminado de mi cabeza la noción del matrimonio, tan sólo oír la palabra en voz alta me escandalizaba. Era como si me hubieran dado un puñetazo que me hubiera cortado la respiración o eliminado alguna parte fundamental del cuerpo. Pero, sobre todo, me sentía *atrapada*. Mejor dicho, era como si nos hubieran atrapado a los dos. El pez volador y el ave nadadora habían caído en la red. Y al darme cuenta de lo ingenua que había sido, fue como si me dieran un pastelazo que me dejara la cara irritada. *¿Cómo podía haber sido tan imbécil como para creer que podíamos vivir siempre como nos diera la gana?*

Nos quedamos los tres callados hasta que el funcionario, al vernos las caras de tragedia, dijo:

—No quiero entrometerme, señores. Pero, ¿qué tiene de malo la idea?

Quitándose las gafas, Felipe se restregó los ojos, señal inequívoca de que estaba completamente agotado.

—Ay, Tom, Tom, Tom —dijo con un enorme suspiro.

No había caído en la cuenta de que, después de un interrogatorio de seis horas, lo normal es acabar llamándose por el nombre de pila. Y más aún si el interrogado es Felipe.

—Lo digo en serio. ¿Qué tiene de malo? —insistió el funcionario Tom—. Es evidente que llevan un tiempo viviendo juntos. Y si se quieren y ninguno de los dos está casado...

—Tienes que entender una cosa, Tom —le dijo Felipe, acercándose a hablarle con una soltura ajena al habitáculo institucional donde estábamos—. Tanto Liz como yo hemos pasado por unos divorcios muy, muy, muy siniestros.

—Ah —dijo Tom en voz baja y con un gesto de comprensión.

Entonces él también se quitó las gafas para restregarse los ojos. Casi sin darme cuenta, le miré el tercer dedo de la mano izquierda. No llevaba anillo de boda. Al ver su mano desnuda y su acto reflejo de sabia compasión, hice un rápido diagnóstico: divorciado.

Fue en ese momento cuando nuestra conversación tomó un cariz surrealista.

—A ver, lo que pueden hacer es firmar un acuerdo prematrimonial —sugirió el funcionario Tom—. Porque imagino que no querrán volver a pasar por todo el lío económico típico de un divorcio. O si lo que les asusta es la parte sentimental, podrían tomar una terapia.

Al escucharle me quedé pasmada. ¿Un funcionario del Departamento de Seguridad Nacional haciendo de consejero matrimonial? ¿En una sala de interrogatorios? ¿Perdidos los tres en mitad del aeropuerto Fort Worth de Dallas?

Cuando logré recuperarme como para poder hablar, propuse esta ingeniosa solución:

—Agente Tom, ¿qué le parece si me las arreglo para *contratar* a Felipe, o algo así, en vez de casarme con él? ¿En ese caso podría entrar en Estados Unidos como mi empleado, en vez de mi marido?

Felipe saltó de la silla y exclamó:

—¡Cariño! ¡Qué idea tan maravillosa!

El funcionario Tom se nos quedó mirando con una cara muy rara y luego se dirigió a Felipe:

—¿De verdad prefieres tener a esta mujer como jefa antes que como esposa?

—¡Dios mío, por supuesto que sí!

Me dio la impresión de que Tom tuvo que hacer un esfuerzo casi físico para contenerse de preguntarnos: "¿Se puede saber por qué son tan raros?" Pero su profesionalidad se lo impidió. Al final carraspeó y nos dijo:

—Por desgracia, esa propuesta que plantean es ilegal en este país.

Al oírlo, Felipe y yo caímos de nuevo, al unísono, en un melancólico silencio.

Al cabo de un buen rato, volví a intervenir.

—Pues bueno —dije, con sensación de derrota—. A ver si solucionamos este asunto. Si me caso con Felipe ahora mismo, en su despacho, ¿lo deja entrar al país hoy? ¿En el aeropuerto no hay un capellán que se encargue de estas cosas?

La vida tiene momentos en que el rostro de un hombre corriente puede adquirir un aspecto casi divino y eso fue precisamente lo que sucedió entonces. Tom —un funcionario exhausto del Departamento de Seguridad de Texas, con una chapa dorada en la camisa— me dedicó una sonrisa tristona y un gesto de compasión puramente humana que estaban totalmente fuera de lugar en aquel cuartucho rancio y deshumanizado. De golpe, parecía el mismísimo capellán.

—Uy, no —dijo con su voz apacible—. Me temo que las cosas no son así de fáciles.

Al recordarlo ahora, por supuesto, me doy cuenta de que nuestro querido funcionario Tom ya sabía lo que nos esperaba a Felipe y a mí, mucho mejor que nosotros mismos. Tenía claro que conseguir un visado estadounidense para una pareja, sobre todo tras un incidente aduanero como el nuestro, no iba a ser tarea fácil. Sabía de sobra lo complicado que sería el asunto: tres abogados de tres países —cada uno en un continente distinto, por cierto— que tendrían que aportar toda la documentación legal necesaria; informes policiales de todos los países donde había vivido Felipe; pilas de cartas, fotos y demás parafernalia privada que tendríamos que reunir para demostrar que nuestra relación era verdadera (incluyendo la exasperante ironía de que nos pedirían extractos de nuestras cuentas bancarias compartidas, con el esfuerzo que habíamos hecho para tenerlas *separadas*); huellas dactilares; vacunas; radiografías de pecho para demostrar que no teníamos tuberculosis; entrevistas en las embajadas estadounidenses en el extranjero; pruebas fehacientes de que Felipe había hecho el servicio militar en Brasil hacía 30 años; el tiempo y los gastos de las estancias en el extranjero mientras duraba todo el proceso; y, lo peor de todo, la espantosa incertidumbre sobre si semejante esfuerzo iba a servirnos de algo o no, es decir, no saber si el gobierno estadounidense, como una especie de padre anticuado y estricto, me daría su permiso para casarme con este hombre, a mí, su hija legítima tan celosamente protegida.

Lo sorprendente fue que Tom, sabiendo todo eso de sobra, se portara tan bien con nosotros, algo totalmente inesperado en una situación tan tremenda. Si hay algo que yo jamás había imaginado hasta ese momento es que acabaría alabando por su amabilidad a un funcionario del Departamento de Seguridad Nacional. Eso da una idea de lo estrambótica que era toda la situación. Pero he de decir que el agente Tom tuvo con nosotros aún otro detalle más (es decir, antes de llevarse a Felipe esposado y meterlo en la cárcel del condado de Dallas, donde pasó la noche rodeado de delincuentes). El gesto que tuvo Tom, y que le honra, fue dejarnos a Felipe y a mí solos en el cuarto de interrogatorios durante dos minutos enteros, para que pudiéramos despedirnos en privado.

Cuando sólo tienes dos minutos para despedirte de la persona a la que más quieres en el mundo, sin saber cuándo se van a volver a ver, te puede superar tu propio intento de hacer, decir y solucionarlo todo a la vez. En esos dos minutos que pasamos a solas en ese cuchitril, por tanto, hicimos un plan acelerado que nos dejó casi sin respiración. A mí me tocó regresar a Filadelfia, rescindir el contrato de alquiler de la casa, guardar todas nuestras cosas en una bodega, buscar un abogado experto en inmigración y poner en marcha todo el proceso legal. A Felipe, obviamente, le tocó ir a la cárcel. Desde ahí lo deportarían a Australia; aunque desde el punto de vista legal no se pudiera considerar una deportación. (Pido disculpas por usar esa palabra a lo largo de todo este texto, pero es que no he encontrado una mejor para explicar la expulsión de un país.) Dado que Felipe ya no tenía nada en Australia, ni casa ni proyectos financieros, tendría que organizarse lo antes posible para mudarse a un país más barato, probablemente en el sudeste asiático, donde yo me reuniría con él después de haberme ocupado de todos mis asuntos. Una vez allí, pasaríamos juntos un periodo lleno de incertidumbres.

Mientras Felipe me apuntaba los teléfonos de su abogado, sus hijos mayores y sus socios para ponerlos a todos al corriente de la situación, yo vaciaba mi bolso sobre la mesa, buscando nerviosa todo lo que pudiera aliviarle un poco su estancia en la cárcel: chicles, dinero, una botella de agua, una foto de los dos y la novela que había venido leyendo en el avión, con el apropiado título de *El acto del amor común*.

Entonces a Felipe se le llenaron los ojos de lágrimas y me dijo:

—Gracias por aparecer en mi vida. Pase lo que pase, hagas lo que hagas a partir de ahora, quiero que sepas que me has dado los dos años más felices de mi vida y que nunca te olvidaré.

En ese momento tuve un fogonazo mental: *Dios mío, el pobre piensa que puedo abandonarlo.* Su reacción me sorprendió y emocionó, pero ante todo me abochornó. No me había imaginado, desde el momento en que Tom lo planteó, la posibilidad de *no casarme* con Felipe para salvarlo del exilio, pero parecía ser que a él sí se le había pasado por la cabeza poder quedarse compuesto y sin novia. De verdad temía que fuera a dejarlo tirado como una colilla, sin dinero y hecho polvo. ¿Qué habría hecho yo para merecer semejante fama? ¿De verdad se me conocía, incluso en los confines de nuestra pequeña historia de amor, como alguien que abandona el barco como una rata? ¿O los temores de Felipe estaban plenamente justificados, dado mi historial? Si nuestra situación hubiera sido la opuesta, yo jamás habría puesto en duda su lealtad, ni su capacidad para sacrificarlo casi todo por mí. ¿Podía él esperar de mí la misma firmeza?

Lo cierto es que de haberme sucedido algo semejante diez o 15 años antes, es casi seguro que habría dejado a mi novio colgado. Siento confesar que en mi juventud tenía un escaso sentido del honor, o ninguno, y que era una tonta especializada en hacer frivolidades. Pero ahora doy importancia al hecho de tener un carácter sólido, y con el tiempo cada vez más. Por eso en aquel momento —ese breve instante a solas con Felipe— hice lo correcto con el hombre a quien adoraba. Le juré —al oído para que entendiera que hablaba en serio— que no le iba a dejar, que haría todo lo que estuviera en mis manos para solucionar el asunto y que, aunque no pudiéramos arreglar lo de su estancia en Estados Unidos, acabaríamos viviendo juntos para siempre en algún otro sitio, donde fuera.

Entonces volvió el agente Tom.

En el último momento Felipe me susurró:

—Te quiero tanto que hasta me casaría contigo.

—Y yo te quiero tanto a ti que también me casaría contigo —le prometí.

Entonces los amables funcionarios del Departamento de Seguridad nos separaron y se llevaron a Felipe esposado, primero a la cárcel y luego al exilio.

*

Esa noche, cuando iba sola en el avión de camino a nuestra ya obsoleta existencia en Filadelfia, me planteé con más frialdad lo que acababa de prometer. Y me sorprendí a mí misma, porque no se me salieron las lágrimas ni me entró el pánico, quizá debido a la gravedad de la situación en sí. Lo que tenía, en cambio, era un feroz sentido del propósito, y la certeza de que aquella situación había que abordarla con la mayor seriedad. En un breve periodo de unas cuantas horas, mi vida con Felipe había dado un vuelco total. Y de pronto, según parecía, estábamos prometidos y nos íbamos a casar. Eso sí, la pedida de mano había sido una ceremonia bastante acelerada y extraña. En vez de una escena de Austen, parecía sacada de un libro de Kafka. Pero el compromiso iba en serio, porque no quedaba más remedio.

Pues muy bien. Adelante. Desde luego, yo no iba a ser la primera mujer de mi familia en casarse para solucionar un problema grave, aunque lo mío al menos no estaba relacionado con un embarazo inesperado. Aun así, la receta era la misma: ata el nudo rápido y bien atado. Justo lo que íbamos a hacer nosotros. Pero el problema de verdad no era ése, sino otro que identifiqué esa noche en el vuelo de vuelta a Filadelfia: que yo no sabía lo que era el matrimonio.

Y ese error ya lo había cometido —casarme sin tener la menor idea de lo que significaba la institución del matrimonio— una vez en mi vida. De hecho, la primera vez que me casé, con la inmadurez propia de mis 25 años, fue muy parecido a un perro labrador tirándose a una piscina; tenía más o menos la misma preparación y cautela. A los 25 años yo era tan irresponsable que no me deberían haber dejado ni elegir la marca de mi pasta de dientes, y no digamos mi futuro, así que, como es de suponer, pagué muy cara esa inconsciencia. Sufrí las consecuencias en carne viva, seis años después, en el lúgubre entorno de un juzgado de familia.

Al pensar ahora en mi primera boda no puedo menos que recordar la novela de Richard Aldington, *Muerte de un héroe*, donde habla del aciago día en que dos jóvenes se casan: "¿Acaso se pueden tabular todas las ignorancias, las primordiales ignorancias, de George Augustus e Isabel cuando se juran uno al otro permanecer unidos hasta que la muerte los separe?" Pues yo también fui una joven novia aturdida, parecidísima a la Isabel sobre la que Aldington escribió: "Su desconocimiento abarcaba la gama casi completa de la sabiduría humana. El problema consiste en descubrir lo que *sí* sabe".

Pero en ese momento —a mis bastante menos aturdidos 37 años— tampoco creía saber demasiado sobre la realidad de una pareja institucionalizada. Como mi matrimonio había fracasado, todo el asunto me daba pánico, pero eso no me convertía en una experta en la materia; en todo caso en una experta en el error y el terror, dos campos donde ya abundan los expertos. Pero mi destino parecía exigirme un nuevo matrimonio y ya había vivido lo suficiente como para saber que las intervenciones del destino a menudo son una invitación para afrontar o incluso superar nuestros mayores miedos. No hace falta ser un genio para reconocer que si las circunstancias te empujan hacia aquello que más odias y temes, en el peor de los casos irás hacia *una oportunidad interesante para crecer.*

Eso era lo que fui rumiando lentamente en el avión al que me subí en Dallas —mi mundo entero patas arriba, mi amor expulsado del país, los dos prácticamente obligados a casarnos—, que tal vez debiera aprovechar la ocasión para reconciliarme con la noción del matrimonio antes de volver a meterme en él de bruces. Quizá me había llegado el momento de intentar desentrañar el misterio divino y humano de esa institución —confusa, frustrante y contradictoria, pero obstinadamente imperecedera— que llamamos matrimonio.

*

Así que eso fue lo que hice. Durante los diez meses siguientes —mientras Felipe y yo viajábamos como dos apátridas desarraigados y yo trabajaba como una bestia para conseguir que volviera a Estados Unidos y poder casarnos (casarnos en Australia o cualquier otro país del mundo, según nos había advertido el agente Tom, sólo iba a conseguir enervar aún más al Departamento de Seguridad Nacional, cosa que retrasaría más nuestro proceso de inmigración— en lo único que pensaba, sobre lo único que leía y casi de lo único que hablaba era del desconcertante tema del matrimonio.

Le pedí a mi hermana (que por suerte es historiadora) que me mandara desde Filadelfia cajas de libros sobre el matrimonio. En cualquier sitio donde estuviéramos Felipe y yo, me encerraba en la habitación de hotel a estudiar los libros, pasando horas incontables empapándome de la sabiduría matrimonial de autoras de la talla de Stephanie Coontz y Nancy Cott, cuyos nombres no conocía entonces, pero que se convirtieron en mis maestras y heroínas. Si he de ser sincera, mi dedicación al estudio me convirtió en una turista nefasta. Durante aquellos meses en que viajábamos continuamente,

Felipe y yo recorrimos lugares hermosos y fascinantes, pero me temo que apenas presté atención a nuestro entorno. En todo caso, durante ese periplo nunca tuve la sensación de estar viajando tranquilamente. Era más parecido a una expulsión, a una huida. Viajar porque no se puede estar en casa, porque a uno de los dos no le está legalmente permitido regresar, no puede ser una ocupación agradable.

Además, nuestra situación económica era preocupante. Faltaba un año para que *Comer, rezar, amar* se convirtiera en un lucrativo *bestseller*, pero el fenómeno aún no se había producido y ni siquiera nos cruzaba por la cabeza que pudiera ocurrir. Como Felipe tenía cortado el acceso a su fuente de ingresos, teníamos que ir aguantando con lo que me habían pagado por mi último libro, sin saber cuánto nos iba a durar. Un tiempo sí, pero no para siempre. Yo había empezado a trabajar en mi última novela, pero mi investigación y escritura se vieron interrumpidas por la deportación de Felipe. Por eso acabamos en el sudeste asiático, donde dos personas frugales pueden vivir razonablemente por 20 euros diarios. Aunque la palabra *sufrimiento* es exagerada para definir aquel periodo de exilio (no éramos refugiados políticos, ni mucho menos), sí puedo decir que nuestra vida era extrañamente tensa, y que esa sensación se veía agravada por la incertidumbre del futuro.

Así pasamos cerca de un año, esperando el día en que Felipe tendría la cita en el consulado de Estados Unidos en Sydney, Australia. Saltando entretanto de país en país, parecíamos una pareja insomne que no da con la postura adecuada en una incómoda cama nueva. Y muchas fueron las noches en que, tumbada en alguna incómoda cama de hotel, me dedicaba a repasar mis prejuicios sobre el matrimonio, filtrando toda la información que había leído, minando la historia en busca de alguna conclusión reconfortante.

Tengo que aclarar que mi investigación estaba centrada en examinar la historia del matrimonio occidental, por lo que este libro refleja esa limitación cultural. Cualquier experto en historia o antropología matrimonial detectará enormes ausencias en mi texto, pues he dejado sin explorar continentes y siglos enteros de la historia de la humanidad, además de saltarme modelos nupciales bastante esenciales (como la poligamia, por poner un ejemplo). Habría sido agradable, y sin duda interesante, investigar a fondo todas las costumbres matrimoniales del planeta, pero no tenía tiempo. Estudiar la compleja naturaleza del matrimonio islámico, por ejemplo, me habría supuesto años de dedicación, pero tenía una fecha límite que me impedía una labor tan extensa. No podía dejar de oír el tictac de un reloj psicológico, porque en un año —me gustara o no— tenía que casarme. Por tanto, lo más razonable era centrarme en la historia del matrimonio monógamo occidental, para intentar entender mis nociones heredadas, mi propio modelo familiar y el catálogo de ansiedades generado por mi propio legado cultural.

Tenía la esperanza de que al profundizar en mi investigación lograra mitigar mi profunda aversión al matrimonio. No tenía la certeza de conseguirlo, pero la experiencia me había demostrado que cuanto más sabía de un tema, menos me asustaba. (Hay temores que pueden conjurarse, como pasa en el cuento de *Rumpelstiltskin*, sólo al descubrir y pronunciar su nombre secreto.) Lo que de verdad quería lograr, por encima de todo, era ir limpia de corazón al matrimonio con Felipe, en vez de tomármelo como una píldora amarga y difícil de tragar. Se me podrá tachar de anticuada, pero quería estar feliz el día de mi boda. Mejor dicho, feliz y consciente de mi felicidad.

Este libro es la historia de cómo lo conseguí.

Y todo empieza —porque una historia tiene que tener un comienzo— en las montañas del norte de Vietnam.

Capítulo segundo

El matrimonio y las expectativas

Un hombre puede ser feliz con una mujer,
siempre que no la ame.
OSCAR WILDE

Ese día se me había acercado una niña pequeña.

Felipe y yo habíamos llegado a ese pueblo desde Hanoi, después de pasar toda la noche en un tren sucio y abarrotado, un remanente de los tiempos soviéticos. No recuerdo con exactitud por qué fuimos a ese pueblo en concreto, pero creo que nos lo habían recomendado unos mochileros daneses. El caso es que después del tren sucio y abarrotado nos tocó un autobús sucio y abarrotado. La última parada era un lugar increíblemente bonito, ya casi en la frontera con China, una aldea solitaria, verde y silvestre. Después de localizar un hotel salí a dar un paseo para estirar las piernas y fue entonces cuando se me acercó la niña.

Luego supe que tenía 12 años, pero era más bastante más baja que las estadounidenses de su edad. Su pequeño rostro era de una belleza excepcional. La piel morena y tersa, el pelo brillante recogido en una trenza, el cuerpo —ágil, enjuto y firme— cubierto con una corta túnica de lana. Pese al bochorno veraniego típico de su país, llevaba las piernas enfundadas en unos leotardos de color alegre. Cuando se me acercó oí el traqueteo de sus sandalias chinas de plástico. Ya la había visto merodeando por la calle mientras estábamos pidiendo la habitación del hotel y en cuanto salí por la puerta a darme un paseo, vino hacia mí.

—¿Cómo te llamas? —me dijo.

—Me llamo Liz. ¿Y tú?

—Mai —me contestó—. Si quieres te lo pongo en un papel, para que sepas cómo se escribe.

—Qué bien hablas inglés —le dije admirada.

—Pues claro —contestó, encogiéndose de hombros—. Lo aprendo con los turistas. También hablo vietnamita, chino y un poco de japonés.

—¿En serio? —dije con una sonrisa—. ¿Y francés no?

—*Un peu* —contestó con mirada socarrona. Y al instante espetó—: ¿De dónde eres, Liz?

—Soy americana —contesté y luego, para hacerme la graciosa, le pregunté—: ¿Y de dónde eres tú, Mai?

Viéndome las intenciones, se puso a la altura de la situación.

—Yo vengo de la tripa de mi madre —me contestó.

Y en ese momento me cautivó por completo.

Efectivamente, Mai había nacido en Vietnam, pero luego caí en la cuenta de que no se consideraba vietnamita. Pertenecía a la etnia minoritaria de los Hmong, un pueblo orgulloso e irredento (lo que los antropólogos llaman "una raza singular") repartido por los montes de Vietnam, Tailandia, Laos y China. Igual que les sucede a los Kurdos, los Hmong no pertenecen realmente a ninguno de los países en los que viven. Con un terco concepto de la independencia, es un pueblo nómada, ingenioso, guerrero, anticonformista y tremendamente problemático para todo país que intente imponerle sus normas.

Para entender lo admirable que es su supervivencia en nuestro mundo imaginemos como sería, por ejemplo, que los indios Mohawk aún vivieran al norte del estado de Nueva York con sus costumbres ancestrales: vestidos al estilo tradicional, hablando un idioma propio y negándose a fusionarse con la nueva cultura. La existencia de un pueblo como el de los Hmong a comienzos del siglo XXI, por tanto, es un anacronismo maravilloso. Su cultura aporta una ventana increíblemente valiosa que nos permite contemplar una versión anterior de la vida humana. Es decir, que si queremos saber cómo eran nuestras familias hace cuatro mil años, probablemente se parecían a los Hmong.

—Oye, Mai —le dije—. ¿Quieres ser mi traductora por un día?

—¿Para qué? —me preguntó.

La sinceridad de los Hmong es célebre, así que se lo dije sin rodeos:

—Quiero que unas cuantas mujeres de tu pueblo me cuenten cómo son sus matrimonios.

—¿Para qué? —me volvió a preguntar—. Ya estás mayor para casarte —comentó amablemente.

—Es que mi novio es muy viejo también —le expliqué—. Tiene 55 años.

Entonces me miró fijamente, resopló y me dijo:

—Pues entonces qué suerte tiene.

Nunca acabé de entender por qué Mai decidió ayudarme ese día. ¿Curiosidad? ¿Aburrimiento? ¿La posibilidad de que le diera algo de dinero? (Cosa que, por supuesto, hice.) El caso es que Mai me guió monte arriba y en pocos minutos llegamos a la casa de piedra de su familia, una construcción diminuta, tiznada de hollín, mal iluminada por un par de ventanucos y oculta entre la maleza de uno de los valles fluviales más bonitos del mundo. Tras invitarme a entrar, Mai me presentó a un grupo de mujeres que estaban todas tejiendo, cocinando o limpiando. Desde el primer momento la que más me interesó fue su abuela, la anciana más diminuta, risueña y desdentada que he conocido en mi vida. Ella, por su parte, se reía conmigo. Todo lo relacionado conmigo le producía una hilaridad incontrolable. Por ejemplo, me ponía uno de los picudos sombreros de los Hmong, me señalaba con el dedo y se reía. Me ponía un diminuto bebé Hmong entre los brazos, me señalaba y se reía. Me envolvía en una de las hermosas telas de los Hmong y lo mismo.

He de decir que a mí todo aquello no me importó lo más mínimo. Tenía asimilado el hecho de que si eres una especie de alienígena gigante que aparece de repente en un pueblo remoto, te toca hacer el ridículo al menos durante un rato. No te queda más remedio, porque los anfitriones son ellos y hay que respetar las normas de cortesía. Al rato la casa se fue llenando de mujeres, vecinas y parientes que me enseñaban las telas que habían tejido, me ponían el sombrero de turno, me ponían un bebé entre los brazos y se reían a carcajadas.

Según me explicó Mai, toda su familia —casi una docena de personas en total— vivían en esa casita de una sola habitación. Dormían todos juntos en el suelo. A un lado estaba la cocina y al otro la estufa de invierno. Encima de la cocina había un granero lleno de arroz y maíz, y los animales —cerdos, pollos y búfalos— se entremezclaban con la gente. En toda la casa sólo había una habitación privada, poco más grande que un armario. Ahí, según aprendería en mis lecturas posteriores, era donde se permitía dormir durante los primeros meses al matrimonio más reciente de la familia, para que pudieran hacer sus exploraciones sexuales en un sitio privado. Pero tras esa primera experiencia íntima, la joven pareja debe reincorporarse a la familia, durmiendo en el suelo con ellos durante el resto de su vida.

—¿Te había contado que mi padre murió? —me preguntó Mai mientras me enseñaba la casa.

—Lo siento mucho —le dije—. ¿Cuándo murió?

—Hace cuatro años.

—¿Y cómo fue, Mai?

—Murió y ya está —me contestó en tono frío.

Y ahí se quedó la cosa. Su padre había muerto de algo mortal. Como moría la gente, supongo, antes de que supiéramos por qué ni cómo nos morimos.

—En su entierro nos comimos el búfalo —me contó Mai.

En ese momento su rostro desplegó una complicada mezcla de sentimientos: tristeza ante la muerte de su padre, alegría al recordar lo bueno que estaba el guiso de carne.

—¿Y tu madre se ha quedado muy sola?

Mai se encogió de hombros.

En aquella casa era difícil pensar en la soledad. Como era casi imposible imaginar en qué lugar de aquel abarrotado montaje doméstico pudiera uno encontrar a la feliz hermana gemela de la soledad: la *privacidad*. Mai y su madre vivían en contacto permanente con un buen grupo de personas. Caí en la cuenta —aunque no era la primera vez que lo pensaba durante algún viaje— en lo solitaria que puede parecer la sociedad estadounidense comparada con muchas otras. En mi país hemos encogido hasta tal punto el concepto de "unidad familiar" que a los miembros de los grandes clanes de los Hmong, tan abiertos como asfixiantes, probablemente les costara reconocer las familias estadounidenses como tales. Hoy día casi hace falta un microscopio electrónico para estudiar las modernas familias occidentales. Lo más común es que dos, tres, o incluso cuatro personas vivan juntas en un espacio gigantesco donde cada persona tiene un dominio con privacidad física y psicológica que le permite pasar largos tramos del día en un aislamiento total.

No estoy sugiriendo que todo lo que representa este modelo familiar encogido sea necesariamente malo. Es evidente que la vida y la salud de la mujer occidental han mejorado al reducirse el número de hijos, cosa que pone seriamente en duda el atractivo de la cultura de los grandes clanes familiares. Además, los sociólogos han comprobado que el incesto y el abuso infantil aumentan cuando un grupo grande de parientes de distintas edades vive en un espacio pequeño. En un grupo tan grande puede ser difícil estar al tanto de lo que sucede, porque el concepto de la individualidad está muy difuminado.

Pero es evidente que en nuestras casas modernas, tan privadas y protegidas, también se ha perdido algo. Al ver el cariño con que se tratan las mujeres Hmong unas a otras, no pude dejar de plantearme si la evolución de la familia occidental, mucho más pequeña y nuclear, no habrá deteriorado el matrimonio moderno. En la sociedad Hmong, por ejemplo, los hombres y las mujeres no pasan demasiado tiempo juntos. Sí, se tiene una esposa. Sí, se tiene una relación sexual con esa esposa. Sí, el patrimonio es compartido. Sí, es posible que surja el amor. Pero aparte de eso, el hombre y la mujer llevan vidas distintas, marcadas por las tareas correspondientes a cada género. Los hombres trabajan y hacen vida social con otros hombres; las mujeres trabajan y hacen vida social con otras mujeres. Por poner un ejemplo: cuando fui a casa de Mai no vi a un solo hombre en todo el día. No sé qué estaría haciendo el sector masculino (cultivar el campo, beber, hablar, apostar), pero sus miembros lo estaban haciendo en otro sitio, juntos y aislados del sector femenino.

Una mujer Hmong no espera de su marido que sea un gran colega, amigo íntimo, consejero sentimental, equivalente intelectual o un paño de lágrimas. El apoyo psicológico necesario se lo dan las otras mujeres: hermanas, tías, madres, abuelas. Una mujer Hmong está rodeada de voces que la aconsejan y la acolchan a todas horas. El cariño está siempre próximo, porque hay una plétora de manos femeninas que aligera el trabajo, o al menos procura endulzar las cosas amargas de la vida.

Pero volviendo al día aquel, cuando al fin terminamos de intercambiar saludos, los bebés se apaciguaron y las carcajadas se fueron apagando, nos quedamos todas sentadas, mirándonos educadamente. Con Mai haciendo de traductora, empecé pidiendo a la abuela que por favor me describiera una ceremonia de boda al estilo Hmong.

Es bastante sencillo, explicó la abuela con paciencia. Antes de una boda Hmong tradicional, la familia del novio acude a la casa de la novia para que entre todos lleguen a un acuerdo en cuanto a la fecha y demás. Entonces se suele matar un pollo para contentar a los espíritus de las dos familias. Al llegar el día de la boda se hace una matanza de cerdos, se prepara un festín y los parientes de todos los pueblos cercanos se reúnen para celebrar la ocasión. Los gastos los cubren a medias las dos familias. Una procesión de parientes se encamina hacia la mesa nupcial, y uno de los allegados del novio siempre lleva un paraguas.

Llegado este momento del relato, interrumpí para preguntar qué significa el paraguas, pero la pregunta produjo una cierta confusión. Creo que el problema surgió en torno al sentido del verbo "significar". En cuanto a mi duda, me dijeron que un paraguas es un paraguas y que se lleva en las bodas porque es la costumbre. Se ha hecho toda la vida y así son las cosas y punto.

Superado el escollo del paraguas, la abuela pasó a explicarme la costumbre Hmong del secuestro matrimonial. Es una tradición ancestral, me dijo, aunque se practica mucho menos hoy en día que antes. Aun así, existe. La novia —a quien unas veces se informa del tema y otras no— es secuestrada por el futuro marido, que la lleva a casa de su familia montada en un pony. Todo el asunto, organizado cuidadosamente, sólo se puede celebrar en ciertas noches del año, después de unos días de mercado concretos. (No se puede secuestrar a una novia así como así. Hay una serie de normas.) La chica secuestrada tiene que pasar tres días en casa de su raptor, con la familia de él, para decidir si quiere casarse con el mozo o no. Según me contó la abuela, las bodas suelen ser con el consentimiento de la chica. En las raras ocasiones en que la novia secuestrada no acepta a su abductor, se le permite volver con su familia una vez cumplidos los tres días, y todo el asunto queda olvidado. A mí el asunto me pareció bastante razonable, dentro de lo que es un secuestro.

La conversación se tornó curiosa —para mí y para todas las presentes— al pedirle a la abuela que me contara la historia de su propia boda, con la esperanza de que me contara alguna anécdota graciosa o sentimental sobre su propia experiencia matrimonial. La confusión se produjo inmediatamente, en cuanto le hice a la anciana la siguiente pregunta:

—¿Qué pensó usted de su marido al conocerlo?

Todo su rostro arrugado dibujó un gesto de perplejidad. Pensando que no había entendido la pregunta, o que Mai quizá se la hubiera traducido mal, volví a la carga:

—¿Cuándo se dio cuenta de que ese hombre reunía las condiciones necesarias para ser su marido?

De nuevo mi pregunta produjo un gesto de cordial asombro.

—¿Se dio cuenta de que era una persona especial al instante? —insistí—. ¿O aprendió a quererle con el tiempo?

A esas alturas varias de las mujeres soltaron una risita nerviosa, como se hace cuando se está con una persona algo loca, que parecía ser lo que me estaban empezando a considerar.

Reculando, probé con otra técnica:

—Cuénteme… ¿cuándo conoció usted al que luego sería su marido?

Esa pregunta sí le hizo fruncir el ceño mientras procuraba recordarlo, pero no logré sacarle otra respuesta que no fuera "hace mucho". La pregunta no pareció interesarle demasiado.

—Pues entonces… ¿dónde conoció a su marido?

Una vez más, la simpleza de mi curiosidad la dejó atónita. Pero por mantener las formas, procuró hacer un esfuerzo. No se podía decir que hubiera conocido realmente a su marido antes de casarse con él, intentó explicarme. Lo había visto aquí y allá. Pero una conoce a tanta gente, murmuró. La verdad era que no lo recordaba muy bien. En todo caso, lo importante no era si le conoció de joven o no. Cuando le conocía bien era ahora, sentenció, cosa que las demás mujeres acogieron con enorme regocijo.

—Pero, ¿cuándo se enamoró de él? —le pregunté a bocajarro.

En cuanto Mai le tradujo la pregunta, todo el mujerío —menos la propia abuela, que era demasiado educada— soltó una gran carcajada espontánea, llevándose las manos a la boca para disimular.

A estas alturas sería comprensible que me hubiera desanimado. Tal vez debería haber abandonado el intento. Pero perseveré tercamente, esperando a que acabaran de reírse para hacer una pregunta que les pareció aún más ridícula:

—¿Y cuál le parece el secreto de un matrimonio feliz?

Ahí sí que se armó la gorda. Hasta a la abuela se le saltaban las lágrimas de la risa, cosa que me pareció perfecta. Como ya he dicho, siempre estoy dispuesta a hacer reír a los extranjeros con mi mejor voluntad. Pero en este caso debo confesar que la hilaridad me desconcertó bastante, por el sencillo motivo de que no entendía el chiste. Era evidente que entre las señoras Hmong y yo había un problema de entendimiento (quiero decir, aparte del hecho literal de que hablábamos en dos idiomas distintos). Pero, ¿qué sería lo que les parecía tan absurdo de mis preguntas?

Durante las siguientes semanas, al volver a recordar aquella conversación, se me ocurrió una teoría para explicar por qué mis anfitrionas habían tenido una actitud tan ajena e incomprensible ante el tema del matrimonio. Y mi teoría es la siguiente: para la abuela y las demás mujeres de la habitación el matrimonio no ocupaba el centro psicológico de su vida y no le daban ni por asomo la misma importancia que yo. En el mundo occidental civilizado del que yo procedo, la persona con quien eliges casarte es el reflejo más fehaciente de uno mismo. El cónyuge es el espejo reluciente en el que tu psicología individual se refleja ante el mundo. Es la decisión más personal que puedes tomar; una elección que dice, hasta cierto punto, quién eres. Por tanto, al preguntar a una mujer occidental actual de cómo y cuándo conoció a su marido y por qué se enamoró de él, no sólo nos contará una historia complicada y fundamentada en torno a la experiencia, sino que se sabrá de memoria todos los detalles, que incluso le habrán servido para conocerse mejor. Y lo más probable es que cuente la historia sin el menor sonrojo, incluso a una persona desconocida. De hecho, tengo clarísimo que la pregunta: "¿Cómo conociste a tu marido?", es una de las mejores maneras de romper el hielo con una mujer. Es más, por lo que he podido comprobar ni siquiera importa si el matrimonio ha sido feliz o no; lo normal es que una mujer lo cuente como una experiencia fundamental en su vida sentimental, tal vez incluso la experiencia más importante de todo su universo afectivo.

Sea quien sea esa mujer occidental de hoy, puedo asegurar que su historia será sobre dos personas —ella y su esposo— que a modo de personajes de película habrán hecho sus correspondientes periplos vitales antes de conocerse y cuyas vidas se cruzaron en un momento dado porque así lo quiso el destino. (Por ejemplo: "Había pasado el verano en San Francisco y ya me iba a marchar… cuando conocí a Jim en la fiesta

47

aquella".) La historia probablemente sea de lo más dramática y emocionante. ("Él creyó que yo estaba con mi novio, pero no sabía que era Larry, ¡mi amigo gay!") Habrá momentos de indecisión ("Al principio no me gustó; siempre he salido con hombres más bien intelectuales.") En cuanto al final, la historia puede acabar con la salvación de la protagonista ("¡Y es que ahora ya no me acuerdo de cómo era la vida sin él!") o —si las cosas han salido mal—, con una autocrítica recriminatoria ("¿Por qué no supe ver desde el primer momento que es un alcohólico y un mentiroso?"). Independientemente de los detalles, nuestra mujer occidental habrá analizado su historia de amor desde todos los puntos de vista posibles y a lo largo de los años su historia se habrá convertido en un relato épico maravilloso o estará embalsamada en un amargo cuento con moraleja.

Y ahora voy a arriesgarme bastante al sentenciar lo siguiente: las mujeres del clan Hmong no funcionan así.

Quiero volver a recordar que no soy antropóloga y me estoy adjudicando una capacidad que tal vez no tenga al hacer las correspondientes conjeturas sobre la cultura Hmong. Mi experiencia personal con ellas se limita a una única conversación durante la tarde aquella, con una niña de 12 años haciendo de traductora, así que es probable que me haya perdido algún matiz de esa sociedad ancestral tan compleja. También estoy dispuesta a conceder que mis preguntas les parecieran molestas, o claramente ofensivas. ¿Por qué me iban a contar sus historias más íntimas a mí, una intrusa metiéndome en todo? Incluso aunque hubieran tenido la intención de hablarme de sus relaciones, es probable que algunos de sus mensajes más sutiles se perdieran por el camino debido a la mala traducción o al simple choque cultural.

Dicho todo esto, he dedicado una gran parte de mi vida profesional a hacer entrevistas en las que he aprendido a mirar y escuchar atentamente. Por otra parte, cuando entro en una casa ajena me pasa lo mismo que a casi todos nosotros: me fijo mucho en las diferencias entre sus costumbres y las de mi familia. Es decir, que cuando entré ese día en la casa

Hmong mi papel fue el de una invitada más observadora de lo habitual que estaba fijándose más de lo habitual en lo expresivas que eran sus anfitrionas. Bajo esa condición, y sólo bajo esa condición, puedo decir con bastante seguridad lo que *no* vi suceder esa tarde en casa de la abuela de Mai. *No* vi a un grupo de mujeres contando las típicas leyendas ni los consabidos consejos aleccionadores sobre sus matrimonios. El motivo por el que me pareció tan asombroso es precisamente porque he escuchado a mujeres del mundo entero contar leyendas típicas y consejos consabidos sobre sus matrimonios ante un público variado y a la menor provocación. Pero a las señoras Hmong no parecía interesarles lo más mínimo hacer eso. Y tampoco se dedicaron a construir el clásico retrato del marido como el héroe o el villano de una interminable historia épica sobre el abandono sentimental.

No estoy diciendo que estas mujeres no quieran a sus maridos, ni que jamás los hayan querido, ni que sean incapaces de quererlos. Eso sería ridículo, porque las personas del mundo se quieren y siempre se querrán. El amor romántico es una experiencia humana universal. En todas partes del mundo hay pruebas de que la pasión existe. Todas las culturas humanas tienen canciones de amor, amuletos de amor y plegarias de amor. En todas las clases sociales, religiosas y culturales de cualquier género o edad hay gente a la que se le parte el corazón por amor. (En India, por poner un ejemplo curioso, el 3 de mayo es el Día Nacional de los Corazones Rotos. Y en Papúa Nueva Guinea existe una tribu cuyos hombres escriben unas canciones muy tristes llamadas *namai* sobre los matrimonios que nunca llegaron a ser, pero debieron haber sido.) Mi amiga Kate me contó que una noche fue a un concierto de un grupo mogol que cantaba melodías con la garganta y que pasaban por Nueva York excepcionalmente. Aunque no entendió la letra de las canciones, la música le pareció de una tristeza casi insoportable. Al acabar el concierto se acercó al vocalista principal y le preguntó: "¿Sobre qué son sus canciones?" Y él le contestó: "Nuestras canciones son como todas las del mundo, sobre un amor perdido o un caballo robado".

Así que es obvio que las mujeres Hmong se enamoran. Por supuesto que prefieren a una persona por encima de las demás, que echan de menos a los seres queridos que se les hayan muerto o que de pronto descubren que por algún motivo adoran el olor o la risa de alguien. Pero quizá no identifiquen ninguno de estos temas románticos como posibles *motivos para casarse*. Quizá no asuman que esas dos entidades tan distintas (el amor y el matrimonio) tengan por qué cruzarse necesariamente, ni al principio de la relación, ni nunca. Quizá para ellas el matrimonio se trate de algo completamente distinto.

Si esto suena extraño o descabellado, recordemos que en nuestra propia cultura occidental, y no hace tanto tiempo, se tenía una noción del matrimonio igual de poco romántica. Es obvio que el matrimonio de conveniencia nunca ha sido una característica definitoria de la cultura estadounidense —y el rapto nupcial, menos todavía—, pero es obvio que los casamientos pragmáticos existían en ciertas clases sociales hasta hace relativamente poco. Cuando digo "casamiento pragmático" me refiero a cualquier unión en la que los intereses de la gran comunidad social se consideran superiores a los intereses de los dos implicados; en el sector agrícola de la sociedad estadounidense, por ejemplo, fue un tipo de matrimonio plenamente aceptado a lo largo de muchas, muchas generaciones.

Y ya que estamos con el asunto, yo conozco un caso de matrimonio pragmático. En Connecticut, donde vivía de pequeña, mis vecinos preferidos eran un matrimonio de ancianos —ambos con el pelo blanco— que se llamaban Arthur y Lillian Webster. Se ganaban la vida como granjeros de productos lácteos y ambos eran fieles al estricto código de conducta de los yanquis más rancios. Eran dos miembros de la comunidad caracterizados por su modestia, frugalidad, generosidad, capacidad de trabajo, moderación religiosa y discreción social. Además, criaron a tres hijos que se convirtieron en ciudadanos honrados. Y eran enormemente simpáticos. El señor Webster me llamaba "Rizos" y me dejaba pasarme horas montando en bici por su rampa impecablemente asfaltada. La señora

Webster —si me portaba bien— me dejaba jugar con su colección de frascos de medicina antiguos.

Hace unos años, la señora Webster murió. Pocos meses después, fui a cenar con el señor Webster y acabamos hablando de su esposa. Me interesaba saber cómo se habían conocido, cómo se habían enamorado y cómo se había iniciado su romance. Es decir, le hice las mismas preguntas que luego haría a las señoras del clan Hmong en Vietnam, y obtuve la misma respuesta, o mejor dicho la misma *ausencia* de respuesta. Al señor Webster no logré sacarle ni un solo recuerdo romántico sobre los comienzos de su matrimonio. Me confesó que ni siquiera recordaba el momento concreto en que conoció a Lillian. Era una mujer a la que conocía de toda la vida, según me contó. Desde luego, no fue amor a primera vista. No hubo un momento cargado de electricidad, ni una chispa de atracción inmediata. No perdió la cabeza por ella ni nada parecido.

—Entonces, ¿por qué se casó con ella? —pregunté.

Según me explicó el señor Webster, con esa franqueza campechana tan típicamente yanqui, se había casado porque su hermano le había dicho que se casara. Como era a él, Arthur Webster, a quien le correspondía encargarse de la granja familiar, era imprescindible que buscara una esposa. Una granja no funciona si no hay una mujer al frente, como tampoco se puede arar sin un tractor. Era una noción poco romántica, pero llevar una granja de productos lácteos en Nueva Inglaterra tampoco tiene mucho romanticismo y Arthur sabía que su hermano tenía razón. Así que el joven y diligente señor Webster se lanzó a las calles a procurarse una esposa. Tal y como lo contaba daba la impresión de que había varias señoritas que podían haber obtenido el puesto de "señora Webster" en el lugar de Lillian, sin que se notara demasiado la diferencia. Pero Arthur eligió a la rubia, a la que trabajaba en la centralita del pueblo. Tenía la edad adecuada. Era una mujer simpática, sana y buena. Pues adelante.

El matrimonio de los Webster, por tanto, no procedía de un amor ardiente, entregado y febril; el de la abuela Hmong tampoco. Esto nos podría llevar a pensar que una unión semejante es un "matrimonio sin amor". Pero conviene ser precavido antes de sacar semejantes conclusiones. Esto se aplica, desde luego, al caso de los Webster.

En los últimos años de su vida, a la señora Webster le diagnosticaron Alzheimer. Durante casi una década esta mujer, que había sido tan fortachona, se fue consumiendo ante la mirada triste de todos los que la conocían. Su marido —ese granjero yanqui tan pragmático— cuidó de ella (en su casa, sin hospitalizarla) hasta el día de su muerte. La bañaba, le daba de comer, abandonó el resto de su vida para atenderla y aprendió a soportar los tremendos estragos de su decrepitud. Y siguió cuidando de ella cuando Lillian ya no lo reconocía, porque ya ni siquiera se reconocía a sí misma. Todos los domingos el señor Webster vestía y arreglaba a su esposa, la sentaba en su silla de ruedas y la llevaba a oír misa en la misma iglesia donde se habían casado 60 años antes. Lo hacía porque a Lillian siempre le encantó esa iglesia y sabía que ella habría apreciado el detalle si siguiera en sus cabales. Todos los domingos Arthur se sentaba en el banco de la iglesia junto a la silla de su esposa, tomándola de la mano mientras ella se hundía en el marasmo del olvido.

Si eso no es amor, entonces que venga alguien y me explique cuidadosamente lo que es.

Dicho esto, también conviene ser precavido antes de asumir que todos los matrimonios de conveniencia —o casamientos pragmáticos, o raptos nupciales que acaban en boda— se deslizan lentamente hacia una etapa de felicidad. Hasta cierto punto, puede decirse que los Webster tuvieron suerte. (Aunque es probable que los dos se tomaran su matrimonio muy en serio.) Pero lo que tal vez tengan en común el señor Webster y las mujeres del clan Hmong es la noción de que el nivel sentimental donde arranca un matrimonio no es ni la mitad de importante que el nivel sentimental que se alcanza al final, tras muchos años de compañerismo. Y es probable que ambos coincidan también en que no es verdad la teoría de la media naranja que nos va a redondear la vida mágicamente, sino que hay una serie de personas (incluso dentro de tu propio barrio) con quienes podríamos establecer un respetuoso nexo de unión. Y que dentro de ese grupo existe una persona junto con la que podrías vivir y trabajar durante años, con la esperanza de que la relación desemboque en la ternura y el cariño.

Cuando ya llevaba unas horas en casa de la familia de Mai tuve una especie de iluminación sobre esta teoría al plantearle a la pequeña abuela una última cuestión, que de nuevo le pareció abstrusa e incomprensible.

—¿El hombre con quien se casó ha sido un buen marido? —le pregunté.

La anciana tuvo que pedir a su nieta que le repitiera la pregunta varias veces, para asegurarse de que la había oído bien: *¿Que si es un* buen *marido?* Entonces me lanzó una mirada perpleja, como si le hubiera preguntado: "La tierra de los montes donde está su casa, ¿es *buena* tierra?"

La mejor respuesta que me pudo dar fue esta: su marido ni era bueno, ni era malo. Era un marido y punto. Como todos los maridos. Al oírla daba la impresión de que la palabra "marido" definía un puesto laboral, o incluso una especie, en vez de representar a un individuo especialmente amado o despreciado. En todo caso, el papel de "marido" en sí le parecía bastante simplón, con una serie de tareas asociadas que el suyo evidentemente había satisfecho, como la mayoría de los maridos, parecía estar diciendo, a no ser que tengas mala suerte y te toque un auténtico inútil. Al terminar, la abuela sentenció que a fin de cuentas no importa demasiado con quién te cases. Porque, con raras excepciones, todos los hombres se parecen bastante.

—¿En qué sentido? —le pregunté.

—Los hombres y las mujeres se parecen mucho casi todos —me explicó—. Eso lo sabe cualquiera.

El resto de las mujeres Hmong asintió en silencio.

*

Llegado este punto, ¿puedo detenerme un momento para decir algo que tal vez parezca una obviedad?

Ya es tarde para convertirme en una mujer Hmong.

Por el amor de Dios, si ya es tarde incluso para ser la señora Webster.

Soy una estadounidense nacida en una familia de clase media en la segunda mitad del siglo XX. Hay millones de personas nacidas en circunstancias parecidas, con una educación basada en la idea de que cada individuo es un ser especial. Mis padres (que no eran *hippies* ni radicales y que incluso votaron por Ronald Reagan dos veces) estaban convencidos de que sus hijos tenían dones y aspiraciones mejores que los de los hijos de los demás. Siempre valoraron mucho mi originalidad, por ejemplo, que se distinguía perfectamente de la de mi hermana, de cada uno de mis amigos y de todos los demás. Aunque no se puede decir que fuera una niña mimada, mis padres daban importancia al hecho de que yo lograra ser feliz, para lo cual debía aprender a modelar mi vida como una búsqueda de esa satisfacción personal.

He de añadir que a todos mis amigos y parientes los educaron, con algún matiz diferenciador, en la misma convicción. Con la posible excepción de las familias más conservadoras de nuestro entorno, o las de emigrantes recién integrados, toda la gente a la que conozco comparte básicamente esta cultura de culto al individuo. En todas las religiones y clases económicas se tiene ese mismo dogma, que es muy nuevo, claramente occidental y puede resumirse con la frase: "Lo importante eres tú".

Con esto no pretendo insinuar que el clan Hmong tenga desatendidas a las nuevas generaciones. Al contrario, desde el punto de vista antropológico puede decirse que sus familias son grupos unidos por lazos afectivos excepcionalmente fuertes. Pero parece evidente que no es una sociedad donde se venere al dios del individualismo. Como sucede en la mayoría de las sociedades tradicionales, los Hmong no tienen por credo la frase: "Lo importante eres tú", sino: "Lo importante es el papel que representas". Lo que todos parecían tener claro en aquella aldea vietnamita era que a todos nos tocan una serie de tareas en la vida —unas adjudicadas a las mujeres, otras a los hombres— que debemos ejecutar de la mejor manera posible. Si cumples con tus tareas razonablemente bien, dormirás tranquilo sabiendo que eres un buen hombre o una buena mujer, pero no pienses que la vida ni la gente te va a aportar mucho más que eso.

Cuando conocí a las mujeres Hmong en Vietnam, me acordé del refrán ese que dice: "Quien nada espera, mucho encuentra". Mi amiga, la abuela Hmong, nunca esperó que su marido la fuera a hacer inmensamente feliz. Para empezar, ni siquiera pensaba que hubiera venido a este mundo con la meta de ser inmensamente feliz. Al no tener esas expectativas tan altas, el matrimonio tampoco le produjo ninguna decepción. Fue tal y como se lo esperaba, una obligación social necesaria que ya se sabe cómo es y punto.

A mí, en cambio, me habían enseñado que la búsqueda de la felicidad es un derecho inalienable (y hasta *nacional*). El sello distintivo de mi cultura es esa búsqueda de la felicidad entendida como un estado psicológico. Pero no vale estar simplemente contento. Hay que alcanzar una felicidad profunda, incluso estremecedora. ¿Y qué puede ser más estremecedor que la felicidad amorosa? En mi caso, me habían educado en la creencia de que el matrimonio es un fértil invernadero donde el amor ha de florecer. Pero cuando ya estaba dentro del invernadero algo destartalado de mi primer matrimonio, fui perdiendo una tras otra todas mis esperanzas. Como lo esperaba todo, no encontré nada.

Me da la impresión de que si le hubiera intentado explicar esto a la abuela Hmong, no habría entendido ni jota. Probablemente me habría dicho lo que me dijo una anciana del sur de Italia cuando le confesé que había dejado a mi marido porque no era feliz en mi matrimonio.

—¿Y quién es feliz? —me dijo la viuda italiana, encogiéndose de hombros como para dar por acabado el asunto.

*

Vamos a ver, tampoco es que pretenda sublimar la vida sencilla del campesino pintoresco, ni mucho menos. Que quede claro que no hubiera cambiado mi vida por la de ninguna de las mujeres de aquella aldea Hmong en Vietnam. Aunque sólo fuese por el tema de la sanidad dental, prefiero quedarme con mi vida en mi mundo. Además, sería grotesco e insultante que yo pretendiera ponerme en sus circunstancias. De hecho, el inexorable progreso industrial parece indicar que serán las mujeres Hmong quienes acaben adoptando mi mentalidad en los años venideros.

De hecho, ya está sucediendo. Ahora que las niñas de 12 años, como mi amiga Mai, entran en contacto con mujeres occidentales como yo gracias al turismo, están iniciando la etapa crítica del replanteamiento cultural. Es lo que yo llamo el "Momento de la Duda", ese instante decisivo en que una niña de una sociedad tradicional se plantea qué tiene de bueno eso de casarse a los 13 y ponerse a tener hijos, si no hay más remedio o si existe alguna otra posibilidad en la vida. Cuando una niña de una sociedad primitiva empieza a pensar, se abre la caja de los truenos. Mai —trilingüe, lista, observadora— ya ha vislumbrado que existen otras opciones en la vida. Y no tardará mucho en volverse más exigente. En otras palabras: puede ser demasiado tarde incluso para que los Hmong sigan siendo como son.

Por eso digo que no. Sencillamente no estoy dispuesta —ni probablemente sea capaz— de renunciar a toda una vida de ambiciones individuales a las que tengo derecho desde que nací. Como la mayoría de los seres humanos, si veo todas las alternativas que se me ofrecen siempre optaré por ampliar las opciones de mi vida: opciones expresivas, individualistas, inescrutables e indefendibles, opciones quizá arriesgadas... pero serán todas mías. De hecho, la cantidad de posibilidades que ya se me habían ofrecido en la vida —un exceso casi vergonzoso— habrían hecho que los ojos se le salieran de las órbitas a la abuela Hmong. Como resultado de esa libertad individual, mi vida me pertenece y puedo amoldarla hasta un punto que sería impensable en los montes de Vietnam, incluso hoy en día. Es casi como si yo fuera una mujer de una especie distinta (*Homo infinito*, se nos podría llamar). Y mientras los miembros de esta nueva especie tienen posibilidades enormes, magníficas y casi incontables, es importante recordar que nuestras prolíficas vidas pueden acabar generando problemas derivados de su propia exuberancia. Somos propensos a neurosis e incertidumbres sentimentales que probablemente no sean muy comunes entre los Hmong, pero que hoy en día son casi una plaga entre mis coetáneos de, digamos, Baltimore.

El problema, por decirlo de una manera sencilla, es que *no podemos elegirlo todo a la vez*. Por eso corremos el peligro de que nos paralice la indecisión, porque nos aterra la posibilidad de que cada elección sea la incorrecta. (Una amiga mía cambia de opinión tan compulsivamente que su marido se burla de ella diciendo que el título de su autobiografía será *¿Por qué no habré pedido los calamares?*) Igual de tremendo es ese momento en que tomamos una decisión firme, pero luego nos angustia mortalmente habernos conformado con esa única posibilidad. Al elegir la puerta número Tres tememos haber eliminado un pedazo fundamental de nuestro ser que sólo se podía haber manifestado al entrar por la puerta número Uno o la puerta número Dos.

Según el filósofo Odo Marquard, la palabra alemana *zwei*, que significa "dos", está relacionada con la palabra *zweifel*, que significa "duda". Es decir, que el número dos aporta automáticamente el elemento de la incertidumbre. Por tanto, al plantear que una persona afronte todos los días no sólo dos o tres, sino docenas de posibilidades, podemos empezar a entender por qué el mundo se ha convertido, incluso con todas sus ventajas, en una gran máquina generadora de neurosis. En un mundo de posibilidades tan variadas, la indecisión nos puede dejar paralizados. O quizá interrumpamos el viaje de nuestra vida una y otra vez, regresando para abrir las puertas que despreciamos la primera vez, en un intento desesperado de acertar por fin. O quizá nos dediquemos a la comparación compulsiva, midiendo nuestra vida siempre frente a la de los demás, planteándonos en secreto si deberíamos haber hecho las cosas como ellos.

La comparación compulsiva, por supuesto, sólo produce casos frustrantes de lo que Nietzsche llamaba el *Lebensneid*, o la "envidia vital": la certidumbre de que alguien tiene mucha más suerte que tú, y que ojalá tuvieras su cuerpo, su pareja, sus hijos y su trabajo, porque entonces tu vida sería sencilla, maravillosa y feliz. (Un amigo terapeuta define este problema como "el síndrome por el que todos mis pacientes solteros quieren estar casados y todos mis pacientes casados quieren estar solteros".) Como la certidumbre es tan difícil de conseguir, las decisiones de unos ponen en constante tela de juicio las decisiones de otros, porque ya no hay un modelo universal de lo que es ser "un buen hombre" o "una buena mujer". Parece que para saber abrirse camino en la vida casi hay que ser un experto en orientación psicológica y navegación sentimental.

Todas estas posibilidades y deseos pueden producirnos una enorme angustia, como si el espíritu siniestro de las opciones descartadas nos persiguiera, preguntándonos sin parar: "¿Seguro que era esto lo que querías?" Y esa pregunta nos tortura especialmente durante un matrimonio, precisamente por lo mucho que nos hemos jugado al elegir a nuestro cónyuge.

Lo que está claro es que un matrimonio occidental moderno tiene muchas ventajas sobre un matrimonio Hmong tradicional (aparte de no usar la técnica del rapto nupcial), y repito lo ya dicho: no me cambiaría por ninguna de esas mujeres. Jamás tendrán tanta libertad como yo; ni mi nivel cultural; ni mi salud y bienestar económico; ni la posibilidad de explorar a fondo su propio ser. Sin embargo, la mujer Hmong recibe al casarse un importante regalo que no recibe la novia occidental: el don de la certidumbre. Cuando sólo tienes un camino que seguir, sueles pensar que es el correcto. Y una novia que no tiene necesariamente la esperanza de ser feliz tal vez esté más protegida de sufrir una enorme desilusión.

Pero debo admitir que aún no sé bien cómo enfocar esta información. No acabo de ver claro el lema de: "¡Pide menos!". Y tampoco me parece justo aconsejar a una novia a punto de casarse que rebaje sus expectativas para ser feliz. Es la filosofía contraria a toda la cultura moderna que considero propia. Además, he visto fallar esa táctica estrepitosamente. Una de mis amigas de la preparatoria decidió minimizar sus perspectivas en la vida, como para vacunarse de tener expectativas demasiado ambiciosas. No estudió una carrera y desdeñó la importancia de viajar por el mundo, volviendo a su pueblo para casarse con su novio de toda la vida. Con una seguridad envidiable, nos anunció que iba a ser una "sencilla esposa y madre". Este esquema de vida tan sólido le parecía el más seguro, sobre todo en comparación con la tremenda indecisión a la que se enfrentaban tantas de sus compañeras más ambiciosas, entre las que estaba yo. Pero cuando su marido la abandonó a los 12 años de matrimonio por una mujer más joven, su ira al sentirse traicionada fue feroz. El resentimiento la dominó por completo, aunque curiosamente no culpaba a su marido, sino al universo que había confabulado contra ella, rompiendo su unión sagrada. "¡Con lo poco exigente que he sido!", repetía, como si la minimización de su mundo bastara para protegerla de todos los males. Yo creo que se equivocó precisamente porque en realidad exigía mucho. Pedía nada menos que la felicidad, dando por hecho que su matrimonio se la iba a proporcionar. No se puede pedir más.

Pero tal vez me sea útil admitir, ahora que estoy a punto de casarme por segunda vez, que yo también soy muy exigente. Por supuesto que sí. Es el signo de nuestro tiempo. Desde pequeña se me ha permitido esperar mucho de la vida. Se me ha permitido tener un concepto de mi propia existencia y de mi futuro amoroso mucho más ambicioso que el de la mayoría de mis antepasadas. Y en cuanto a la intimidad, quiero que mi hombre esté a la altura de todas mis expectativas, sin renunciar a ninguna. Esto me recuerda una historia que me contó mi hermana sobre una mujer inglesa que hizo un viaje a Estados Unidos en 1919 y que, escandalizada, escribió una carta a sus familiares británicos contándoles que en esa zona tan rara de América había mucha gente que malgastaba el carbón para ¡calentarse todo el cuerpo entero a la vez! Después de pasarme una tarde entera hablando del matrimonio con las mujeres Hmong, me planteé que quizá a mí me pasaba lo mismo en el aspecto sentimental, al pretender que mi hombre sea capaz de calentarme todas las partes del mecanismo afectivo a la vez.

Los estadounidenses dicen mucho que hay que ganarse la vida. Tampoco estoy segura de si las mujeres Hmong entenderían ese concepto. La vida es dura y el trabajo también —eso seguro que lo entenderían— pero, ¿y lo de que el matrimonio también hay que trabajárselo? Pues sí. El matrimonio requiere dedicación porque significa que has puesto todas tus esperanzas de ser feliz en manos de una sola persona. Y para que eso funcione hay que trabajarlo. Una encuesta reciente ha revelado lo que de verdad buscan las jóvenes estadounidenses en un marido: un hombre que las "inspire", requisito bastante difícil de cumplir, por cierto. Para establecer un punto de comparación, en una encuesta de 1920 las estadounidenses de su misma edad respondieron que en un hombre buscaban virtudes como la "decencia", la "honestidad" o la capacidad para mantener a una familia. Pero hoy día ya no basta con eso. ¡Ahora queremos que nuestros maridos nos *inspiren*! ¡Todos los días! ¡Ponte las pilas, cariño!

Por cierto, eso es exactamente lo que yo llevo toda la vida esperando del amor (inspiración, felicidad infinita) y también lo que me iba a tocar esperar de Felipe en breve, que los dos aceptáramos ser plenamente responsables de la felicidad y el placer del otro. Es decir, que nuestro puesto de trabajo como esposos iba a consistir en serlo todo para el otro.

O al menos eso era lo que yo había pensado siempre.

Y lo habría seguido pensando, si mi encuentro con las mujeres Hmong no me hubiera echado por tierra una parte del argumento. Porque resultaba que, por primera vez en la vida, me estaba planteando que quizá tenía un concepto demasiado exigente del matrimonio. Tal vez estaba abarrotando el viejo barco del matrimonio con un cargamento de expectativas mucho mayor de lo que esa extraña nave era capaz de llevar.

Capítulo tercero

El matrimonio y la historia

> *El primer vínculo de la*
> *sociedad es el matrimonio.*
> CICERÓN

¿Qué se supone que es el matrimonio, entonces, si no es el mecanismo que nos permite alcanzar la máxima felicidad?

Esta cuestión me parecía infinitamente difícil de responder, porque el matrimonio —al menos como entidad histórica— se ha resistido siempre a todo intento de definirlo en términos sencillos. Da la impresión de que el matrimonio no está dispuesto a posar durante el tiempo suficiente como para que nadie le haga un buen retrato. Además, va evolucionando. Durante los siglos ha demostrado tener las mismas características del variable clima irlandés, que cambia de modo constante, sorprendente y veloz. Ya ni siquiera se puede reducir el matrimonio a aquella definición simplista de unión sagrada entre un hombre y una mujer. Para empezar, el matrimonio no siempre se ha considerado "sagrado", ni siquiera dentro del mundo cristiano. Y durante casi toda la historia de la humanidad, si somos sinceros, el matrimonio ha sido la unión entre un hombre y *varias* mujeres.

En otras ocasiones, sin embargo, el matrimonio ha sido la unión entre una mujer y varios hombres (como en el sur de la India, donde una mujer puede ser compartida por varios hermanos). El matrimonio también ha sido, a veces, una unión legalmente reconocida entre dos hombres (como en tiempos de los romanos, cuando dos hombres pertenecientes a la aristocracia podían casarse); una unión entre dos hermanos (como en la Europa medieval, si se trataba de conservar el patrimonio familiar); una unión entre dos niños (también en Europa, para proteger herencias o dinastías papales); una unión entre nonatos (en las mismas circunstancias anteriores); o una unión entre dos miembros de la misma clase social (de nuevo en la Europa medieval, donde era común que los campesinos no pudieran casarse por encima de su nivel, para mantener clara la división estamental).

El matrimonio también ha sido, según las circunstancias, una unión deliberadamente temporal. En el moderno Irán revolucionario, por ejemplo, las parejas jóvenes pueden pedir al *mulá* un permiso matrimonial especial llamado *sigheh*, una especie de pase de 24 horas que permite a dos personas estar casadas durante un solo día. Con licencia pueden ir juntos a lugares públicos sin problemas o tener una relación sexual legal, gracias a este breve casamiento que permite expresar el amor dentro de los dogmas del Corán.

En China existió en tiempos antiguos una modalidad nupcial que sacralizaba la unión entre una mujer viva y un hombre muerto. Esta fusión se llamaba "matrimonio fantasma". Una joven adinerada podía casarse con un fallecido de buena familia para formalizar el nexo entre dos clanes. Afortunadamente, la boda no contemplaba el contacto físico entre la mujer y el esqueleto del difunto (era una boda conceptual, por así decirlo), pero todo el asunto suena bastante siniestro hoy en día. Dicho esto, a ciertas mujeres chinas les parecía el mejor acuerdo social posible. Durante el siglo XIX, en la región de Shanghai había un elevado número de mujeres dedicadas al negocio de la seda, muchas de ellas empresarias de éxito. Para tener una independencia económica aún mayor, dichas mujeres preferían un matrimonio fantasma antes que un marido vivo. Para una mujer de negocios ambiciosa el mejor camino hacia la emancipación era casarse con un cadáver respetable, ya que le aportaba todas las ventajas sociales del matrimonio sin ninguno de los inconvenientes o restricciones de un casamiento auténtico.

Incluso cuando un matrimonio consistía en la unión entre un hombre y una sola mujer, sus motivos no eran siempre los que daríamos por hecho hoy en día. En los albores de la civilización occidental los hombres y las mujeres se casaban entre sí ante todo para asegurarse una integridad física. Antes de que existieran los estados organizados, en los tiempos indómitos del Creciente Fértil, el primer ente laboral de la sociedad era la familia. El núcleo familiar cubría todas las necesidades sociales básicas, desde la procreación y el compañerismo hasta la alimentación, vivienda, educación, orientación religiosa, atención médica y, quizá lo más importante de todo, la defensa. La cuna de la civilización era un mundo peligroso. Estar solo era exponerse a morir. Cuanto mayor era la familia, mayor la seguridad. La gente se casaba para incrementar el número de parientes. En aquellos tiempos el gran aliado no era el cónyuge, sino toda la familia gigante al completo, que funcionaba —al estilo Hmong, podríamos decir— como una unidad defensiva en el gran combate de la supervivencia.

Esas familias extensas se convirtieron en tribus, las tribus en reinos y los reinos en dinastías que combatían entre sí en salvajes batallas de conquista y genocidio. Los primeros hebreos proceden de este sistema, cosa que explica que el Antiguo Testamento sea una fantasía genealógica tan xenófoba y centrada en la familia, poblada de patriarcas, matriarcas, hermanos, hermanas, herederos y demás parentela. Evidentemente, las familias del Antiguo Testamento no eran siempre sensatas y disciplinadas (hay casos de asesinatos fraternos, personas que venden a un hermano como esclavo, hijas que seducen a su padre, esposos que se traicionan sexualmente), pero la trama central siempre gira en torno al progreso y las tribulaciones de la familia consanguínea, donde el matrimonio tenía un papel fundamental en su perpetuación.

Pero el Nuevo Testamento —es decir, a partir de la llegada de Jesucristo— invalida todos esos rancios lazos familiares hasta un punto socialmente revolucionario para aquellos tiempos. En vez de perpetuar la noción tribal de "los elegidos luchando contra el mundo", Jesucristo (que estaba soltero, frente a todos los grandes patriarcas del Antiguo Testamento) nos enseña que *todos* somos elegidos, que *todos* somos hermanos y hermanas, unidos en la gran familia de la humanidad. Es decir, una idea totalmente radical que jamás habría cuajado en el sistema tribal tradicional. Porque no puedes aceptar a un desconocido como tu hermano sin rebajar a tu auténtico hermano biológico, cosa que trastoca el dogma del lazo sagrado entre los parientes consanguíneos enfrentados a la impureza de las gentes ajenas. Lo que la cristiandad pretendía, justamente, era acabar con esa feroz lealtad al clan. Como decía Jesús: "Si alguno viene a mí, y no aborrece a su padre, y madre, y mujer, e hijos, y hermanos, y hermanas, y aun también su vida, no puede ser mi discípulo" (San Lucas, 14:26).

Sin embargo, esto creaba un problema obvio. Si tienes intención de desmontar toda la estructura social y familiar de la humanidad, ¿qué vas a poner en su lugar? El cristianismo primitivo era increíblemente idealista, incluso claramente utópico. Se trataba de crear una réplica del cielo en la tierra. "Renuncia al matrimonio e imita a los ángeles", decretó San Juan Damasceno en torno al año 730 a.C., explicando claramente el nuevo ideal cristiano. ¿Y qué hay que hacer para imitar a los ángeles? Reprimir los deseos humanos, por supuesto. Eliminar todos los lazos humanos naturales. Frenar todos los deseos y lealtades, menos el anhelo de unirse con Dios. Al fin y al cabo entre los espíritus de los ángeles no hay maridos esposas, madres ni padres, culto a los antepasados, lazos de sangre, venganzas sangrientas, pasión o envidia. Y como no existen los cuerpos, tampoco hay sexo, que es un dato fundamental.

Ése sería el nuevo paradigma humano, encarnado en Jesucristo, que daba ejemplo con su celibato, compañerismo y pureza absoluta.

Este rechazo de la sexualidad y el matrimonio implicaba un rechazo absoluto de la doctrina del Antiguo Testamento. La sociedad hebrea, en cambio, siempre había considerado el matrimonio como el pacto social más digno y puro (de hecho, los sacerdotes hebreos tenían que estar casados) y el lazo del matrimonio incluía una absoluta aceptación del sexo. Obviamente, el adulterio y la fornicación aleatoria estaban mal vistos en la sociedad hebrea tradicional, pero nada impedía a un esposo hacer el amor con su esposa y disfrutar de ello. El sexo dentro del matrimonio no era un pecado, porque formaba parte de la vida de los casados. Entre otras cosas era lo que servía para tener hijos y, ¿cómo vas a construir una gran tribu hebrea sin tener hijos judíos?

Pero a los primeros visionarios cristianos no les interesaba *fabricar* cristianos en el sentido biológico (es decir, niños recién nacidos), sino que les interesaba *convertir* a los cristianos en el sentido intelectual (es decir, adultos que obtienen la salvación porque lo eligen libremente). No era obligatorio haber nacido cristiano, sino que se trataba más bien de una opción adulta obtenida por la gracia y el sacramento del bautismo. Como siempre habría cristianos potenciales a los que poder convertir, no había por qué mancillarse teniendo niños mediante el vil apareamiento sexual. Y al no ser necesarios los hijos, era obvio que el matrimonio tampoco lo era.

Recordemos también que el cristianismo era una religión apocalíptica, aún más en sus comienzos que ahora. Los cristianos primitivos esperaban que el fin de los tiempos llegara en cualquier momento, mañana por la tarde tal vez, así que no les interesaba demasiado crear dinastías futuras. De hecho, no creían en el futuro. Como el Armagedón era tan inevitable como inminente, el cristiano converso recién bautizado sólo tenía una función en la vida: prepararse para el Apocalipsis siendo tan puro como le fuera humanamente posible.

Matrimonio = esposa = sexo = pecado = impureza.

Así que no te cases.

Por eso cuando hablamos hoy del "sagrado sacramento del matrimonio" o de "la santidad del matrimonio", haríamos bien en recordar que durante casi diez siglos el propio cristianismo no consideraba el matrimonio como algo sagrado ni santo. Desde luego no se consideraba el estado ideal del ser virtuoso. Al contrario, los padres fundadores de la cristiandad tachaban al matrimonio de asunto mundano más bien repugnante relacionado con el sexo, las mujeres, los impuestos y la propiedad, es decir, nada que ver con sus elevadas aspiraciones a la divinidad.

Así que cuando los conservadores religiosos de hoy se ponen nostálgicos con eso de que el matrimonio es una tradición sagrada que se ha mantenido durante siglos, tienen toda la razón, pero sólo si se refieren a la cultura judía, porque el cristianismo no comparte ese profundo respeto reverencial hacia el matrimonio. Últimamente han empezado a fomentarlo, pero no fue así en su origen. En sus comienzos la Iglesia cristiana consideraba el matrimonio monógamo como menos pecaminoso que la prostitución, pero sin demasiada convicción. San Jerónimo, que se dedicó a valorar la santidad humana en una escala del 1 al 100, daba a las vírgenes un 100 redondo y a las viudas y viudos célibes entorno a un 60, pero a los matrimonios les daba una puntuación sorprendentemente impura de 30. La valoración tenía su interés, pero el propio San Jerónimo admitía que hacer ese tipo de parangones tiene unos límites. Estrictamente hablando, escribió que ni siquiera se debería comparar la virginidad con el matrimonio, porque no se pueden comparar dos cosas "si una es buena y la otra, mala".

Cuando leo frases como ésa (y las hay a lo largo de toda la historia de la cristiandad), pienso en mis amigos y parientes que se identifican como cristianos, aunque —pese a haberse esforzado denodadamente en llevar una vida intachable— a menudo acaben divorciados. Entonces, y lo sé porque llevo años viéndolo, estas buenas gentes se machacan a base de culpabilidad, convencidos de haber violado el más sagrado de los preceptos cristianos al no mantener sus votos matrimoniales. Hasta yo caí en esa trampa al divorciarme, sin haberme criado en una familia fundamentalista. (Mis padres eran cristianos moderados como muchos y en mi familia nadie se echó las manos a la cabeza cuando me divorcié.) Aun así, cuando mi matrimonio se vino abajo me pasé tantas noches sin dormir que ahora me da vergüenza recordarlo, machacándome con el asunto de si Dios me perdonaría alguna vez por haber abandonado a mi marido. Y mucho después de haberme divorciado seguía teniendo la sensación de que no sólo había fallado en la vida, sino que había cometido un pecado.

Esos efectos de la culpa son profundos y no pueden solucionarse en una sola noche, pero admito que me resultó útil durante esos meses de enfebrecido tormento moral, haber sabido un par de cosas o tres sobre lo hostiles que fueron los cristianos hacia el matrimonio durante muchos siglos. "¡Abandona tus asquerosos deberes conyugales!", peroraba un rector inglés ya en el siglo XVI, soltando espumarajos por la boca contra lo que hoy llamamos valores familiares. "¡Pues sólo son un marasmo de quejas, gruñidos y mordiscos bajo los que subyace un infierno de hipocresía, envidia, maldad y espantosas sospechas!"

Y recordemos las palabras que el propio San Pablo, escribía en su famosa Carta a los Corintios: "Bueno le sería al hombre no tocar mujer". Nunca jamás, bajo ninguna circunstancia, decía San Pablo, debe un hombre tocar a una mujer, ni siquiera a su propia esposa. Si fuera por él, como admitía sin reparo alguno, todos los cristianos serían célibes. ("A todos los hombres les conviene quedarse como yo.") Aunque al menos tuvo la sensatez de admitir que eso era mucho pedir. Tuvo que conformarse con rogar a los cristianos que se alejaran del matrimonio todo lo posible. Mandó a los solteros no casarse jamás y a los viudos o divorciados que no buscaran otra pareja. ("¿No estás unido a mujer? No la busques.") En todas las circunstancias, les decía San Pablo, un cristiano debe contenerse, serenar sus impulsos carnales, llevar una vida solitaria, así en la tierra como en el cielo.

"Pero si no pueden contenerse, que se casen", decía finalmente; "mejor es casarse que abrasarse."

He ahí la que tal vez sea la defensa del matrimonio más fría de la historia, aunque me recordaba un poco al acuerdo entre Felipe y yo, es decir, que más vale casarse que tener que irse del país.

*

Esto no significa en absoluto que la gente dejara de casarse, por supuesto. Quitando a los más devotos, los primeros cristianos rechazaron casi en masa esta llamada al celibato. Siguieron teniendo relaciones sexuales y casándose (a menudo en ese orden), sin buscar la aprobación de un sacerdote. Tras la muerte de Jesucristo las gentes del mundo occidental continuaron improvisando a la hora de sellar sus lazos sentimentales (mezclando las raíces judías con las griegas, romanas y francogermanas), con tal de lograr que en el registro de su aldea o ciudad constaran como "casados". En ocasiones también se casaban con la persona equivocada y les tocaba divorciarse en los primeros juzgados europeos, que eran sorprendentemente comprensivos. (Las leyes de divorcio galesas del siglo X, por ejemplo, eran más favorables a la mujer en cuanto a ventajas y concesiones patrimoniales de lo que serían las leyes puritanas en Estados Unidos siete siglos después.) Era normal que los divorciados volvieran a casarse, para acabar discutiendo finalmente sobre el derecho a quedarse con los muebles, las tierras y los hijos.

En la Europa medieval el matrimonio acabó siendo una convención puramente civil, porque el hecho de casarse ya no era lo que fue al comienzo. Como la población vivía en aldeas y ciudades, en vez de luchar para sobrevivir en pleno campo, el matrimonio dejó de ser una estrategia de seguridad personal o una herramienta empleada para prolongar la longevidad de un clan. El matrimonio pasó a ser un arma eficiente para mantener la riqueza y el orden social, a modo de gran estructura imperante en la comunidad de cada región.

En una época en la que los gobiernos, las leyes y las finanzas aún eran enormemente inestables, el matrimonio se convirtió en la única gran inversión económica que la gente hacía en toda su vida. (Y lo sigue siendo, dirán algunos. Porque incluso hoy, tu cónyuge es la persona que mayor influencia tiene sobre tu economía, para bien o para mal.) Pero en la Edad

Media el matrimonio era la forma más sencilla y segura de conservar la riqueza, el ganado y la tierra, casando a los herederos de una familia con los de otra. Las grandes familias adineradas aseguraban su fortuna mediante el matrimonio, casi como hacen hoy las grandes multinacionales mediante cuidadosas fusiones y adquisiciones. (Las grandes familias ricas entonces eran, por así decirlo, grandes multinacionales.) Los hijos de los aristócratas y los burgueses europeos eran como bienes inmuebles que se manipulaban e intercambiaban como si fueran acciones de bolsa. Y no sólo las niñas, sino los niños también. Un niño rico podía pasar por siete u ocho compromisos matrimoniales sin haber llegado a la pubertad, antes de que las familias implicadas y sus abogados se pusieran de acuerdo.

Incluso en las clases bajas, los argumentos económicos eran muy importantes tanto para los hombres como para las mujeres. Por aquel entonces una buena boda era como una buena carrera, un título o un trabajo en correos; aseguraba una cierta tranquilidad de cara al futuro. Es evidente que el factor del afecto se tenía en cuenta, y los padres cariñosos procuraban buscar el cónyuge adecuado desde el punto de vista sentimental, pero el matrimonio medieval era a menudo un asunto abiertamente oportunista. Un solo ejemplo: después de que la peste se llevara a 75 millones de europeos, se produjo un enorme fervor matrimonial. Los sobrevivientes descubrieron el camino abierto para avanzar socialmente gracias al matrimonio. No en vano habían quedado miles de viudos y viudas dispuestos a compartir su fortuna, ya que muchos no tenían herederos. Lo que se generó a continuación, por lo tanto, fue una especie de fiebre del oro matrimonial, un pillaje de primera. Los registros matrimoniales de entonces están llenos de casos de veinteañeros que se casan con ancianas. No tenían un pelo de tontos. Vieron la oportunidad de cazar a una viuda y no la dejaron pasar.

Viendo lo poco sentimental que era la actitud general hacia el matrimonio no es raro que los cristianos europeos se casaran en privado, en su casa y vestidos de diario. La costumbre de la gran boda con la novia vestida de blanco, que siempre nos ha parecido una cosa muy tradicional, no empezó a celebrarse sino hasta el siglo XIX, cuando la reina Victoria llegó al altar con un vestido blanco de volantes, poniendo de moda una práctica que sigue vigente hoy. Pero antes de eso la típica boda europea apenas se distinguía de cualquier otro día de la semana. Las parejas se daban el juramento en una ceremonia casi improvisada que duraba muy poco. Los testigos empezaron a tener su importancia porque era la única manera de demostrar en un tribunal que la pareja realmente se había comprometido en matrimonio, asunto vital cuando se dirimían temas de dinero, propiedades o descendencia. Y el hecho de que intervinieran los tribunales se debía a un intento de mantener un cierto orden social. Como dice la historiadora Nancy Cott, "el matrimonio imponía deberes y dispensaba privilegios", atribuyendo a los ciudadanos una serie de funciones y responsabilidades.

Casi todo ello sigue siendo cierto en la sociedad occidental moderna. Incluso hoy, casi lo único que regula la ley matrimonial es lo relativo al dinero, la propiedad y los hijos. De acuerdo, tu cura, tu rabino, tus vecinos o tus padres pueden tener otro concepto del matrimonio, pero a ojos de la legislación laica moderna lo único importante del matrimonio es que dos personas se han unido, esa unión ha dado sus frutos (hijos, bienes, deudas) y hay que distribuirlo para que la sociedad civil pueda proceder de modo metódico y el gobierno se libre de criar a los niños abandonados o a los cónyuges arruinados.

Cuando yo empecé a divorciarme en 2002, por ejemplo, a la juez no le interesábamos en lo más mínimo, ni yo ni mi marido de entonces, como personas desde el punto de vista psicológico o moral. Le tenían sin cuidado nuestro rencor amoroso, nuestro corazón roto y si habíamos incumplido los votos matrimoniales o no. Nuestras almas pecadoras no le importaban en lo absoluto. Lo que le interesaba era decidir quién se iba a quedar con la escritura de la casa. Nuestros impuestos. Los seis meses de plazos que quedaban para pagar el coche y quién se iba a ocupar de pagarlos. Los derechos de propiedad que pudiera devengar mi último libro. Si habíamos tenido hijos (no, afortunadamente), le habría interesado mucho saber quién se iba a encargar de pagarles el colegio, los cuidados médicos, la vivienda y las nanas. Por tanto —mediante el poder que le había concedido el estado de Nueva York—, la juez se encargó de organizar y ordenar nuestro pequeño rincón de la sociedad civil. Lo estaba haciendo en el año 2002, pero empleando un concepto del matrimonio medieval, porque consideraba todo el asunto como algo civil o laico, no religioso o moral. Su fallo no habría parecido fuera de lugar en un juzgado europeo del siglo X.

Sin embargo, lo que a mí me extraña más de esos primeros matrimonios europeos (y de los divorcios también, la verdad) es su versatilidad. La gente se casaba por motivos económicos o sentimentales, pero se separaba por los mismos motivos y con bastante facilidad, comparado con lo que vendría después. La sociedad civil de entonces parecía entender que un corazón puede prometer muchas cosas, pero que la mente puede cambiar. Y los acuerdos comerciales también pueden cambiar. En la Alemania medieval se llegaron a crear dos tipos distintos de matrimonio legal: el *Muntehe*, un contrato blindado de por vida, y el *Friedelehe*, que se puede traducir como una boda *light*, porque establecía un acuerdo entre dos adultos libres sin imponer dotes ni leyes sobre la herencia, y que ambas partes podían disolver cuando quisieran.

Pero al llegar el siglo XIII esa gran versatilidad iba a cambiar, porque la Iglesia volvió a intervenir en el asunto, o mejor dicho intervino por primera vez. Los sueños utópicos del cristianismo primitivo habían desaparecido tiempo atrás. Los padres de la Iglesia ya no eran una especie de monjes sabios empeñados en recrear el cielo en la tierra, sino poderosos personajes políticos que querían cimentar su cada vez más potente imperio. Uno de los retos administrativos más importantes al que se enfrentaba ahora la Iglesia era organizar la realeza europea, cuyos matrimonios y divorcios creaban o rompían alianzas políticas que a menudo contrastaban con los intereses de los diversos papas.

En el año 1215, por tanto, la Iglesia se hizo con el matrimonio para siempre, impartiendo rígidos edictos sobre lo que iba a constituir el matrimonio legítimo a partir de ese momento. Antes del 1215, un juramento verbal voluntario entre dos adultos siempre había bastado a ojos de la ley, pero la Iglesia lo consideraba inaceptable. El nuevo dogma decía: "Quedan absolutamente prohibidos los matrimonios clandestinos". (Traducción: *Queda absolutamente prohibido todo matrimonio que se produzca a nuestras espaldas.*) Cualquier príncipe o aristócrata que osara casarse contra los deseos de la Iglesia podía hallarse repentinamente excomulgado, pero las restricciones también afectaban a las clases bajas. Para ampliar su poder, el papa Inocencio III prohibió el divorcio en cualquier circunstancia, salvo los casos de anulación eclesiástica, que a menudo se usaban como herramienta para levantar o destruir un imperio.

Así fue como el matrimonio, una institución laica antaño regulada por las familias y los juzgados civiles, quedó convertido en un asunto totalmente religioso y controlado por curas célibes. Además, las estrictas prohibiciones implantadas por la Iglesia transformaron el matrimonio en una sentencia de cadena perpetua, cosa que nunca antes fue, ni siquiera en la sociedad hebrea tradicional. Y el divorcio sería ilegal en Europa hasta el siglo XVI, cuando Enrique VIII volvió a implantar la costumbre con todo su esplendor. Pero los europeos se pasaron dos siglos —y mucho más en los países que siguieron siendo católicos tras la Reforma protestante— sin tener una salida legal para un matrimonio fracasado.

Pero en última instancia las limitaciones complicaban mucho más la vida a las mujeres que a los hombres. Ellos al menos podían buscar el amor y el sexo fuera del matrimonio, mientras que ellas lo tenían vedado socialmente. Las mujeres de clase alta estaban especialmente constreñidas por sus votos nupciales, que las obligaban a conformarse con la situación o la persona que les hubiera sido impuesta. (Los campesinos elegían y abandonaban a sus cónyuges con algo más de libertad, pero en las clases altas —con tanta riqueza en juego— no había ninguna posibilidad de movimiento alguno.) A una adolescente de buena familia la podían embarcar en plena noche para llevarla a un país del que desconocía hasta el idioma, dejándola marchitar en la tierra lejana de un marido elegido al azar. Una de estas jóvenes, al narrar sus semanas previas a uno de estos matrimonios concertados, lo describió tristemente como "mis preparativos para hacer un viaje al Infierno".

Para reforzar su gestión y acopio de la riqueza, los juzgados de toda Europa empezaron a imponer el concepto legal de *cobertura*, es decir, la creencia en que la existencia civil de una mujer desaparece durante el matrimonio. Bajo este sistema a una mujer la "encubre" su marido hasta el punto de que pierde todos sus derechos legales y no puede tener ninguna propiedad a su nombre. El concepto de cobertura procede de Francia, pero se extendió rápidamente por Europa y se incorporó firmemente a la ley consuetudinaria británica. Incluso ya en el siglo XIX, por ejemplo, el juez inglés Lord William Blackstone seguía defendiendo la esencia de la cobertura en su juzgado, insistiendo en que una mujer casada no existía como entidad legal. "El auténtico ser de una mujer", escribió el juez Blackstone, "queda suspendido durante el matrimonio". Por ese motivo, decía Blackstone, un marido no puede compartir sus bienes con su esposa por mucho que quiera, ni siquiera si esos bienes eran propiedad de ella en un principio. Un hombre no le puede conceder *nada* a su esposa, pues hacerlo presupondría que ella tiene una existencia individual, cosa claramente imposible.

La cobertura, por tanto, no era tanto la mezcla de dos individuos como un siniestro y fantasmagórico desdoblamiento, que doblaba su poder al tiempo que su esposa perdía por completo el suyo. Combinado con la política anti-divorcio implantada por la Iglesia, en el siglo XIII el matrimonio se convirtió en una institución que parecía querer enterrar y anular a sus víctimas femeninas, sobre todo las de la clase aristocrática. Es fácil imaginar lo solas que se sentirían esas mujeres al quedar totalmente erradicadas como seres humanos. ¿Qué harían para llenar las horas del día? Tras años de un matrimonio tan paralizante, como escribió Balzac sobre aquellas damas tan desgraciadas, "el aburrimiento se apodera de ellas y se acaban entregando a la religión, a sus gatos, a sus perrillos, o alguna manía sólo mal vista por Dios".

*

Si hay una palabra que me despierta todo el terror innato que siempre me ha producido la institución del matrimonio, por cierto, esa palabra es *cobertura*. Es exactamente lo que describía la bailarina Isadora Duncan cuando escribió que "cualquier mujer inteligente que lea su contrato matrimonial y se meta en el asunto de cabeza se merece todas las consecuencias".

Mi aversión tampoco es enteramente irracional. La cobertura se mantuvo legalmente vigente en la sociedad occidental durante muchos más siglos de los que debiera, aferrándose a la vida en los márgenes de las polvorientas páginas de los códigos legales, siempre ligada a ideas conservadoras sobre el papel adecuado de la mujer. No fue hasta el año 1975, por ejemplo, cuando las mujeres casadas de Connecticut —entre las que estaba mi madre— consiguieron sacar un préstamo o abrir una cuenta bancaria sin el permiso escrito de su marido. Y no fue hasta 1984 cuando el estado de Nueva York derrocó una fea noción legal llamada la "exención de la violación conyugal", que permitía a un hombre hacer todo lo que quisiera sexualmente a su esposa, por violento o impuesto que fuera, ya que su cuerpo le pertenecía, porque ella estaba integrada en él, a todos los efectos.

Hay un ejemplo de cobertura legal que —dadas mis circunstancias— me afecta especialmente. Lo cierto es que fue una suerte que el gobierno de Estados Unidos llegara a plantearse la posibilidad de permitirme casarme con Felipe sin obligarme a adoptar la nacionalidad de él antes. En 1907 el Congreso aprobó una ley por la cual toda mujer estadounidense que se casa con un hombre extranjero pierde automáticamente su nacionalidad y tiene que adoptar la de su futuro marido, tanto si quiere como si no. Aunque los tribunales aceptaban que era una medida desagradable, se pasaron años sosteniendo que era necesario conservarla. Según el Tribunal Supremo, si se permite a una mujer conservar su nacionalidad al casarse con un hombre extranjero, lo que se hace es permitirle que se ponga por encima de la nacionalidad de su marido. Al hacerlo, se está sugiriendo que la mujer posee algo que la hace superior a su esposo —*aunque sea en ese pequeño detalle*—, cosa a todas luces desmesurada, según explicaba un juez estadounidense, al atentar contra "el principio tradicional" del contrato matrimonial, que existe para "fundir ambas identidades (esposo y esposa), dando predominancia al marido". (Hablando con propiedad, eso no es una fusión, sino que es una OPA hostil, no sé si me explico.)

Huelga decir que la figura legal opuesta no existía. Si un ciudadano estadounidense se casaba con una mujer extranjera, por supuesto que a él se le permitía conservar la nacionalidad y su novia (que iba a integrarse en él, al fin y al cabo) obviamente podía convertirse en una ciudadana estadounidense; bueno, siempre que cumpliera con los requisitos de nacionalización para esposas extranjeras (es decir, siempre que no fuera negra, mulata, miembro de "la raza malaya", o cualquier otra criatura que el gobierno estadounidense considerase claramente despreciable).

Esto nos lleva a otro asunto que me parece desagradable sobre el derecho matrimonial: el racismo implícito en muchas de las leyes, incluso las muy recientes. Uno de los personajes más siniestros de la historia matrimonial fue un señor llamado Paul Popenoe, un cultivador de aguacates californiano que en 1930 abrió una clínica eugenista en Los Ángeles llamada The Human Betterment Foundation. Inspirado por lo mucho que había mejorado la calidad del aguacate, dedicó su clínica a crear estadounidenses mejores (léase: blancos). A Popenoe le preocupaba que las mujeres blancas —que habían empezado a ir a la universidad y a casarse después— no se estaban reproduciendo rápida ni copiosamente, mientras otras gentes de razas extrañas se estaban reproduciendo en números peligrosos. También le preocupaba enormemente que las personas "no aptas" se casaran y reprodujeran, por lo que la gran prioridad de su clínica fue esterilizar a todos los que él consideraba indignos de reproducirse. Si todo esto suena espantosamente familiar es porque a los nazis les impresionó la labor de Popenoe, que citaban a menudo en sus textos. De hecho, los nazis llevaron sus ideas muy lejos. Mientras Alemania acabó esterilizando a 400 000 personas, en una serie de estados americanos —seguidores del programa de Popenoe— esterilizaron *sólo* a un total de 60 000.

También es aterrador saber que Popenoe usó su clínica como base para montar el primerísimo centro de terapia matrimonial de Estados Unidos. La intención de este centro de asesoramiento era fomentar el matrimonio y la reproducción entre las parejas "aptas" (blancas, protestantes y de origen europeo). Y no menos impresionante es el hecho de que Popenoe, el padre de la eugenesia, escribiera en la conocida revista *Ladies' Home Journal* una columna llamada "¿Este matrimonio tiene solución?". Su intención periodística era idéntica a la del centro de terapia matrimonial: mantener unidos a todos los matrimonios de estadounidenses blancos para que produjeran más niños estadounidenses blancos.

Pero la discriminación racial siempre ha afectado al matrimonio en Estados Unidos. En los estados del sur, antes de la Guerra de Secesión, a los esclavos no se les permitía casarse, cosa que tampoco sorprende demasiado. El argumento en contra era sencillo: "Es imposible". El matrimonio occidental es un contrato basado en el consentimiento mutuo, pero un esclavo —por definición— no es dueño de su propio consentimiento. Como todos sus actos dependen de su amo, no puede tener un contrato con otro ser humano. Permitir a un esclavo hacer un matrimonio consensuado, por tanto, sería dar por hecho que un esclavo puede hacer una pequeña promesa propia, cosa evidentemente imposible. Por tanto, los esclavos no se podían casar. Un razonamiento impecable, este argumento (y la brutal política empleada para imponerlo) lograron destruir la institución del matrimonio en la comunidad afroamericana durante muchas generaciones venideras, un legado vergonzoso que sigue abochornando a nuestra sociedad hasta el día de hoy.

Y luego está la cuestión del matrimonio interracial, que fue ilegal en Estados Unidos hasta hace relativamente poco. Durante la mayor parte de la nuestra historia, enamorarse de una persona del color equivocado era un asunto que podía acabar en la cárcel, o peor aún. Esta situación cambió en 1967, con el caso de un matrimonio rural con el poético apellido —ni que fuera a propósito— de Loving. Richard Loving era blanco; su esposa, Mildred —de la que llevaba enamorado desde los 17 años— era negra. En 1958, cuando decidieron casarse, el matrimonio interracial aún era ilegal en las dos Virginias y en otros 15 estados. Así que la pareja fue a casarse a Washington D.C. Pero cuando volvieron a su casa después del viaje de novios, la policía local les detuvo casi inmediatamente, irrumpiendo en su dormitorio en plena noche para llevárselos. (La policía tenía la esperanza de sorprenderlos en plena actividad sexual para acusarlos de coito interracial, pero no hubo suerte; los Loving estaban simplemente durmiendo. De todos modos, el solo hecho de haberse casado bastaba para encarcelarlos. Richard y Mildred acudieron a los tribunales a reclamar como válido su matrimonio celebrado en Washington D.C., pero un juez de Virginia anuló la boda aduciendo la explicación de que "Dios Todopoderoso creó la raza blanca, la negra, la amarilla, la malaya y la roja, poniendo cada una de ellas en un continente distinto. El hecho de que las separase demuestra que no tenía intención de que se mezclaran".

Ah, pues bueno es saberlo.

Los Loving se mudaron a Washington D.C., sabiendo que si se les ocurría volver a Virginia acabarían en la cárcel. La historia podía haber acabado ahí, de no ser por una carta que Mildred escribió a la Asociación Nacional para el Progreso de las Personas de Color en 1963, preguntando si la organización podría intervenir para ayudarles a regresar a Virginia, aunque sólo fuera de visita. "Sabemos que no podemos vivir allí", escribió la señora Loving con una humildad impresionante. "Pero nos gustaría volver de vez en cuando a visitar a la familia y los amigos."

Dos abogados civilistas de la Unión Americana por las Libertades Civiles aceptaron el caso, que en 1967 acabó en el Tribunal Supremo, donde los jueces decidieron por unanimidad revisar la idea de que el derecho civil moderno siguiera basado en la exégesis bíblica. (Dicho sea en su honor, la propia Iglesia Católica había emitido un comunicado varios meses antes, dando su apoyo absoluto al matrimonio interracial.) El Tribunal Supremo confirmó la legalidad del matrimonio de Richard y Mildred en un fallo de nueve a favor y ninguno en contra, con este campanudo enunciado: "El derecho a casarse lleva tiempo reconocido como una de las facultades individuales esenciales en la búsqueda racional de la felicidad por parte de una persona libre".

Por cierto, conviene recordar que una encuesta de la época demostraba que 70 por ciento de los estadounidenses estaban opuestos a este fallo. Lo repito: en tiempos recientes *siete de cada diez* estadounidenses seguían creyendo que casarse con una persona de una raza diferente era un delito grave. Al desaparecer las últimas trabas racistas del canon de la ley matrimonial estadounidense, la vida siguió adelante, todos se acostumbraron a la nueva realidad y la institución del matrimonio no se colapsó por haber ampliado ligeramente sus límites. Aunque pueda haber quienes sigan creyendo que la mezcla de razas es horrible, hoy día habría que ser un lunático extremista para mantener seriamente que las personas adultas procedentes de distintas etnias no puedan contraer matrimonio de manera voluntaria y legal. Por otra parte, no hay un solo político capaz de ganar unas elecciones en Estados Unidos con un programa tan lamentable.

Es decir, que algo hemos avanzado.

*

Se entiende a dónde quiero llegar con esto, ¿no?

Quiero demostrar cómo ha evolucionado la historia del matrimonio.

Vamos, que no sorprenderá a nadie que dedique un tiempo al tema de las parejas del mismo sexo. Comprendo perfectamente que hay personas a las que este tema les provoca una reacción casi violenta. Un ex congresista de Missouri llamado James M. Talent sin duda expresó el sentir de muchos cuando dijo: "Es una arrogancia pensar que el matrimonio puede ser infinitamente maleable, que se puede estirar de aquí y de allá como un chicle, sin destruir su estabilidad esencial y su importancia en nuestra sociedad".

Lo malo de ese argumento, sin embargo, es que precisamente lo que ha hecho el matrimonio, histórica y esencialmente, es cambiar. El matrimonio occidental cambia con cada siglo, adaptándose constantemente a los estándares sociales y a los criterios de la justicia. Lo bueno precisamente es que sea una institución tan versátil —"como un chicle"—, porque de lo contrario ya no existiría. Muy poca gente —ni siquiera el señor Talent, diría yo— aceptaría hoy un matrimonio al estilo del siglo XIII. Es decir, que si el matrimonio ha sobrevivido es precisamente gracias a que ha evolucionado. (A quienes no creen en el progreso no les convencerá este argumento, obviamente.)

Ya que estamos haciendo confesiones, diré que estoy a favor del matrimonio entre personas del mismo sexo. El motivo por el que saco este tema es porque me irrita profundamente saber que tengo acceso, gracias al matrimonio, a varios privilegios sociales importantes de los que muchos de mis amigos contribuyentes no disfrutan. Y me irrita aun más pensar que si Felipe y yo hubiéramos sido una pareja del mismo sexo, habríamos tenido un gran problema con ese incidente del aeropuerto de Dallas. Al Departamento de Seguridad le habría bastado eso para echar a mi pareja del país para siempre, sin esperanza alguna de lograr la libertad condicional mediante el matrimonio. Gracias a mi currículum heterosexual, por tanto, se me permite intentar conseguirle a Felipe un pasaporte estadounidense. Dicho en estos términos, mi futuro matrimonio es un poco como ser socio de un selecto club de campo (que me aporta valiosas prestaciones a las que no

tienen derecho mis vecinos igualmente merecedores de ello).
Jamás aceptaré ese tipo de discriminación, que sólo incremen-
ta el recelo natural que me produce la institución en sí.

Aun así me resisto a entrar a fondo en este debate, aunque sólo sea porque el matrimonio gay es un tema tan candente que casi es demasiado pronto para publicar libros sobre
él. Dos semanas antes de que me sentara a escribir este párrafo, el estado de Connecticut legalizó el matrimonio del mismo
sexo. Una semana después, sucedió lo mismo en California.
Mientras estaba revisando este párrafo un mes más tarde, se
armó la gorda con el tema en Iowa y Vermont. Poco después,
New Hampshire se convirtió en el sexto estado que legaliza-
ba el matrimonio del mismo sexo, así que es probable que
todo lo que pueda decir hoy sobre el asunto sea anacrónico
este martes por la tarde.

Lo que sí puedo decir, sin embargo, es que el matrimonio
unisexual está llegando a Estados Unidos. En gran parte porque su versión no legal ya existe. Hoy día las parejas de personas del mismo sexo viven juntas abiertamente, tanto si su
relación ha sido legalizada por el estado donde viven como si
no. Estas parejas crían hijos, pagan sus impuestos, compran
casas, montan negocios, crean riqueza y hasta se divorcian.
Todas estas relaciones y responsabilidades sociales ya existen-
tes deben administrarse y organizarse legalmente para que la
sociedad civil siga funcionando. (Por eso será la primera vez
en que el censo estadounidense de 2010 catalogue a estas parejas
del mismo sexo como "casadas", para documentar verazmen-
te la demografía nacional.) Es probable que los tribunales
federales se terminen hartando, como les ocurrió con el matrimonio interracial, y decidan que es mucho más sencillo permitir casarse a todos los adultos que legislar el asunto según
cada estado, cada enmienda, cada sheriff y cada prejuicio personal.

Parece obvio que los conservadores seguirán oponiéndo-
se al matrimonio homosexual aduciendo que su fin último es
la procreación, pero las parejas infértiles, sin hijos y post-
menopáusicas se casan sin parar y nadie protesta. (El comen-

tarista ultraconservador Pat Buchanan y su esposa no tienen hijos, por poner un ejemplo, y nadie pide que les revoquen los derechos matrimoniales por no haber sido capaces de reproducirse.) Y en cuanto a la noción de que el matrimonio unisexual acabe corrompiendo a la sociedad, nadie ha sido capaz de demostrarlo legalmente. En cambio, centenares de organizaciones científicas y sociales —desde la Academia Americana de Médicos de Familia, hasta la Asociación Estadounidense de Psicología, pasando por la Liga para el Bienestar Infantil de Estados Unidos— han apoyado públicamente tanto el matrimonio gay como la adopción gay.

Pero si el asunto está de plena actualidad en Estados Unidos es ante todo porque el matrimonio es un asunto laico, no religioso. La objeción al matrimonio gay es casi invariablemente bíblica, pero los votos matrimoniales no se pueden definir mediante la interpretación bíblica (o al menos desde que el Tribunal Supremo salió en defensa de Richard y Mildred Loving). Una boda religiosa es una ceremonia bonita, pero ni se *requiere* para que el matrimonio sea legal en Estados Unidos, ni *constituye* el matrimonio legal en Estados Unidos. Lo que rubrica un matrimonio en este país es ese codiciado papel que tú y tu pareja deben firmar para que quede constancia en los archivos estatales. Es posible que desde un punto de vista ético muchos opinen que la validez del matrimonio depende de Dios, pero lo que le da validez terrenal es el papeleo cívico y laico. En última instancia, por tanto, es cosa de los tribunales estadounidenses —y no de las iglesias— regular el derecho matrimonial, y serán en los fueros donde se dirima finalmente el asunto del matrimonio gay.

Aun así, si soy sincera, me parece un disparate que los conservadores se enfrenten tan denodadamente al asunto, teniendo en cuenta que desde el punto de vista social es beneficioso lograr que el mayor número de familias posible se acoja a la institución del matrimonio. Y esto lo dice alguien que —creo que a estas alturas ha quedado claro— recela abiertamente del matrimonio. Sin embargo, es cierto. El matrimonio legal restringe la promiscuidad sexual, obliga a los contrayentes a cumplir con sus obligaciones sociales y es una pieza fundamental de una sociedad cívica. No sé si el matrimonio será tan beneficioso para cada uno de los contrayentes, pero ése es otro tema. No hay ninguna duda —ni siquiera en mi tortuosa mente— de que, en general, el matrimonio sirve para estabilizar el orden social y suele ser enormemente positivo para los niños.[1]

Si yo fuera de tendencia conservadora, por tanto —es decir, si fuera una firme defensora de la estabilidad social, la estabilidad económica y la monogamia—, querría que se casaran la mayor cantidad posible de parejas gay. Mejor dicho, que se casasen todas las parejas posibles, del tipo que sea. Sé que a los conservadores les preocupa que los homosexuales vayan a destruir y corromper la institución matrimonial, pero quizá deban plantearse la posibilidad de que en este momento sea precisamente la pareja gay la que puede salvarla. ¡Qué cosas! Porque el matrimonio está en decadencia en todo el mundo occidental. La gente se casa más tarde, si es que se casa, o tiene hijos por las buenas, sin casarse, o (como yo) contemplan la institución con ambivalencia o incluso hostilidad. Los heterosexuales ya no nos fiamos del matrimonio. No nos convence. No nos parece necesario. Lo vemos como algo que

---

[1] Perdónenme un instante. Éste es un asunto tan importante y complicado que se merece la única nota a pie de página de todo el libro. Cuando los sociólogos dicen que el matrimonio es "extraordinariamente positivo para los niños", lo que quieren decir es que la estabilidad es extraordinariamente positiva para los niños. Está demostrado categóricamente que los niños se crían más sanos en un entorno no sometido a cambios constantes (como, por ejemplo, una rotación infinita de parejas de los padres saliendo y entrando de casa sin parar). El matrimonio tiende a estabilizar las familias e impedir los trastornos, pero no necesariamente. Hoy día, por ejemplo, si una pareja no casada tiene un hijo en Suecia (donde el matrimonio legal está muy demodé, pero donde los lazos familiares son muy sólidos), ese niño tiene más posibilidades de vivir siempre con los mismos padres que si lo tiene una pareja casada en Estados Unidos (donde el matrimonio sigue estando reverenciado, pero las cifras de divorcio son altísimas). Los niños necesitan constancia y cariño. El matrimonio fomenta, pero no garantiza, la estabilidad familiar. Las parejas no casadas, los padres solteros, e incluso los abuelos, pueden crear entornos tranquilos y sólidos donde poder criar bien a los hijos, fuera del dominio del matrimonio legal. Sólo quería dejar muy claro este asunto. Siento esta interrupción, y gracias por la atención.

podemos tomar o dejar atrás para siempre. Los vientos de la modernidad han dejado al pobre matrimonio hecho trizas.

Pero justo cuando parece que todo está perdido, cuando parece que el matrimonio es tan prescindible como los apéndices, cuando parece que la institución se va a perder entre las sombras por su escasa aceptación social, ¡aparecen las parejas gay llamando a la puerta! ¡Efectivamente, llamando a la puerta! Pues sí, luchando denodadamente para formar parte de una tradición que será muy beneficiosa para la sociedad en general pero que a muchos —como yo— les parece claustrofóbica, anticuada e irrelevante.

Puede parecer irónico que los homosexuales —que han elevado a la categoría de arte el estilo de vida bohemio y *outsider*, desde hace siglos— se empeñen ahora en incorporarse a una tradición tan convencional. Es evidente que no todos entienden esta necesidad de aceptación, ni siquiera dentro de la propia comunidad homosexual. El cineasta John Waters, por ejemplo, dice que las únicas ventajas de ser gay son no tener que hacer el servicio militar y no tener que casarse. Aun así, muchas parejas unisexuales aspiran a formar parte de la sociedad como ciudadanos plenamente integrados, socialmente responsables, amantes de la familia, cumplidores con el fisco, aficionados al béisbol, patriotas y legalmente casados. ¿Y por qué no se los vamos a permitir? ¿Por qué no reclutarlos a todos y que vengan heroicamente en caravana a salvar la maltrecha y dilapidada institución matrimonial de la nefasta influencia de una banda de heterosexuales trasnochados y apáticos como yo?

*

En todo caso, pase lo que pase con el matrimonio a la larga, tengo claro que las generaciones futuras acabarán encontrando ridículo —por no decir cómico— que hayamos dedicado tanto tiempo a esta polémica, como ahora nos parece absurdo que un campesino medieval no pudiera casarse fuera de su clase social, o que un estadounidense blanco no se pudiera casar con alguien de "la raza malaya". Lo que nos lleva a plantearnos el último motivo de la inminente llegada del matrimonio gay: durante los últimos siglos el matrimonio occidental ha avanzado —lenta pero inexorablemente— hacia una privacidad más personal, más justa, más respetuosa con los dos individuos involucrados, y con más libertad de elección.

El "movimiento de liberación marital", por así decirlo, empezó a mediados del siglo XVIII. El mundo había empezado a cambiar, las democracias liberales estaban en pleno auge; y en Europa occidental y el continente americano entero había un movimiento social que reclamaba libertad, privacidad y la posibilidad de ser feliz sin tener en cuenta los deseos de los demás. Mujeres y hombres empezaron a expresar su necesidad de *elegir*. Querían elegir a sus políticos, su religión, su propio destino y —sí— a su cónyuge.

Además, con el avance de la Revolución Industrial y la prosperidad económica, las parejas podían permitirse el lujo de comprarse una casa en vez de vivir para siempre en el hogar paterno, y no debemos pasar por alto hasta qué punto esa transformación social afectó al matrimonio. Porque con la casa propia llegó al fin... la *privacidad*. La libre disposición del tiempo para poder pensar produjo los deseos propios y las ideas propias. Al cerrar las puertas de tu casa, tu vida te pertenecía. El dueño de tu destino eras tú, capitán de la nave de tu vida. Podías salir en busca del paraíso y hallar la felicidad, pero no en el cielo sino en pleno Pittsburgh, por ejemplo, con tu esposa (a la que habías elegido tú, por cierto, y no por su rancio abolengo o porque tu familia se hubiera empeñado, sino porque *te gustaba cómo se reía*).

Una de mis parejas heroicas del movimiento de liberación marital es la formada por Lillian Harman y Edwin Walter, que vivían en el enorme estado de Kansas en 1887. Ella era sufragista e hija de un famoso anarquista; él era un periodista de izquierda y feminista. Estaban hechos el uno para el otro. Cuando se enamoraron y decidieron sellar su relación, no buscaron un cura ni un juez, sino que organizaron lo que ellos llamaban un "matrimonio autonomista". Escribieron unos votos personalizados en los que juraban respetar la privacidad absoluta de la unión, estableciendo que Edwin no intentaría dominar a su esposa jamás y que ella conservaría su nombre de siempre. Además, Lillian se negó a jurarle fidelidad eterna, aduciendo que no podía hacer promesas imposibles o moralmente inaceptables, sino que conservaría siempre el derecho a actuar como su conciencia y buen juicio le dictaran.

Sobra decir que a Lillian y Edwin les detuvo la policía por esta flagrante trasgresión de lo convencional, y en su noche de bodas, nada menos. (¿Por qué será que cuando detienen a unos recién casados en la cama es señal de que va a cambiar algo en la historia del derecho matrimonial?) Los acusaron de no haber cumplido las leyes matrimoniales, cosa que un juez explicó alegando que "la unión entre E.C. Walker y Lillian Harman no es un matrimonio, por lo que se merecen plenamente el castigo impuesto".

Pero la pasta de dientes ya había empezado a salir del tubo. Porque lo que Lillian y Edwin querían no era tan distinto de lo que debían querer todos sus coetáneos: libertad para poder aceptar o disolver la unión con sus propias condiciones, por motivos propios y libres de trabas religiosas, legales o familiares. Pero lo que buscaban ante todo era la libertad para definir su relación con base en su propio concepto del amor.

Como era de esperar, estas nociones tan radicales produjeron una reacción. Ya a comienzos del siglo XIX había unos conservadores remilgados y exigentes que en esa tímida defensa de la libertad individual en el matrimonio creyeron ver el germen de la destrucción social. Alegaban que si la gente se casaba basándose tan sólo en el amor y el capricho, las cifras de divorcio serían astronómicas y habría una plétora de hogares rotos.

Cosa que ahora suena ridícula, ¿no?

Pues en parte tenían razón.

*

El divorcio, que apenas había tenido incidencia en la sociedad occidental, empezó a aumentar en el siglo XIX, casi a partir del momento en que la gente empezó a casarse por amor. Y la tasa de divorcio aumentó todavía más cuando el matrimonio se hizo menos "institucional" (basado en las necesidades de la sociedad general) y cada vez más "individualista" (basado en las necesidades de cada uno de los implicados).

Cosa bastante peligrosa, como veremos. Porque ahora les voy a dar lo que me parece el dato aislado más interesante de toda la historia del matrimonio. En todas partes, en todas las sociedades, en el mundo entero, a lo largo de toda la historia, cuando una cultura conservadora basada en el matrimonio de conveniencia se ve remplazada por una cultura en la que cada individuo elige a su cónyuge basándose en el amor, la tasa de divorcio se dispara inmediatamente. Pueden estar seguros de eso. (Ahora mismo, en este instante, está pasando en India, por ejemplo.)

Cuando la gente empieza a pedir a gritos el derecho a casarse por amor, tardan unos cinco minutos en pedir a gritos el derecho a divorciarse una vez que se haya acabado el amor. Y los tribunales empezarán a permitir a la gente que se divorcie, aduciendo que obligar a una pareja a seguir juntos ahora que se detestan es una forma de crueldad gratuita. ("Enviemos al marido y la esposa a la cárcel si desaprobamos su conducta y los queremos castigar, pero no los hagamos regresar a la esclavitud del matrimonio", rogaba George Bernard Shaw.) Conforme el amor se ha ido convirtiendo en la moneda de cambio de la institución matrimonial, los jueces se han hecho más comprensivos con los cónyuges desgraciados, quizá porque también sepan por su experiencia personal lo doloroso que puede ser un amor desgraciado. En 1849 un tribunal de Connecticut decretó que a los esposos se les debía permitir divorciarse no sólo por cuestiones de abuso, negligencia o adulterio, sino también por sufrimiento. Según declaró el juez, "toda conducta que destruya permanentemente la felicidad del implicado atenta contra el propósito mismo del matrimonio".

Esta declaración era verdaderamente radical. Era la primera vez en la historia que se decía que el propósito del matrimonio es la felicidad permanente. Esta noción llevó —inevitablemente, por así decirlo— al auge de algo que la experta matrimonial Barbara Whitehead ha llamado el "divorcio expresivo", es decir, los de aquellos que se separan simplemente porque se les ha acabado el amor. En esos casos, la relación no tiene ningún otro fallo. No hay malos tratos ni traiciones, pero la *percepción* de la historia de amor ha cambiado y el divorcio se convierte en la expresión de esa desilusión tan íntima. Entiendo perfectamente a Whitehead cuando habla de un "divorcio expresivo"; mi primera separación se debió precisamente a eso. Es evidente que cuando una situación te hace realmente infeliz no se puede decir que estás "simplemente" insatisfecho. No tiene nada de simple, por ejemplo, pasarse meses seguidos llorando, o tener la sensación de estar enterrada en tu propia casa. Pero, sí, debo admitir que abandoné a mi ex marido *simplemente* porque vivir con él se había convertido en un suplicio, gesto que me convierte en una esposa verdaderamente moderna, según parece.

Es decir, que el paso de acuerdo comercial a estandarte sentimental ha debilitado considerablemente la institución a lo largo del tiempo, porque resulta que los matrimonios por amor son tan frágiles como el amor mismo. Pensemos en mi relación con Felipe y en el finísimo hilo que nos une. Por decirlo con palabras sencillas, yo a este hombre no lo necesito casi en ninguno de los aspectos en que las mujeres han necesitado a los hombres durante siglos. No necesito que me proteja físicamente, porque vivo en una de las sociedades más seguras del mundo. No necesito que me mantenga económicamente, porque siempre me he ganado la vida sola. No lo necesito para ampliar mi círculo social, porque tengo una buena cantidad de amigos, vecinos y parientes. No lo necesito para que me dé el estatus de "mujer casada", porque mi cultura respeta a las mujeres solteras. No le necesito como padre de mis hijos, porque he elegido no ser madre, pero si los quisiera la tecnología y la flexibilidad de la sociedad liberal en la que vivo me permitirían tener niños por otros medios y criarlos sola.

Así que, ¿a dónde me lleva esto? ¿Para qué necesito yo un hombre? Lo necesito porque resulta que le adoro, que su compañía me da alegría y placer y que, como decía el abuelo de una amiga mía, "a veces la vida es demasiado dura para estar solo y a veces es demasiado buena para estar solo". Y lo mismo se aplica a Felipe: sólo está conmigo porque le gusta mi compañía. Parece mucho, pero no es para tanto; es amor y punto. Un matrimonio por amor no es el seguro de vida de un matrimonio dentro de un clan social o de un matrimonio por conveniencia; no puede ni debe serlo. Lo increíble es que todo lo que el corazón haya elegido por razones misteriosas y profundas lo puede acabar rechazando por esas mismas razones. Y un paraíso compartido se puede convertir rápidamente en un infierno.

Además, los estragos psicológicos que produce el divorcio son a menudo colosales, cosa que convierte al matrimonio por amor en un deporte de alto riesgo. El método que se emplea hoy en día para determinar el nivel de estrés de un paciente es el test que crearon en 1970 los investigadores Thomas Holmes y Richard Rahe. La escala Holmes-Rahe coloca la "muerte de un cónyuge" en el primer puesto de la lista como el episodio más angustioso que le puede suceder a una persona en su vida. Pero, ¿qué suceso aparece en segundo lugar? El *divorcio*. Según este parangón, el divorcio produce incluso más ansiedad que "la muerte de un pariente próximo" (incluso si es la muerte de un hijo, parece ser, porque el test no concede una categoría propia a ese horripilante suceso) y que "una enfermedad seria", "la pérdida del empleo" o "el encarcelamiento". Pero lo que me pareció más increíble de la escala Holmes-Rahe es que la "reconciliación matrimonial" también está muy alta en la lista de acontecimientos estresantes. Incluso estar a punto de divorciarse y salvar el matrimonio en el último momento puede ser devastador.

Así que cuando decimos que la implantación del matrimonio por amor puede disparar la tasa de divorcio, no es como para tomárselo a la ligera. Los estragos sentimentales, económicos y hasta físicos que produce un amor fallido pueden destruir a una persona y a una familia entera. Las persecuciones, ataques y hasta asesinatos están a la orden del día, pero aunque no se llegue al extremo de la violencia física, el divorcio es una bola de fuego desde el punto de vista psicológico, sentimental y económico, como sabrá quien haya experimentado, aunque como espectador, un matrimonio fallido.

Lo que convierte la experiencia del divorcio en algo tan horrible, en parte, es la ambivalencia emocional. Hay personas incapaces de permanecer en un estado de pura pena, ira o tristeza al pensar en un ex cónyuge. Porque los sentimientos pueden quedarse entremezclados en un incómodo guiso de emociones puras durante años. Por eso nos puede suceder que echemos de menos a un marido al que no soportamos. Por eso nos puede preocupar la salud de nuestra ex esposa aunque nos saque completamente de quicio. Es algo absolutamente desconcertante. Lo más normal es que ni siquiera sepamos quién tiene la culpa de verdad. En la mayoría de los divorcios que conozco, ambos bandos (excepto si uno de los implicados era un psicópata declarado) eran responsables, al menos en parte, del fracaso de la relación. ¿Y qué papel adoptas, una vez que la pareja se ha ido al garete? ¿Víctima o verdugo? No siempre es fácil saberlo. Las cosas se mezclan y se superponen, como cuando al explotar una fábrica los fragmentos de cristal y acero (trozos del corazón de él y de ella) se fusionan por el calor. Intentar recomponer los fragmentos puede llevar a una persona al borde de la locura.

Esto, sin mencionar lo que sucede cuando la persona a quien antes querías y defendías se convierte en un antagonista agresivo. Una vez pregunté a mi abogada de divorcio, cuando estábamos en plena gresca, cómo conseguía que su trabajo no le afectara, cómo podía soportar ver todos los días a gente que antes se quería, y ahora se tiraba los trastos a la cabeza en un juzgado. Me contestó: "Me gusta mi trabajo por un motivo. Porque yo sé una cosa que tú no sabes. Y es que esto te parece lo peor que te ha pasado en la vida, pero un buen día lo superarás y saldrás adelante. Poder ayudar a la gente como tú a solucionar el peor momento de su vida es enormemente satisfactorio".

En eso tenía razón: todos acabaremos saliendo adelante; pero había una cosa en la que se equivocaba: no todos lo vamos a superar un buen día. En eso los divorciados somos un poco como el Japón del siglo XX: tenemos una cultura de preguerra y una cultura de posguerra, y entre las dos sólo hay un enorme agujero humeante.

Estoy dispuesta a hacer lo que sea, con tal de no volver a pasar por ese trauma apocalíptico. Pero reconozco que siempre existe la posibilidad de otro divorcio, precisamente porque quiero a Felipe y porque los matrimonios por amor son cadenas curiosamente frágiles. No voy a renunciar al amor porque sigo creyendo en él. Pero quizá sea ése el problema. Tal vez el divorcio sea el impuesto que pagamos entre todos por atrevernos a creer en el amor, o al menos por atrevernos a unir el amor a un contrato social tan importante como el matrimonio. Quizá no sea verdad eso de que "amor y maridaje son como caballo y carruaje". Tal vez el refrán acabe siendo: "amor y ruptura son como carruaje y montura".

Quizá sea ésa la cuestión social que hay que solucionar, mucho más que eso de quiénes pueden casarse y quiénes no. Desde un punto de vista antropológico el verdadero dilema de las relaciones modernas es éste: si realmente quieres vivir en una sociedad donde la gente elige a sus cónyuges por amor, debes estar dispuesto a aceptar lo inevitable. Habrá corazones rotos; habrá vidas rotas. Precisamente porque el corazón es tal misterio ("tal tejido de paradojas", como lo describió maravillosamente el científico victoriano sir Henry Fink), el amor convierte todos nuestros planes e intenciones en una gran apuesta. Quizá la única diferencia entre el primer matrimonio y el segundo sea que la segunda vez al menos sabes lo que te juegas.

Recuerdo una conversación que tuve hace varios años con una mujer joven a la que conocí en una fiesta de una editorial neoyorquina cuando estaba pasando por un mal momento en mi vida. La chica, a la que conocía de haberla visto en algún otro evento, por cortesía me preguntó dónde estaba mi marido. Le dije que mi marido no me iba a acompañar esa noche porque nos estábamos divorciando. Al oírlo, mi interlocutora murmuró unas condolencias que sonaron un poco huecas y añadió, antes de atacar el queso que tenía en el plato:

—Pues yo llevo ocho años felizmente casada. Y sé que no me voy a divorciar jamás.

¿Qué se puede contestar ante semejante frase? ¿Enhorabuena por haber logrado lo que aún no sabes si vas a lograr o no? Es obvio que la joven aún veía el matrimonio con cierta ingenuidad. Había tenido más suerte que esas adolescentes venecianas del siglo XVI a las que les imponían un marido. Pero por ese mismo motivo —porque había elegido a su esposo por amor— su matrimonio era más frágil de lo que se imaginaba.

El juramento que hacemos el día de nuestra boda es un noble intento de contradecirnos o, mejor dicho, de convencernos de que —verdaderamente— lo que Dios ha unido nadie lo puede separar. Pero, por desgracia, no es Dios Todopoderoso quien hace el juramento, sino una mujer o un hombre, bastante menos poderosos pero que siempre pueden traicionar la palabra que han dado. Incluso aunque la chica de la fiesta aquella estuviera totalmente segura de que jamás iba a abandonar a su marido, el tema no dependía sólo de ella. El tálamo nupcial se comparte con otra persona. Todos los amantes, hasta los más fieles, se enfrentan al abandono contra su voluntad. Esto lo sé por experiencia propia, habiendo abandonado a quienes no querían que me fuera, y habiendo sido abandonada por aquellos a quienes rogué que se quedaran. Sabiéndolo, llegaré a mi segundo matrimonio con mucha más humildad de la que llegué al primero. Como Felipe. No es que esa humildad pueda protegernos por sí sola, pero al menos esta vez la tenemos de aliada.

Siempre se ha dicho que el segundo matrimonio es el triunfo de la esperanza sobre la experiencia, pero no tengo del todo claro que sea cierto. Me da la impresión de que el primer matrimonio es un asunto lleno de esperanza, enormes expectativas y optimismo facilón. El segundo matrimonio va pertrechado, creo yo, de otra cosa distinta: un respeto por determinadas fuerzas superiores a nosotros, tal vez. Un respeto que incluso se aproxima a la veneración.

Hay un viejo refrán polaco que dice: "Antes de ir a la guerra reza una oración. Antes de salir al mar reza dos. Antes de casarte reza tres".

Me voy a pasar este año entero rezando.

Capítulo cuarto

El matrimonio y el enamoramiento

En el amor (tal vez) / más cautela
/ que en lo demás.
E. E. CUMMINGS

Estábamos en septiembre de 2006.

Felipe y yo seguíamos viajando por el sudeste asiático. No teníamos otra cosa que hacer. Nuestro asunto con el Departamento de Inmigración estaba totalmente parado. Aunque, a decir verdad, nuestro caso no era el único, porque todas las solicitudes de visado permanente para una pareja extranjera estaban igual. El sistema entero parecía estar petrificado, congelado. Además teníamos la desgracia colectiva de que el Congreso acababa de aprobar una nueva ley de inmigración, así que todos los casos abiertos —que afectaban a miles de parejas— se iban a pasar otros cuatro meses más en el limbo burocrático. Según la nueva ley todo ciudadano estadounidense que quisiera casarse con una persona extranjera iba a ser investigado por el FBI, que repasaría a fondo su currículum en busca de fechorías.

Pues sí, toda persona estadounidense que quisiera casarse con su pareja extranjera iba a ser pasto del FBI.

Curiosamente, la ley se había aprobado para proteger a determinadas mujeres —a las pobres extranjeras de los países en vías de desarrollo, para ser precisos— de que las introdujeran a Estados Unidos como novias de violadores convictos, asesinos o maltratadores conyugales con antecedentes. En los últimos años este asunto se había convertido en un problema horripilante. Los estadounidenses estaban comprando novias en la antigua Unión Soviética, Asia y Sudamérica, muchas de las cuales —una vez que embarcaban hacia Estados Unidos— se enfrentaban a una vida horrible como prostitutas o esclavas sexuales, o incluso acababan asesinadas por un marido estadounidense que quizá tuviera ya un historial como violador y asesino. Por tanto, la nueva ley pretendía filtrar a todos los maridos estadounidenses potenciales, con la idea de proteger a sus novias extranjeras de casarse con un monstruo potencial.

Era una ley buena, justa. Parecía imposible no estar a favor. El único problema —para Felipe y para mí— era que fuera tan inoportuna, porque a nuestro caso le iba a suponer un retraso de cuatro meses, mientras los del FBI se dedicaban a comprobar diligentemente que yo no era una violadora convicta ni una asesina en serie de mujeres, aunque hay que reconocer que doy el perfil por la cara de mala que tengo.

Cada dos o tres días mandaba un correo a nuestro abogado de Filadelfia experto en inmigración, para ver si le habían dado algún informe, fecha o dato esperanzador.

"No se sabe nada", me contestaba, recordándome de vez en cuando, como si se me hubiera olvidado: "No hagan planes. No hay nada seguro".

Así que mientras sucedía todo eso (o mejor dicho, mientras no sucedía nada), Felipe y yo nos fuimos a Laos. Tomamos un avión en el norte de Tailandia y aterrizamos en la antigua ciudad de Luang Prabang, sobrevolando una manta de selva verde esmeralda puntuada por una sucesión de picos frondosos que se alzaban como olas cetrinas en un mar helado. El aeropuerto local parecía la oficina de correos de un pueblo estadounidense. Contratamos un taxi-bicicleta para que nos llevara a Luang Prabang, que resultó ser una joya de ciudad en el hermoso delta de los ríos Mekong y Nam Khan. Luang Prabang es un lugar exquisito que ha aunado, durante siglos, 40 templos budistas en una pequeña franja de tierra. Ésa es la explicación de que se vean monjes budistas por todas partes. De edades comprendidas entre los diez años (los novicios) y los 90 (los maestros), los hay a millares. La ratio entre monje y persona-de-a-pie debe ser como de cinco a uno.

Los novicios me parecieron los niños más guapos que había visto en mi vida. Llevan la cabeza afeitada y una túnica de color naranja butano bajo la que asoma su piel dorada. Todos los días al amanecer los veíamos salir del templo en fila, con los cuencos de limosna en la mano, pidiendo comida a los lugareños, que se arrodillan en la calle para ofrecerles arroz. Felipe, que estaba harto de viajar, decía que la ceremonia era "mucho relajo para ser las cinco de la mañana", pero a mí me encantaba y madrugaba para salir a verlos a la terraza de nuestro destartalado hotel.

Los monjes me tenían hechizada. Eran un entretenimiento fascinante. Durante los días que pasamos allí me entró una especie de fijación con ellos. De hecho, estaba tan alucinada que, en parte para combatir el hastío de aquella ciudad laosiana, empecé a espiarlos.

*

Está bien, admito que espiar a unos monjes probablemente sea un poco perverso (que Buda me perdone), pero no pude evitarlo. Estaba deseando saber quiénes eran esos niños, qué pensaban y esperaban de la vida, pero era difícil obtener información abiertamente. Aparte del problema lingüístico, una mujer tiene prohibido mirar a los monjes, acercarse a ellos y, por supuesto, intentar hablar con ellos. Además, no se podía intentar sonsacar algo a uno en concreto, porque todos parecían exactamente iguales; ésa es precisamente la intención que hay tras la cabeza afeitada y las sencillas túnicas idénticas. El motivo de que sus maestros budistas hayan ideado esta uniformidad deliberada es para lograr que los niños disminuyan su individualismo y se fusionen con su colectividad. Se supone que ni ellos mismos deben ser capaces de distinguirse unos de los otros.

Pero como al final pasamos varias semanas en Luang Prabang, tras muchas horas de vigilancia callejera acabé siendo capaz de distinguir a algún monje concreto entre la multitud de cabezas afeitadas y túnicas naranjas calcadas. Fui descubriendo que los monjes eran muy distintos entre sí. Había monjes coquetos y atrevidos que se subían uno a hombros de otro para asomarse sobre el muro del templo y gritar: "¡Eh, señora doña!", al verme pasar. Había monjes que salían del templo por la noche para fumar a hurtadillas pegados al muro, reconocibles por resplandor del pitillo, tan naranja como sus túnicas. También vi a un monje desnudo haciendo flexiones, y a otro con un inesperado tatuaje de un cuchillo tipo gángster grabado en su hombro áureo. Una noche estaba espiándolos y escuché a un grupo cantando canciones de Bob Marley unos a otros bajo un árbol del jardín, cuando tendrían que llevar horas en la cama. Había visto a un puñado de novicios casi adolescentes haciendo boxeo tailandés, una ingenua muestra de competitividad que —como todos los juegos de niños— puede volverse violenta en cuestión de segundos.

Pero quizá lo que más me sorprendió fue un incidente que vi una tarde en el pequeño y oscuro cibercafé del Luang Prabang donde Felipe y yo pasábamos varias horas al día mirando nuestro correo y comunicándonos con la familia y el abogado de Filadelfia. Yo también iba mucho sola al cibercafé. Cuando Felipe no estaba conmigo usaba la computadora para mirar los anuncios de las casas en venta en Filadelfia. Tenía —más que nunca o quizá por primera vez en mi vida— melancolía. Mejor dicho, nostalgia de un hogar. Estaba deseando tener una casa propia, una dirección propia, un sitio pequeño que pudiéramos considerar nuestro. Soñaba con sacar los libros de la bodega y acomodarlos por orden alfabético en un librero. Fantaseaba con tener un perro o un gato, comer comida casera, ver mis zapatos viejos, vivir cerca de mi hermana y su familia.

Unos días antes había llamado a mi sobrina para desearle un feliz cumpleaños (cumplía ocho) y me había regañado mucho por teléfono.

—¿Por qué no estás aquí? —me preguntó indignada— ¿Por qué no vienes a mi fiesta de cumpleaños?

—No puedo ir, cariño. Estoy atorada en un sitio al otro lado del mundo.

—Entonces, ¿por qué no vienes mañana?

No quería agobiar a Felipe con estas cosas. Cuando le hablaba de mi nostalgia se quedaba desconcertado y le entraba la angustia por habernos confinado en esa ciudad al norte de Laos. Pero navegar por las páginas web de mi ciudad estadounidense me distraía mucho. Mirar los anuncios inmobiliarios a escondidas de Felipe me daba un poco de nervios, como si estuviera viendo imágenes porno, pero no podía evitarlo. "No hagan planes", repetía nuestro abogado, pero yo hacía planes sin parar. Y también pensaba en planos. Los planos de una casa.

El caso es que una tarde bochornosa estaba yo sola en el cibercafé de Luang Prabang, mirando embelesada la luminosa pantalla donde aparecía una imagen de una casa de piedra en el río Delaware (¡con una pequeña granja que podía convertirse en un estudio para escribir!), cuando un monje novicio delgaducho se sentó de pronto frente a la computadora de al lado, con el trasero huesudo justo al borde de la silla de madera. Llevaba semanas viendo a los monjes entrar en el cibercafé a usar las computadoras, pero aún me costaba superar el choque cultural de ver a unos niños muy serios, con la cabeza rapada y una túnica color azafrán, navegando por Internet. Dejándome llevar por la curiosidad sobre lo que estarían haciendo, a veces me levantaba a pasear por la habitación, mirando las pantallas de los monjes al pasar. Normalmente estaban jugando algún videojuego, aunque a veces me los encontraba tecleando laboriosamente un texto en inglés, absolutamente concentrados en su labor.

Pero ese día el monje se sentó a mi lado. Estaba tan cerca que me fijé en el pelo suave que le cubría los brazos largos y pálidos. Nuestras dos computadoras estaban tan cerca que desde mi sitio se veía claramente su pantalla. Al cabo de unos minutos miré de reojo para ver qué estaba haciendo y descubrí que el niño estaba leyendo una carta de amor. De hecho, estaba leyendo un *email* de amor, que por lo que pude ver le había mandado una tal Carla, una chica claramente no laosiana, porque escribía en un inglés relajado y coloquial. Así que debía ser americana o inglesa. O australiana. Una de las frases de la pantalla me llamó la atención: "Te sigo extrañando como amante".

Leer eso me sacó de mi ensimismamiento. Santo Dios, pero ¿qué hacía cotilleando la correspondencia de un desconocido? Y con el espiado en frente, para colmo de males. Abochornada, aparté los ojos. No era asunto mío. Volví a los anuncios de las inmobiliarias de Delaware Valley. Pero obviamente no lograba concentrarme en mis cosas, porque... ¿Quién demonios era Carla?

Para empezar, ¿cómo se habían conocido una chica occidental y un niño monje laosiano? ¿Qué edad tendría ella? Y cuando le decía: "Te sigo extrañando como amante", ¿estaba diciendo: "Quiero que seas mi amante", o ya habían tenido la relación y lo que ella extrañaba era la pasión física mutua? Pero si Carla y el monje ya habían tenido una relación... ¿Cómo fue? ¿Cuándo? ¿Estando ella de vacaciones en Luang Prabang había logrado hablar con este chico, aunque a las mujeres no se les permitía ni mirar a los monjes? ¿Le había cantado él eso de: "¡Hola, señora doña!" y a partir de ahí había nacido la pasión? ¿Hacia dónde iba la relación ahora? ¿El monje abandonaría la orden y se iría a vivir a Australia? (¿O a Gran Bretaña? ¿O a Canadá? ¿O a Memphis?) ¿Se vendría Carla a Laos? ¿O no se volverían a ver nunca más? ¿Y si a él le cazaban *infraganti* lo obligarían a dejar los hábitos? (¿Los budistas usarán esa expresión?) ¿Esta historia de amor le iba a destrozar la vida? ¿O a ella? ¿O a los dos?

El chico miraba la pantalla ensimismado, examinando la carta de amor con tal concentración que ni se acordaba de que yo estaba sentada a su lado. Pensando silenciosamente en su futuro, por cierto. Pues claro que me preocupaba ese chico, porque parecía estarse metiendo en un buen lío y si llegaba hasta el fondo podía acabar con el corazón roto. Pero no hay quien detenga la fuerza de la pasión a su paso por el mundo, por dañina que nos parezca a veces. Todos tenemos derecho a equivocarnos, a enamorarnos de quien no nos conviene y a dejarnos llevar por las calamidades más predecibles. Vale, a Carla le gusta un monje adolescente. ¿Y qué? ¿Cómo iba yo a juzgarla por una cosa así? ¿Acaso no me había enamorado yo de muchísimos hombres que no me convenían? ¿Y no eran los jóvenes hermosos y espirituales los más fascinantes de todos?

El monje no le tecleó una respuesta a Carla, o al menos no esa tarde. Lo que sí hizo fue leerla un par de veces más, tan atentamente que parecía estar estudiando un texto religioso. Luego se pasó un buen rato sentado en silencio, con los ojos cerrados y las manos en las rodillas, como si estuviera meditando. Al cabo de unos minutos entró en acción: imprimió el correo y volvió a leer las palabras de Carla, esta vez en papel. Dobló la carta con el cariño de un artista de *origami* y se la metió entre los pliegues de la túnica naranja. Y entonces, el hermoso niño-hombre cerró Internet y salió del cibercafé al calcinante calor de la vetusta ciudad fluvial.

Al cabo de unos segundos me levanté y lo seguí sigilosamente. Lo vi subir la calle hacia el gran templo de la colina, caminando sin mirar a derecha ni izquierda. Al rato apareció un grupo de novicios igual de flacos que él y cuando se le acercaron el monje de Carla se perdió entre ellos como un pez naranja nadando junto a sus hermanos idénticos. Inmediatamente le perdí la pista entre aquella patulea de niños que parecían todos iguales. Aunque no lo eran, evidentemente. Porque uno de ellos, sin ir más lejos, llevaba oculta entre los refajos de la túnica una carta de amor de una tal Carla. Y por demencial o peligroso que fuera el asunto, la verdad era que no podía hacer menos que admirarle.

Tanto si acababa bien como si acababa mal, ese pequeño monje estaba viviendo la vida.

*

Buda dice que todo el sufrimiento humano tiene su origen en el deseo. ¿Y no sabemos de sobra que tiene toda la razón? Todos los que hemos deseado algo sin conseguirlo (o peor todavía, lo hemos perdido después de conseguirlo) sabemos bien cuál es el sufrimiento del que hablaba Buda. Quizá lo más torturante de todo sea desear a una persona. Cuando deseas a alguien de verdad es como si cosieras tu felicidad a su piel con hilo quirúrgico. A partir de ese momento toda separación produce un dolor sangrante. Sabes que vas a conseguir el objeto de tu deseo por encima de todo, como sea, para pasar juntos el resto de la vida. Sólo puedes pensar en eso. Esa pasión primaria atrapa hasta tal punto que dejas de ser quien eras. Tus propias pasiones te someten a la más abyecta esclavitud.

Parece probable que Buda, defensor del sereno desapego a la vida como vía hacia la sabiduría, no diera su visto bueno al monje que iba con cartas de amor metidas en las entretelas. Apostaría algo a que el sapiente Buda diría que el *rendezvous* del novicio le iba a distraer un poco de sus tareas místicas. En todo caso, una relación basada en el secreto y la lujuria quizá no le pareciera lo más recomendable. Pero Buda tampoco era muy adepto al amor ni al sexo. Recordemos que antes de convertirse en el Perfecto Iluminado abandonó a su esposa e hijo para seguir su periplo espiritual sin problemas. Tal como hacían los padres fundadores del cristianismo, Buda pregonaba que sólo los célibes solitarios pueden llegar a la iluminación. De igual modo, el budismo tradicional siempre ha recelado del matrimonio. Si la senda budista aboga por el distanciamiento del mundo, la esencia del matrimonio es el apego a la esposa, los hijos y el hogar. Es decir, el apego a todo lo que se debe abandonar para conseguir la iluminación.

Pese a ello, las personas casadas existen en la sociedad budista tradicional, pero tienen un papel secundario. Buda se refería a las personas casadas como "propietarios". Incluso daba instrucciones para ser un buen propietario: trata bien a tu esposa, sé honesto, sé fiel, da limosna a los pobres, asegúrate contra los incendios y las inundaciones…

Esto último lo digo en serio: Buda aconsejaba a los casados proteger su casa con un seguro a todo riesgo.

No suena tan emocionante como lo del velo de la esperanza y lo del altar resplandeciente de la perfección pura,

¿verdad? Es que los propietarios, según Buda, no eran aspirantes a la iluminación. También en esto coincidía con los patriarcas cristianos, convencidos de que el matrimonio no era más que un obstáculo en la senda divina, cosa que hace plantearse por qué los iluminados tenían tanto rechazo a la pareja. ¿Por qué tanta hostilidad hacia las relaciones amorosas y sexuales, e incluso hacia el matrimonio más virtuoso? ¿Por qué tanto rechazo al amor? O quizá no fuera al amor como tal, porque Jesucristo y Buda fueron dos grandísimos defensores del amor. Tal vez fuera el temor al deseo incontrolado lo que llevó a ambos maestros a ahondar en temas como el carácter, la sanidad y el equilibrio espiritual de sus discípulos.

Lo malo es que todos estamos dominados por el deseo; es la marca de nuestra existencia y nos puede destrozar la vida propia y ajena. En el más célebre de todos los tratados sobre el deseo, *El banquete*, Platón describe una famosa cena en la que el dramaturgo Aristófanes explica el origen y la importancia de los deseos latentes, que nos pueden llevar a relaciones insatisfactorias, incluso destructivas.

Érase una vez, dice Aristófanes, en los cielos había dioses, en la tierra había hombres y mujeres, pero no tenían el aspecto que tenemos nosotros hoy. Cada persona tenía dos cabezas, cuatro piernas y cuatro brazos, es decir, la amalgama perfecta de dos personas fusionadas en un solo ser. Veníamos con tres variaciones de género o tres patrones sexuales distintos: modelo masculino/femenino, modelo masculino/masculino y modelo femenino/femenino, dependiendo de los gustos de cada criatura. Como todos llevábamos a la pareja perfecta entretejida en el organismo, todos éramos felices. Pues sí, una plétora de criaturas con dos cabezas y ocho miembros, absolutamente felices, que deambulaban por la tierra un poco como se deslizan los planetas por el espacio: ensimismados pero serenos. No nos faltaba nada; teníamos todas las necesidades cubiertas; nadie deseaba a nadie.

Pero éramos tan completos que caímos en la arrogancia. Por orgullo, menospreciamos el culto a los dioses. Entonces el todopoderoso Zeus nos castigó cortando en dos a todos los seres perfectamente felices con sus dos cabezas y ocho miembros, creando un mundo de criaturas tullidas y miserables con una sola cabeza, dos brazos y dos piernas. En ese momento de amputación multitudinaria, Zeus nos impuso la más dolorosa de las condiciones humanas: esa sensación constante de que no somos completos. A partir de ese momento, todos los seres humanos nacerían con la tacha de sentirse incompletos, porque les falta una mitad perdida que aman más que a sí mismos y que está en alguna parte del universo encarnada en una persona. También naceríamos convencidos de que sólo emprendiendo una búsqueda implacable llegaríamos, quizá, a encontrar nuestra otra mitad, nuestra alma gemela. Sólo mediante la unión con la otra parte lograríamos completar nuestra forma original, dejando de sentirnos solos para siempre.

Ésa es precisamente la gran fantasía del amor: que un buen día, sin saberse muy bien cómo, uno más uno sumarán *uno*.

Pero Aristófanes ya nos avisaba de que el sueño de compleción-mediante-el-amor es imposible. Nuestra especie está demasiado fracturada para llegar a enmendarse sólo gracias a la unión. Las mitades seccionadas de los seres bicéfalos originales estaban tan desperdigadas que encontrarlas era altamente improbable. La unión sexual puede hacer a una persona creerse saciada y completa durante un rato (Aristófanes daba por hecho que Zeus nos regaló el orgasmo por piedad, para que nos sintiéramos temporalmente unidos de nuevo y no nos muriésemos de tristeza y desesperación), pero a la larga, pase lo que pase, al final acabamos solos. Como no nos quitamos de encima la sensación de abandono, nos pasamos la vida enamorándonos de la persona equivocada, en busca de la unión perfecta. A veces creemos haber hallado a nuestra otra mitad, pero es probable que se trate de alguien a la caza de *su* otra mitad, alguien convencido de haber encontrado en nosotros su propia compleción.

Así empieza el amor súbito. Y ese tipo de amor es la derivación más peligrosa del deseo. El amor súbito produce lo que los psicólogos llaman "pensamiento intruso": el célebre estado distraído que impide pensar en todo lo que no sea el objeto de la obsesión. Cuando llega ese amor primario, todo lo demás —trabajo, relaciones, responsabilidades, alimentación, sueño, obligaciones— queda en un segundo plano mientras alimentamos nuestras fantasías sobre el ser querido, a menudo reiterativas, incontroladas y omnipresentes. Este tipo de enamoramiento —o encaprichamiento— altera la química cerebral, como si te estuvieras atiborrando de opiáceos y estimulantes. El escáner de un cerebro enamorado muestra los mismos altibajos de humor que un cerebro cocainómano, cosa no tan sorprendente porque el amor primario es una adicción que produce efectos visibles en la mente. Como dice la doctora Helen Fisher, experta en antropología amorosa, un enamorado incontrolado, como un yonqui, es capaz de llegar a extremos "insanos, humillantes y hasta físicamente peligrosos con tal de conseguir la droga".

No hay droga más potente que el comienzo de una relación apasionada. Fisher señala que una gran cantidad de niños se conciben durante los primeros seis meses de una historia de amor, dato digno de mención. La obsesión hipnótica nos puede producir una sensación de abandono eufórico, y el abandono eufórico acaba frecuentemente en embarazo. Ciertos antropólogos sostienen la idea de que, de hecho, la especie humana necesita el amor como herramienta reproductiva, porque nos da la temeridad suficiente como para despreciar la posibilidad del embarazo, gracias a lo cual se mantienen las cifras de natalidad.

La investigación de Fisher también demuestra que somos más propensos al amor cuando estamos pasando por un momento malo o especialmente sensible. Cuanto más intranquilos y desequilibrados estamos, más posibilidades hay de que nos enamoremos. A la vista de todo ello, el amor empieza a parecer un virus durmiente que espera agazapado hasta dar con una psicología que tenga el sistema inmunológico debilitado. Por ejemplo, los universitarios que se marchan de casa para estudiar —inseguros, alejados de su familia por primera vez, fuera del entorno habitual— son célebres por su disposición a caer presas del amor. Y todos sabemos que al viajar a un país exótico es frecuente enamorarse perdidamente, en cuestión de segundos, de una persona absolutamente desconocida. Con el ajetreo y la emoción del viaje, nos quedamos sin defensas tanto mentales como físicas. Por una parte es maravilloso (jamás olvidaré ese escalofrío de placer al besar a un chico a la puerta de la estación de autobuses de Madrid), pero en tales circunstancias conviene seguir el consejo de la venerable filósofa estadounidense Pamela Anderson: "Nunca te cases estando de vacaciones."

Quien esté pasando por un momento psicológico complicado —debido a la muerte de un pariente o a la pérdida de un empleo, por ejemplo— también es susceptible de enamorarse repentinamente. Las personas enfermas, heridas y asustadas también tienen tendencia al amor súbito, cosa que explica por qué tantos soldados malheridos se casan con sus enfermeras. Los esposos en plena crisis también son candidatos al enamoramiento descontrolado, como puedo atestiguar al recordar el enloquecimiento generalizado que se produjo al final de mi primer matrimonio, cuando tuve la sensatez de irme a la otra punta del mundo y enamorarme de otro hombre nada más haber dejado a mi marido. Al pasar por un momento de enorme tristeza y crisis de identidad, era carne de cañón para el amor, y, claro, pasó lo que pasó. Dada mi situación (que, por lo que sé ahora, es de manual y tediosamente común), era como si mi nuevo amor llevara en la cabeza un cartel que dijera SOLUCIÓN AL PROBLEMA, así que me lancé de cabeza al amor, usándolo primero como excusa para huir de mi matrimonio fallido, y convenciéndome luego de que *ese* hombre tenía todo lo que yo necesitaba en la vida.

Es increíble que aquello no funcionara.

El problema del amor súbito, obviamente, es que se trata de un espejismo, un trampantojo e, incluso, una alteración del sistema hormonal. El amor súbito no es exactamente lo mismo que el amor; es más bien un turbio primo segundo del amor, que siempre nos pide dinero prestado y no consigue tener un trabajo fijo. Cuando te enamoras de alguien no lo ves claramente, sino que te dejas engañar por tu propio reflejo, porque estás intoxicado con ese sueño de compleción que has proyectado sobre un completo desconocido. En ese estado tendemos a decidir sobre nuestro amante cosas totalmente espectaculares que pueden ser verdad o no. En nuestro ser amado percibimos cualidades cuasi divinas, aunque nuestros familiares y amigos no lo vean. A la que uno ve como una Venus, otro la ve como una chica buena y tonta, y es posible que tu Adonis a los demás les parezca un pelmazo simplón y encima fracasado.

Sobra decir que todos los enamorados ven al objeto de su amor con ojos generosos, como está mandado. Es natural, y hasta apropiado, exagerar las virtudes del ser amado. Carl Jung ya decía que los primeros seis meses de la mayoría de los enamoramientos son sólo una simple proyección. Pero el amor súbito es una proyección desmesurada. La relación basada en ese amor se sitúa en una zona ajena a la cordura donde el disparate es ilimitado y la imparcialidad no logra hacerse hueco. Freud describió acertadamente este tipo de amor como "la sobreestimación del objeto", y Goethe lo explicó aún mejor: "Cuando dos personas están muy contentas una con la otra, generalmente podemos dar por hecho que ambos están equivocados." (Por cierto, ¡pobre Goethe! Ni siquiera él fue inmune al amor, pese a su gran sabiduría y experiencia. A los 71 años, el recio autor alemán se enamoró perdidamente de la inapropiada Ulrike, una belleza de 19 que rechazó todas sus enardecidas propuestas de matrimonio, sumiendo al anciano genio en tal desesperación que escribió su propio réquiem, apostillado con la frase: "He perdido el mundo, me he perdido a mí mismo."

En semejante estado de exaltación no se puede tener una relación normal. El amor real, sano y maduro —que incluye pagar la hipoteca y recoger a los niños al salir del colegio— no se basa en el frenesí, sino en el cariño y el respeto. Y la palabra "respeto", relacionada con el término latino *respicere* (contemplar), sugiere el hecho de estar viendo realmente a la persona que tienes al lado, cosa que no se puede hacer metido en el torbellino incesante del delirio amoroso. La realidad hace mutis en cuanto aparece el amor súbito, que nos lleva a hacer todo tipo de locuras impensables en un estado normal. Por ejemplo, nos puede dar por sentarnos a escribir un apasionado *email* a un monje laosiano. O algo así. Y cuando se calman las aguas, varios años después, puede que nos dé por preguntarnos: "¿En qué estaría yo pensando?" La respuesta suele ser: "En nada, porque no estabas usando la cabeza".

Ese estado de demencia ilusoria los psicólogos lo denominan "amor narcisista".

Yo lo llamo "mi etapa veinteañera".

Vamos a ver, quiero dejar bien claro que no tengo nada en contra de la pasión. ¡Por Dios, ni mucho menos! El sentimiento más fuerte que he experimentado en mi vida fue estando completamente obsesionada con el amor. Un enamoramiento así te hace creerte una persona súper heroica, mítica, sobrehumana, inmortal. Te sale la energía por los poros; no necesitas dormir; el amor te llena los pulmones como el oxígeno. Por mucho que me hicieran sufrir esas experiencias (y en mi caso siempre acabaron mal), no quisiera que nadie pase su vida entera sin saber lo que es fundirse eufóricamente con otro ser humano. Así que cuando digo que no puedo hacer menos que admirar al monje y a Carla, me refiero a eso. Me alegro de que los dos hayan podido probar esa felicidad narcótica. Pero también me alegro mucho, mucho de no ser yo la protagonista del asunto.

Porque hay una cosa que voy teniendo clara conforme me acerco a los 40. Ya no tengo edad para practicar el amor súbito. Me mata. Al final siempre me deja hecha trizas. Aunque sé que habrá parejas cuyas historias de amor empezaron con una hoguera de pasión que los años trocaron en las ascuas de una relación larga y sana, a mí eso nunca me ha salido bien. En mi caso, el amor súbito es sólo un arma de destrucción masiva que se lo lleva todo por delante.

Pero de joven me encantaba el "subidón" del amor súbito, así que me enganché. Y al decir que me enganché me refiero exactamente a lo mismo que un yonqui cuando habla de su adicción (palabra benigna, por cierto, para definir una compulsión incontrolable). Porque yo buscaba pasión por todas partes. La inhalaba pura. Me convertí en una de las chicas a las que Grace Paley definía como una mujer que necesita tener un hombre a su lado, aunque parezca que ya lo tiene. Enamorarme a primera vista se convirtió en una de mis especialidades durante mi adolescencia y mi etapa veinteañera. Me enamoraba un mínimo de cuatro veces al año. Había veces en que el amor me afectaba tan seriamente que sacrificaba trozos enteros de mi vida. Si al principio me entregaba al desenfreno, pronto me veía llorando y vomitando de desesperación al ver que aquello se acababa. Al recordar esa etapa de desvelos y despropósitos me parece casi como una amnesia alcohólica. Lo curioso es que yo no bebo.

¿Debe una señorita casarse a la tierna edad de 25 años? La sabiduría y la prudencia parecen sugerir que no. Pero ni Sabiduría ni Prudencia estaban invitadas a mi boda. (En mi defensa diré que tampoco estaban invitadas por parte del novio.) En aquellos tiempos era una chica descuidada, en todo y con todos. Una vez leí un artículo sobre un hombre que calcinó decenas de kilómetros cuadrados de bosque porque se metió con su coche en un parque nacional con el tubo de escape colgando y se pasó horas soltando chispas que caían en la maleza y provocaban un incendio cada 30 metros. Los conductores con los que se cruzaba tocaban la bocina, le hacían gestos con la mano e intentaban avisarle del destrozo que estaba provocando, pero el hombre iba feliz oyendo la radio, sin tener ni idea de la catástrofe que iba produciendo a su paso.

Así era yo de joven.

Sólo al rebasar los 30, cuando mi marido y yo ya habíamos echado nuestro matrimonio a perder, sólo cuando yo había logrado destrozarme la vida (destrozándosela de paso a varios hombres encantadores, a varios menos simpáticos y a un buen puñado de espectadores inocentes) paré por fin el coche para bajarme. Salí, eché un vistazo al paisaje calcinado, parpadeé y dije en voz alta: "A ver, ¿me están diciendo que yo tengo algo que ver con este desastre?"

Y entonces me entró la depresión.

El maestro cuáquero Parker Palmer dijo una vez, hablando de su vida, que la depresión era el amigo que lo salvaba de los niveles exagerados de falsa euforia en que se había movido toda su vida. La depresión lo hacía poner los pies en la tierra, decía Palmer, volver a una normalidad en la cual poder transitar y vivir el mundo real. Pues yo también tuve que volver a la realidad tras años de "subidón" artificial basado en una colección de caprichos absurdos. Y también pasé por un periodo de depresión que fue fundamental en mi vida.

Dediqué ese tiempo de soledad a autoanalizarme para intentar entender una serie de cuestiones dolorosas; y —con ayuda de un sufrido psicólogo— logré descubrir el origen de mi comportamiento más destructivo. Me dediqué a viajar (alejándome de los hermosos españoles que una se encuentra en las estaciones de autobuses). Procuré buscarme otras formas de placer. Pasaba mucho tiempo a solas. Nunca había estado sola hasta entonces, pero logré organizarme en la soledad. Aprendí a rezar para intentar expiar mis culpas. Pero —ante todo practiqué el arte del autoconsuelo, resistiéndome a las fugaces tentaciones amorosas y sexuales con esta pregunta tan madura: "¿Este amor tiene alguna ventaja a largo plazo?" En resumen, me hice mayor.

Emmanuel Kant afirmaba que los seres humanos, tan complicados desde el punto de vista sentimental, pasamos dos pubertades en la vida. La primera es cuando nuestro cuerpo alcanza la madurez sexual; la segunda es cuando nuestra *mente* alcanza la madurez sexual. Entre ambos momentos pueden pasar muchos, muchos años; aunque es posible que sólo alcancemos la madurez precisamente gracias a las experiencias y lecciones de nuestros fracasos amorosos. Pedir a una veinteañera que sepa automáticamente todo lo que una mujer de 40 tarda años en aprender es suponerle mucha sabiduría a una mujer tan joven. Es decir, ¿no será que hay que experimentar la angustia y los errores de la primera pubertad antes de poder alcanzar la segunda?

Dicho todo esto, cuando ya llevaba años experimentando la soledad y el autocontrol, conocí a Felipe. Como es un hombre amable, leal y atento, nos tomamos el asunto con calma. No era un amor adolescente. Tampoco era un amor cariñoso, ni un amor del último día de la preparatoria. Lo que sí reconozco es que, formalmente, nuestra historia tuvo un comienzo muy romántico. Casi ridículo, incluso, porque nos conocimos en la isla de Bali, con su clima tropical, sus palmeras meciéndose al viento, etc. Vamos, que cuesta imaginar un entorno más idílico. Recuerdo que en su momento mandé a mi hermana mayor un *email* describiéndole la belleza tórrida del paisaje. Al recordarlo ahora reconozco que probablemente fuera injusto. Catherine —que vivía a las afueras de Filadelfia con dos hijos y tenía toda la casa en obras— me contestó lacónicamente: "Ah, pues yo también pensaba irme este fin de semana a una isla tropical con mi amante brasileño… pero tuve muchas cosas qué hacer y no pude."

Resumiendo, mi historia de amor con Felipe tuvo un romanticismo estupendo que siempre recordaré. Pero no era un amor súbito, lo cual tengo claro por el siguiente motivo: en ningún momento lo vi como el Gran Emancipador ni el Origen de Toda Mi Vida, ni me zambullí al instante en su interior como un homúnculo retorcido, irreconocible y parasitario. Durante nuestro largo periodo de cortejo, mi personalidad se mantuvo intacta y logré ver a Felipe siempre tal como es. Puede que uno a ojos del otro nos pareciéramos hermosos, perfectos y absolutamente heroicos, pero sin perder jamás de vista nuestras respectivas realidades: yo era una señora divorciada, cariñosa pero trasnochada, que debía controlar cuidadosamente su tendencia melodramática y fantasiosa; Felipe era un señor divorciado, cariñoso y calvete, con problemas de copeo excesivo y pánico a la traición. Éramos dos personas bastante amables con intención de curarse las heridas de sus respectivos fracasos —dolorosos, pero bastante típicos— y buscando algo que tal vez pudieran darse uno al otro: una cierta ternura, un cierto respeto, una cierta necesidad de confiar y dar confianza.

Pero al día de hoy me niego a exigir a Felipe la responsabilidad de ser mi otra mitad. A estas alturas de mi vida ya sé que nadie va a poder completarme, por mucho que se empeñe. Conozco mis imperfecciones lo suficiente como para saber que son mías y muy mías. Estando en posesión de esta verdad esencial, ya sé donde acabo yo y dónde empieza el otro. Quizá este planteamiento parezca bochornosamente simple, pero confieso que tardé tres décadas y media en descubrirlo, es decir, en detectar los límites de una intimidad sana, eso que tan bien definía C.S. Lewis al hablar de su esposa: "Los dos sabíamos bien una cosa: yo tenía mis miserias, no las suyas; ella tenía las suyas, no las mías".

En otras palabras, que uno más uno a veces suma dos.

*

Pero, ¿cómo puedo estar segura de que nunca me voy a enamorar de nadie más? ¿Qué tan fiable es mi corazón? ¿Hasta qué punto puedo confiar en la lealtad de Felipe? ¿Puedo tener la seguridad de que los deseos externos no nos van a acabar separando?

Eran cuestiones como ésas las que empecé a plantearme al descubrir que Felipe y yo éramos —como nos llama mi hermana— "unos vividores". Para ser sincera, me preocupaba mucho menos su fidelidad que la mía. Felipe tiene una historia amorosa mucho más sencilla que la mía. Es un monógamo impenitente que cuando elige a alguien acepta de buen grado la fidelidad y punto. Es fiel en todo. Si da con un restaurante que le gusta, va todas las noches, sin extrañar la variedad. Si le gusta una película es capaz de verla cientos de veces. Si le gusta una prenda, se la pone durante años. La primera vez que le compré unos zapatos me dijo con todo su encanto: "Ay, que amable, cariño, pero ya tengo unos zapatos."

El primer matrimonio de Felipe no se acabó por un problema de infidelidad (ya tenía un par de zapatos, no sé si me explico). Lo que pasó es que la relación se vio afectada por una avalancha de desgracias personales que afectaron a la familia, tensando los hilos hasta romperlos. Y fue una lástima, porque Felipe, creo yo, es capaz de pasarse toda la vida con la misma mujer. Es fiel a nivel celular. Y eso lo digo, tal vez, literalmente. Las teorías evolucionistas de hoy mantienen que en el mundo hay dos tipos de hombres: los que tienen hijos y los que saben criarlos. Los primeros son promiscuos; los segundos son constantes.

Ésta es la famosa teoría de "Un Padre o Un Desmadre". En los círculos evolucionistas esto no es considerado una llamada a la moralidad, sino algo que puede desmembrarse hasta llegar al nivel del ADN. Parece ser que el macho de la especie tiene una variación genética pequeña pero importante llamada el "gen receptor de la vasopresina". Los hombres con ese gen tienden a ser compañeros honestos y fiables, capaces de pasarse décadas con la misma mujer, criando niños en un entorno familiar estable. (A éstos les llamaremos "los Harry Truman".) Los que carecen del gen receptor de la vasopresina, en cambio, son propensos a la distracción y la infidelidad, siempre necesitando buscar variedad sexual en alguna otra parte. (A éstos les llamaremos "los John F. Kennedy".)

El chiste que hacen las biólogas evolucionistas es que sólo hay una parte de la anatomía masculina que toda pareja debería medir antes de enamorarse, que es la longitud del gen receptor de la vasopresina. Los John F. Kennedy de este mundo —escasamente pertrechados del susodicho gen— esparcen su semilla a lo largo y ancho del planeta, manteniendo el código del ADN bien mezclado y revuelto (cosa positiva para la especie pero tal vez no para las mujeres frecuentemente amadas y abandonadas). En cambio los Harry Truman —bien dotados genéticamente— a menudo acaban apadrinando a la prole de los John F. Kennedy.

Felipe es un Harry Truman, y cuando le conocí estaba tan harta de los JFK, tan hastiada de sus perversos caprichos y monerías que lo que me interesaba era precisamente la perseverancia. Pero igual que no confío ciegamente en la lealtad de Felipe, tampoco me relajo alegremente respecto a la mía. La historia nos ha demostrado que en el reino del amor y el deseo puede suceder prácticamente cualquier cosa. Las circunstancias de la vida a veces ponen a prueba hasta las lealtades más acendradas. Puede que esto sea lo que más temamos al contraer matrimonio, que alguna "circunstancia" —como una pasión descontrolada— pueda dar al traste con él.

¿Cómo podemos protegernos de algo así?

El único consuelo que he tenido sobre este tema lo encontré al leer la obra de Shirley P. Glass, psicóloga que dedicó gran parte de su carrera a estudiar la infidelidad conyugal. La pregunta que hacía siempre era la misma: "¿Cómo sucedió?" ¿Por qué dos buenas personas, dos personas decentes, incluso tipo Harry Truman, de pronto se meten en una espiral de pasión que acaba destruyendo toda una vida, toda una familia, sin tener realmente la intención de hacerlo? Y no nos referimos a los tramposos profesionales, sino a personas de fiar que —contraviniendo su buen juicio o código moral— se acaban descarriando. ¿Cuántas veces hemos oído decir eso de: "Si yo no tenía la menor intención de serle infiel, pero no lo pude evitar"? Así contado, el adulterio empieza a sonar a accidente de coche, como un oscuro tramo de hielo camuflado en una curva peligrosa, esperando la llegada de un conductor incauto.

Pero al profundizar en el tema de la infidelidad, Glass también descubrió que el asunto suele venir de lejos, que suele haber un mar de fondo antes del primer beso a escondidas. La mayoría de los asuntos empiezan, según Glass, cuando un esposo o esposa conoce a alguien, surge una amistad aparentemente inofensiva. El peligro no se ve venir porque, ¿qué hay de malo en hacer amigos? ¿Por qué no podemos tener amigos del sexo opuesto —o del mismo, ya que estamos en éstas— incluso al estar casados?

La respuesta, como explica la doctora Glass, es que no pasa nada si una persona casada tiene un amigo o amiga, siempre que las "paredes y ventanas" de la relación se conserven en su sitio. La teoría de Glass es que todo matrimonio sano tiene paredes y ventanas. Las ventanas le permiten abrirse al mundo, es decir, son las aberturas necesarias para poder relacionarse con la familia y los amigos; las paredes son los muros de protección tras los que se guardan los secretos más íntimos del matrimonio.

Sin embargo, lo que suele suceder con estas amistades aparentemente inofensivas es que se les da acceso a los secretos que deberían permanecer tras los muros del matrimonio. Compartir nuestros secretos —nuestros más profundos anhelos y frustraciones—, nos gusta porque nos hace sentir acompañados. Pero donde debería haber un muro sólido e infranqueable abrimos una ventana por la que soltamos nuestros secretos mejor guardados. Al no querer que nuestro cónyuge se ponga celoso, mantenemos la relación en secreto. Y toda esta operación ha creado un problema. Hemos levantado un muro donde deberían circular libremente el aire y la luz. Toda la estructura de tu intimidad matrimonial se ha visto trastocada. Ahora cada pared, en vez de un muro, es un escaparate gigante. Las ventanas están condenadas, como las de una casa en ruinas. Sin darte cuenta has creado el entorno perfecto para una infidelidad.

Y cuando tu nueva amistad aparece un buen día en tu oficina a contarte algún problema, se dan un abrazo cariñoso (¡con intención de levantarle los ánimos!) y luego se rozan los labios casi sin querer, momento delirante en el que de pronto caes en la cuenta que *amas* a esa persona —¡que siempre la has amado!—, pero entonces ya no hay vuelta atrás. Porque ya se ha encendido la mecha. Y corres el riesgo de que un buen día (probablemente cercano) te enfrentes con los despojos de tu matrimonio, con un cónyuge destruido por tu traición (y al que encima sigues teniendo un enorme cariño), mientras tú intentas explicar entre sollozos que no tenías mala intención y que fue una cosa que te tomó por sorpresa.

Y es verdad. Claro que te tomó por sorpresa. Pero los cimientos del asunto los pusiste tú, y podías haberlo parado a tiempo si hubieras querido. Cuando contaste a tu nueva amistad las intimidades que te tocaba compartir con tu cónyuge, tenías la posibilidad de tomar un camino mucho más inteligente y honesto. La doctora Glass te sugiere que vayas a casa y se lo cuentes a tu esposo o esposa. El guión sería algo así: "Tengo que decirte una cosa. He salido a comer con Mark dos veces esta semana y la verdad es que hemos hablado de temas bastante íntimos. Le he contado cosas que normalmente sólo te cuento a ti. Ha sido como las charlas que teníamos tú y yo al principio de nuestra historia, que me encantaban, pero que ya no tenemos nunca. Echo de menos ese nivel de intimidad contigo. ¿Creés que podemos hacer algo para recuperar aquello?"

La respuesta, sinceramente, puede que sea *no*.

Tal vez no se pueda hacer nada para recuperar la relación. Tengo una amiga que le confesó a su marido algo muy parecido a lo anterior, a lo que él respondió: "Me importa una mierda con quién pases el tiempo." Como era de esperar, el matrimonio se vino abajo poco después. (Una medida necesaria, diría yo.) Pero si tu cónyuge responde con un mínimo de interés, es posible que detecte tu buena voluntad y que reaccione bien, incluso aportando alguna de sus preocupaciones propias.

Aunque su esfuerzo compartido quizá resulte inútil para salvar la situación, al menos tendrán claro que ambos hicieron un sincero esfuerzo para mantener firmes las paredes y ventanas del matrimonio, cosa que puede resultar reconfortante. Además, de este modo quizá evites engañar a tu cónyuge —pese a acabar divorciándote después—, cosa gratificante en sí misma, por muchos motivos. Como me dijo un viejo amigo abogado: "En la historia de la humanidad el adulterio jamás ha servido para simplificar, humanizar, acelerar o abaratar un divorcio."

En todo caso, la investigación de la doctora Glass sobre la infidelidad me produjo un optimismo casi eufórico. No es que sus ideas sobre la fidelidad conyugal sean especialmente interesantes, sino que *nunca las había valorado como tales*. Creo que no me había planteado la idea de que, en última instancia, es uno mismo quien controla lo que sucede en sus relaciones. Me da vergüenza reconocerlo, pero es cierto. Hubo un tiempo en que el deseo me parecía un tornado indomable. Lo único que se podía hacer era esperar que no te levantara la casa por los aires, haciéndola estallar en mil pedazos. ¿Y lo de esas parejas que logran durar una década? Pues habrán tenido suerte, pensaba yo. Será que el tornado no les afectó. (Jamás se me ocurrió que pudieran haber construido un refugio bajo la casa, donde poder meterse cuando había tormenta.)

El corazón humano puede estar colmado de deseos inagotables y el mundo lleno de criaturas y estímulos fascinantes, pero es posible elegir con la suficiente astucia como para restringir y controlar el riesgo del enamoramiento súbito. Y si te preocupa que surjan "problemas" futuros durante tu matrimonio, te conviene saber que esos problemas no surgen espontáneamente, sino que a menudo vienen de las semillas que has ido plantando a lo tonto por toda la ciudad.

¿Todo esto suena insoportablemente obvio? Pues a mí antes no me lo parecía. Por ejemplo, haberlo sabido me habría resultado enormemente útil hace una década, cuando me iba a casar por primera vez. No tenía ni la menor idea. Y a veces me asombra pensar que llegué al matrimonio sin esta información tan básica, o mejor dicho, que llegué prácticamente sin información alguna. Al echar la vista atrás hacia mi primera boda, recuerdo lo que dicen tantas amigas mías sobre irse a casa con un bebé recién nacido. Es el momento, según cuentan, en que la enfermera les da el niño y la madre piensa horrorizada: "¡Dios mío! ¿Me mandan a casa con esta criatura? ¡Si no sé lo que tengo que hacer!" Pero por supuesto que los hospitales les dan los hijos a las madres y los mandan a casa porque se da por hecho que la maternidad es instintiva, que vas a saber cuidar de tu hijo —porque el amor te guía—, aunque no tengas la menor experiencia ni entrenamiento para asumir semejante tarea y responsabilidad.

Tengo la sospecha de que a menudo sucede lo mismo con el matrimonio. Creemos que si dos personas realmente se quieren, entonces la intimidad nacerá de forma intuitiva y su matrimonio funcionará siempre sobre la base del afecto. ¡Porque el amor lo es todo! O eso pensaba yo de joven. Que sobraban las estrategias, la asistencia, la preparación y la sensatez. Y así fue como mi marido y yo nos casamos con enorme ignorancia, inmadurez y falta de preparación. Simplemente porque queríamos casarnos. Nos juramos amor y fidelidad sin tener la menor idea de lo que había que hacer para mantener viva nuestra unión.

¿Acaso le puede extrañar a alguien que al llegar a casa dejáramos caer al bebé —nuestro matrimonio recién nacido— al suelo de cabeza?

*

Por eso ahora, cuando han pasado 12 años de aquello y estoy a punto de casarme de nuevo, es evidente que hacer una serie de preparativos sería útil. La ventaja del noviazgo tan repentino como largo que nos había impuesto el Departamento de Seguridad, era que Felipe y yo teníamos una ingente cantidad de tiempo (todas las horas del día, a decir verdad, durante meses) para hablar de nuestros temas y problemas relacionados con el matrimonio. Así que eso hicimos. Hablar de todo. Aislados de la familia, solos en aquellos lugares tan remotos, viajando en autobuses que tardaban diez horas en llegar al sitio de turno... lo que teníamos era tiempo de sobra. Por eso nos dedicamos a hablar, hablar y hablar. Y poco a poco fuimos dando forma a nuestro acuerdo matrimonial.

La fidelidad, por supuesto, tenía una importancia fundamental. Era la única condición no negociable de nuestro matrimonio. Los dos sabíamos que una vez que se pierde la confianza, recuperarla es un proceso difícil, penoso y a menudo imposible. (Como dice mi padre, que fue perito medioambiental, sobre la contaminación del agua: "Es mucho más fácil no contaminar un río que limpiarlo cuando ya está contaminado".)

Los temas potencialmente radioactivos de las tareas domésticas y el mantenimiento de la casa nos daban pocos quebraderos de cabeza, porque ya habíamos vivido juntos y sabíamos que nos resultaba fácil repartirnos el trabajo. Además, Felipe y yo estábamos de acuerdo en el tema de los niños (a saber: no, gracias), cosa que daba carpetazo a un tomo de miles de páginas de conflicto conyugal potencial. Por suerte, también éramos compatibles en la cama, así que no parecía que hubiera dificultades en el departamento de la sexualidad, y tampoco era cosa de ponerse a buscar problemas donde no los había.

Visto todo ello, sólo nos quedaba un tema crucial, que ha sido frecuente causa de rupturas matrimoniales: la cuestión económica. Al ir hablando nos dimos cuenta de que el tema daba mucho de sí. Porque aunque Felipe y yo estamos de acuerdo en lo que es importante en la vida (comer bien) y lo que no (una vajilla de porcelana para comer bien), tenemos ideas y valores muy distintos sobre el dinero. Yo siempre he sido conservadora con mis ahorros, cuidadosa, una ahorradora compulsiva y esencialmente incapaz de endeudarme. Esto lo atribuyo a las lecciones que me dieron mis frugales progenitores, que vivían como si todos los días fueran el 30 de octubre de 1929, y que me abrieron la primera cuenta de ahorro cuando estaba en segundo de primaria.

A Felipe, en cambio, lo educó un padre que una vez cambió un coche bastante bueno por una caña de pescar, por poner un ejemplo.

Mientras la frugalidad es la religión laica de mi familia, Felipe no tiene el menor respeto por la frugalidad. Al contrario, muestra la tendencia natural del empresario hacia el riesgo y está mucho más dispuesto que yo a perderlo todo para empezar de cero. (Mejor dicho, yo me niego en redondo a perderlo todo para empezar de cero.) Por otra parte, Felipe carece del respeto innato por las instituciones, que yo sí tengo. Esto lo achaca, con cierta razón, a haber nacido en un país con una moneda absolutamente inestable; de pequeño aprendió a contar viendo a su madre reajustar todos los días sus reservas de cruzeiros, para adaptarse a la inflación. El dinero, por tanto, le importa muy poco. Y las cuentas de ahorro menos aún. Los extractos de cuentas no son más que "ceros en una página" que pueden desaparecer de la noche al día, por motivos incontrolables. Por tanto, me explicó Felipe, prefiere tener su riqueza en joyas, por ejemplo, o en propiedades inmobiliarias, antes que en un banco. Y me dejó bien claro que en eso no iba a cambiar jamás.

Bueno, de acuerdo. Así eran las cosas. Dando el asunto por hecho, sin embargo, lo que hice fue pedir permiso a Felipe para encargarme yo de los gastos diarios y las domiciliaciones bancarias. Sospechaba que la compañía de la luz no iba a aceptar los pagos mensuales en amatistas, así que íbamos a tener que abrir una cuenta conjunta, aunque sólo fuese para las cuentas domésticas. Eso lo aceptó, cosa bastante reconfortante.

Pero lo más tranquilizador de todo era que Felipe estuviera dispuesto a dedicar esos meses de viaje —durante nuestros eternos viajes en autobús— a intentar, con la cautela y el respeto necesarios, acordar conmigo los términos de nuestro contrato prenupcial. De hecho, él insistía en ello tanto como yo. Aunque a algunos lectores esto les resulte difícil de entender o aceptar, debo pedirles que tengan en cuenta nuestras respectivas situaciones. Como mujer autodidacta y autosuficiente con una profesión creativa que siempre me ha dado para vivir, pero con un historial de haber mantenido económicamente a los hombres de mi vida (y que, tristemente, sigo escribiendo cheques a mis ex), este tema me parecía tremendamente importante. En cuanto a Felipe, un hombre cuyo divorcio no sólo le había roto el corazón, sino que le había dejado literalmente *arruinado*… En fin, que a él también le importaba.

Tengo claro que siempre que se discute en la prensa un acuerdo prenupcial suele ser porque un hombre mayor con dinero se va a casar con una —la enésima— mujer joven y guapa. El tema siempre resulta sórdido, un asunto poco atractivo de sexo por dinero. Felipe y yo no éramos magnates ni oportunistas; pero teníamos bastante experiencia como para saber que las relaciones a veces se acaban y que era un infantilismo pretender que algo así nunca nos iba a pasar a nosotros. En todo caso, los temas de dinero siempre son distintos cuando te casas a mediana edad, que en la juventud. Los dos íbamos a aportar al matrimonio nuestros mundos individuales preexistentes, cada uno con sus carreras, negocios, bienes, sus hijos, mis derechos de autor, las joyas que llevaba años coleccionando, el fondo de pensiones que yo había ido ahorrando desde que era mesera a los 20 años… y todas estas cosas de valor había que considerarlas, sopesarlas y discutirlas.

Aunque el proceso de negociación de un acuerdo prenupcial quizá no parezca la forma más romántica de pasar los meses previos a un matrimonio, ruego que se me crea si digo que en nuestras conversaciones hubo momentos verdaderamente tiernos, sobre todo cuando nos poníamos de parte del otro en la discusión. Dicho esto, también hubo ratos desagradables y tensos. Si ya llevábamos un tiempo discutiendo el tema, sabíamos que había que tomarse un descanso, cambiar de tema o incluso darnos unas horas de respiro. Curiosamente, un par de años después, cuando Felipe y yo estábamos redactando nuestros testamentos, nos sucedió exactamente lo mismo: la pura sensiblería nos hacía levantarnos de la mesa. Es deprimente eso de pensar en lo peor. Y en ambos casos, tanto con los testamentos como con el acuerdo prenupcial, perdí la cuenta de la cantidad de veces que dijimos: "Dios no lo quiera".

Pero lo logramos y escribimos el acuerdo prenupcial en términos que nos hacían felices a los dos. O tal vez "feliz" no sea la palabra adecuada si lo que se busca es la posibilidad de escape para una historia de amor que no ha hecho más que empezar. Imaginar el fracaso del amor es una sordidez, pero lo hicimos pese a todo. Lo hicimos porque el matrimonio no es sólo un asunto amoroso privado, sino también un contrato social y amoroso del orden más estricto; si no lo fuera, no habría miles de leyes municipales, estatales y federales que regulan la unión matrimonial. Lo hicimos sabiendo que más vale imponer unos términos propios antes que correr el riesgo de que los impongan unos desconocidos impasibles en el frío entorno de un juzgado. Pero, ante todo, si soportamos el mal rato de estas inauditas conversaciones financieras fue porque Felipe y yo, a lo largo de los años, hemos comprobado un hecho incontrovertiblemente cierto: si hablar de dinero te cuesta trabajo estando felizmente enamorado, ya verás lo que es hablar del tema más adelante, con el desconsuelo y la rabia de un amor echado a perder.

Dios no lo quiera.

*

Pero, ¿era una locura pensar que nuestro amor no se iba a acabar nunca?

¿Cómo me podía cruzar por la cabeza? Durante nuestros viajes pasé una cantidad de tiempo casi bochornosa haciendo listas de todo lo que Felipe y yo teníamos a nuestro favor, recolectando nuestros méritos como esas piedrecillas de la suerte que llevamos en el bolsillo, palpándolas nerviosamente para intentar tranquilizarnos. ¿Acaso no era verdad que mi familia y amigos querían a Felipe? ¿Y eso no era en sí un apoyo importante, o incluso un amuleto de la suerte? ¿No me había dicho mi amiga más antigua y sabia —la única que en su momento me aconsejó no casarme con mi primer marido— que Felipe era mi hombre ideal? ¿No le había caído bien hasta a mi sincerísimo abuelo de 91 años? (El fin de semana en que se conocieron el abuelo Stanley se pasó los dos días observándolo y al final dio su veredicto: "Me caes bien, Felipe", declaró. "Pareces ser un sobreviviente. Y más te vale, porque esta chica tiene un buen expediente bélico.")

Me aferraba a esas opiniones no porque quisiera buscar apoyos para Felipe, sino porque necesitaba que me dieran apoyo a *mí*. Precisamente por ese expediente mío que el abuelo Stanley había nombrado sin rodeos, nadie se acababa de tomar en serio mi capacidad para elegir a un hombre. Tenía un historial largo y variopinto en el que destacaban algunos hombres verdaderamente nefastos. Por eso buscaba la opinión de los demás, para darme ánimos en cuanto a la decisión que estaba a punto de tomar.

Pero también tenía en cuenta otros parámetros. Por los dos años que ya había pasado con Felipe sabía que como pareja teníamos lo que los psicólogos llaman "hostilidad al conflicto". Por decirlo de una manera más gráfica: una pareja en la que no hay situaciones de tirarse los trastos a la cabeza. De hecho, Felipe y yo discutimos tan poco que a veces me preocupa. Siempre se ha pensado que los miembros de una pareja tienen que discutir para no reprimir los sentimientos. El caso es que nosotros no discutíamos casi nunca. ¿Eso quería decir que estábamos reprimiendo la ira y el rencor y que un buen día nos iban a estallar en la cara, creando una nube tóxica de furia y violencia? Desde luego, no lo parecía. (Pero tampoco tenía por qué haber ninguna señal; dicen que eso es precisamente lo peor de la represión psicológica, que va minando sin rastro aparente.)

Al ir investigando más el tema, sin embargo, me fui relajando. Las investigaciones más recientes demuestran que hay parejas que logran evitar los conflictos serios durante décadas, sin tener ningún altercado serio. Parece ser que estas personas elevan a la categoría de arte el llamado "comportamiento mutuamente acomodaticio", que consiste en plegarse y transformarse con sutileza y tesón, para evitar que surja la discordia. Este sistema, por cierto, funciona sólo cuando ambas personas tienen un carácter acomodaticio. Sobra decir que un matrimonio sano no consiste en que uno de los dos sea manso y complaciente, mientras el otro es un monstruo dominante o una arpía impenitente. Pero la docilidad mutua puede ser una buena estrategia de pareja, si es lo que los dos quieren. Las parejas hostiles al conflicto prefieren dejar que los conflictos se autodisuelvan, en vez de discutir todos y cada uno de los detalles. Desde el punto de vista espiritual, esta idea me atrae enormemente. Buda decía que los problemas —con el tiempo y el espacio suficiente— acaban por desgastarse solos. Lo cierto es que yo había tenido varias relaciones cuyos problemas no se habrían desgastado jamás, ni en cinco vidas consecutivas. ¿Qué sabía yo del tema? Lo único que sé es que Felipe y yo nos llevamos bastante bien. Lo que no sé es por qué.

Pero la compatibilidad humana es todo un misterio, en cualquier caso. ¡Y no sólo la humana! El naturalista William Jordan escribió un librito maravilloso llamado *Divorce Among the Gulls*, donde explica que incluso las gaviotas —ave supuestamente monógama— tienen una "tasa de divorcio" del 25 por ciento. Es decir, que una cuarta parte de las gaviotas fracasa en su primera relación, hasta el punto de que se separan por diferencias irreconciliables. Nadie sabe por qué esos dos pájaros concretos no congenian, pero hay una cosa clara: no se llevan bien. Discuten y riñen por la comida. Se pelean por hacer el nido. Se pelean por proteger los huevos. Y probablemente también se pelearán sobre cómo hay que volar. Lo malo es que al final no logran tener unos polluelos sanos. (Es tan incomprensible que dos pájaros así de polémicos se atrajeran en un principio, como que ambos despreciaran las advertencias de sus amigos, pero supongo que yo tampoco soy quién para hablar.) En cualquier caso, tras una mala temporada o dos, las dos desdichadas gaviotas se rinden y procuran encontrarse otra pareja. Y lo gracioso es que su "segundo matrimonio" suele ser absolutamente feliz, validando la fama monógama de la especie.

¡Pensemos en ello, por favor! Incluso unos pájaros con el cerebro más bien pequeño —como la pila de cámara fotográfica— se relacionan con base en una compatibilidad o incompatibilidad que consiste, según Jordan, en "un sustrato de diferencias psico-biológicas básicas" aún no bien definidas desde el punto de vista científico. El caso es que quizá un par de pájaros se aguanten durante años o quizá no. Es así de sencillo (y así de complicado también).

Pues lo mismo pasa con las personas. Algunos sacamos de quicio a los demás; otros no. Tal vez la posibilidad de solucionarlo sea limitada. Según Emerson, "cuando un matrimonio se rompe no se nos puede echar toda la culpa", así que tampoco podemos adjudicarnos todo el mérito de que un matrimonio funcione bien. Al fin y al cabo, ¿los amores no empiezan todos en el mismo sitio, en esa intersección de afecto y deseo donde dos desconocidos se encuentran y enamoran? Y al principio de una historia de amor, ¿cómo vamos a vaticinar lo que puedan traernos los años? Tenemos que adjudicar una parte al azar. Sí, una relación requiere una cierta cantidad de trabajo, pero conozco a varias parejas muy agradables que aun habiéndose esforzado mucho en mantener su unión acabaron divorciándose, mientras otras parejas —no intrínsecamente mejores ni más amables que sus vecinos— parecen vivir alegremente juntos, sin dar un problema en años, como esos hornos con un sistema de auto-limpieza.

Una juez de divorcio neoyorquina decía en una entrevista que, durante los tremendos días posteriores al 11 de septiembre en Estados Unidos, en su jurisdicción hubo un número altísimo de parejas que retiraron su demanda de divorcio. La magnitud de la tragedia afectó tanto a las parejas en cuestión que decidieron luchar por salvar sus matrimonios. No parece tan raro. Una catástrofe de esa escala te puede hacer relativizar la típica discusión sobre quién tiene que vaciar el lavaplatos, infundiéndote un deseo natural de enterrar las viejas rencillas y tal vez hasta de engendrar una nueva vida. En principio es un deseo muy noble. Pero según contó la juez, a los seis meses todas esas parejas se presentaron en el juzgado a reiterar su demanda de divorcio. Aparte de los arrebatos de nobleza que se puedan tener, si no soportas vivir con alguien ni un ataque terrorista puede salvar tu matrimonio.

En cuanto al tema de la compatibilidad, a veces me planteo si esos 17 años que me lleva Felipe en edad serán una ventaja. Él insiste en que es mejor compañero ahora de lo que lo habría sido jamás hace 20 años; en cuanto a su madurez, yo la aprecio tanto como la necesito. O quizá la diferencia de edad nos haga tratarnos uno al otro con una sensibilidad especial, precisamente porque nos recuerda la mortalidad intrínseca de nuestra relación. Felipe ya está a mediados de los 50; y dado que no lo voy a tener conmigo para siempre, me niego a dedicar los años que nos quedan a pelearnos.

Recuerdo haber visto a mi abuelo enterrar las cenizas de mi abuela en nuestra granja familiar hace 25 años. Estábamos al norte del estado de Nueva York y era una fría tarde de noviembre. Envueltos en la penumbra morada del atardecer, los hijos y nietos íbamos tras el abuelo, proyectando nuestras sombras sobre los prados que conocíamos tan bien, andando hacia la lengua de tierra donde había decidido que quería enterrar a su esposa. Iba con una pala al hombro y un farol en la mano. El suelo estaba cubierto de nieve y cavar era una labor ardua, por robusto que fuera el abuelo y pequeña la urna. Pero el abuelo Stanley colgó el farol en una rama desnuda y cavó hasta hacer un hoyo; al rato ya se había acabado todo. Así son estas cosas. Tienes a alguien durante un tiempo, y luego se te va.

Tal como nos sucederá a todos, incluso a las parejas que seguimos amándonos. Un buen día (si tenemos la suerte de compartir una vida) a uno de los dos nos tocará llevar la pala y el farol en honor al otro. Todos compartimos el hogar con el tiempo, que hace tictac mientras nosotros hacemos nuestra vida, recordándonos el destino último de nuestras vidas. Aunque algunos de nosotros creamos oír con más insistencia el tictac del tiempo…

¿Por qué hablo de todo esto ahora?

Porque lo amo. ¿He escrito casi medio libro sin haberlo dicho así de claramente? amo a este hombre. Lo quiero por mil razones ridículas. Por sus pies cuadrados tipo Hobbit. Porque siempre canta "La Vie en Rose" mientras prepara la cena. (Sobra decirlo, pero lo quiero por lo bien que cocina.) Y porque habla un inglés *casi* perfecto pero todavía, después de tantos años de práctica, se sigue inventando unas palabras maravillosas. ("Suavecitamente" es una de mis preferidas, pero me gusta mucho "cantinola", que es una mezcla entre cantinela y nana.) También lo adoro por no haber conseguido aprenderse algunos de los refranes clásicos de nuestro idioma. ("Esto es como la película de la lechera" es un ejemplo estupendo, pero soy muy fan de "Cuando las ranas sean peludas".) Y me encanta que sea incapaz —totalmente incapaz— de decir bien los nombres de los famosos estadounidenses. ("George Cruise" y "Tom Pitt" son dos buenos ejemplos.)

Lo quiero y por eso quiero protegerle, hasta de mí misma, no sé si me explico. Quería dar todos los pasos correctos al preparar nuestro matrimonio, sin ningún fleco que pudiera resultarnos dañino a la larga, sobre todo a él. Me preocupaba que pese a todas nuestras conversaciones, investigaciones y batallas legales, pudiéramos dejar en el tintero algún tema matrimonial importante, hasta que cayó en mis manos un reciente informe de la Universidad de Rutgers llamado "La soledad de la compañía. La transformación del matrimonio en

Estados Unidos", con el que llegué casi al borde de la euforia. Es una maravilla de estudio que analiza cuidadosamente los resultados de 20 años de investigación sobre el matrimonio estadounidense —el estudio más extenso publicado hasta ahora sobre el tema—; y lo leí como si fuera poco menos que el *I Ching*. Busqué consuelo entre las cifras de sus estadísticas, escudriñando los gráficos sobre la "persistencia conyugal", buscando el rostro de Felipe y el mío ocultos entre las columnas de variables comparativas.

Por lo que entendí del informe Rutgers (y seguro que no lo comprendí todo), daba la impresión de que los investigadores habían descubierto ciertas tendencias en la "propensión al divorcio", basadas en un cierto número de factores demográficos puros. Hay parejas más dadas al fracaso que otras, en un grado bastante predecible. Algunos de los factores me eran familiares. Todos sabemos que los hijos de padres divorciados son más dados a divorciarse —como si el divorcio se reprodujera—, cosa comprobable a través de las sucesivas generaciones.

Pero también había ideas menos conocidas, algunas incluso reconfortantes. Por ejemplo, siempre había oído decir que las personas divorciadas una vez tenían más probabilidades de fracasar también en su siguiente matrimonio, pero resulta que no, es decir, no necesariamente. Afortunadamente, el informe Rutgers demuestra que un alto porcentaje de segundos matrimonios duran para siempre. (Tal como les pasa a las gaviotas, mucha gente no acierta a la primera, pero les va mucho mejor la segunda vez.) El problema está en las personas con conductas destructivas latentes —alcoholismo, ludopatía, trastornos mentales, violencia o donjuanismo— que las acarrean del primer matrimonio al segundo. Con ese bagaje mental da igual con quién te cases, porque es inevitable que destroces la relación con el tiempo, por culpa de tus patologías.

Y luego está esa infame tasa de 50 por ciento de divorcio en Estados Unidos. Todos conocemos esa estadística, ¿verdad? Nos hablan de ella sin parar, y es terrible. Como escribió el mordaz antropólogo Lionel Tiger sobre el tema: "Es increíble que, dadas las circunstancias, el matrimonio siga siendo legal.

Si la mitad de cualquier otra cosa fracasara igual de estrepitosamente, el gobierno lo prohibiría al instante. Si la mitad de los tacos que ponen en los restaurantes nos produjeran disentería, si la mitad de la gente que hace karate se rompiera las manos, o si un mísero seis por ciento de la gente que va en montaña rusa se dañara el oído medio, el público saldría a la calle pidiendo justicia. Sin embargo, el desastre más íntimo del mundo... se repite una y otra vez."

Pero esa cifra de 50 por ciento es mucho más complicada de lo que parece, cuando se cruza con ciertos datos demográficos. La edad de la pareja al casarse parece la consideración más significativa. Cuanto más joven te cases, más posibilidades tienes de divorciarte. De hecho, tienes *muchísimas* más que si te casas a cierta edad. Por ejemplo, si te casas en la adolescencia o con veintipocos años tienes el doble o triple de probabilidades de divorciarte que si esperas a la década de los 30 o los 40.

Los motivos de esto son tan obvios que me resisto a enumerarlos por miedo a que mis lectores se sientan insultados, pero allá va: de jóvenes tendemos a ser más irresponsables, inconscientes, atolondrados y más precarios económicamente. Por lo tanto, no deberíamos casarnos siendo muy jóvenes. Por eso los recién casados de 18 años no cumplen la famosa tasa de 50 por ciento, sino que están más bien en el 75 por ciento, cosa que nos destroza la estadística a todos. Los 25 años parecen ser la edad mágica que marca la diferencia. Las parejas casadas antes de esa edad son excepcionalmente más proclives al divorcio que las parejas de 26 años o más. Y las estadísticas se van haciendo más tranquilizadoras conforme mayor sea la edad de la pareja. Si aguantas hasta los 50 para casarte, las posibilidades de acabar en un juzgado de familia son casi inexistentes. Me animó enormemente pensar que —sumando la edad de Felipe y la mía y dividiendo el resultado entre dos— tenemos un promedio de 46 años de edad. Si nos hacemos la prueba Predictor, estadísticamente estamos en la edad perfecta para no caer en las fauces del divorcio.

Pero obviamente la edad no es el único factor a tener en cuenta. Según el informe Rutgers, otros factores importantes para la "persistencia conyugal" son:

1. Educación. A juzgar por las estadísticas, cuanto más elevado sea tu nivel de educación, mejor irá tu matrimonio. En cuanto a la mujer en particular, cuanto mayor sea su nivel cultural, más feliz será en su matrimonio. Las mujeres con carrera universitaria que se casan relativamente tarde son las candidatas femeninas con más posibilidades de lograr un matrimonio duradero. Es evidente que para mí es una buena noticia, que nos da puntos a Felipe y a mí.

2. Hijos. Las estadísticas demuestran que las parejas con hijos jóvenes se confiesan más "desilusionadas" en su matrimonio que las parejas con hijos mayores o las parejas sin hijos. Concretando aún más, los hijos recién nacidos someten la relación a una tensión considerable, por motivos que huelga explicar a quien haya tenido un hijo hace poco. No sé lo que significará esto para el mundo en general, pero para Felipe y para mí era otra buena noticia. Al ser mayores, cultos y sin hijos, Felipe y yo tenemos bastantes posibilidades de triunfar como pareja. O eso dicen los visionarios de Rutgers.

3. Convivencia. Ah, pero es aquí donde la marea se pone en contra. Parece ser que las parejas que viven juntas antes de casarse tienen tasas de divorcio ligeramente más altas que los que esperan a casarse para cohabitar. Los sociólogos no se lo explican del todo, aunque aventuran la posibilidad de que la convivencia prematrimonial indique una filosofía más superficial y menos dada al compromiso serio. Cualquiera que sea el motivo: primer punto negativo de Felipe y Liz.

4. Heterogamia. Este factor me deprime, pero ahí va: cuanto menos se parezcan tú y tu cónyuge en términos de raza, edad, religión, etnia, entorno cultural y carrera, más posibilidades hay de que se divorcien un día.

Los opuestos se atraen, pero no duran siempre. Los sociólogos sospechan que esta tendencia disminuirá conforme los prejuicios sociales vayan desapareciendo, pero de momento, segundo punto negativo de Liz y su querido empresario hispanoamericano mucho mayor que ella, de origen católico.

5. Integración social. Cuanto más fuerte sea el nexo social de una pareja con su comunidad de amigos y familia, mejor funcionará su matrimonio. El hecho de que los estadounidenses de hoy cada vez traten menos a sus vecinos, no sean necesariamente socios de un club social y no siempre vivan en el mismo barrio que sus familiares ha tenido un efecto muy desestabilizador sobre el matrimonio. Tres en raya. Tercer punto negativo de Felipe y Liz, que —en el momento de leer dicho informe— estaban solos en la habitación de un hotel destartalado al norte de Laos.

6. Religiosidad. Cuanto más religiosa sea una pareja, más posibilidades tienen de seguir casados, aunque la fe no parece tan determinante. Los cristianos renacidos tienen una tasa de divorcio sólo 2 por ciento más baja que sus vecinos ateos. ¿Será porque las parejas de la franja cristiana se están casando demasiado jóvenes? En todo caso, no sé cómo nos afecta el asunto de la religión a mí y a mi futuro marido. Si mezclamos la filosofía religiosa de Felipe con la mía, sale una doctrina que podríamos llamar "vagamente espiritual". (Como dice Felipe: "Uno de nosotros es espiritual; el otro es algo difuso".) El informe no ofrece datos concretos sobre las estadísticas de persistencia conyugal en el grupo de los difusos espirituales. Este punto lo vamos a tener que pasar por alto.

7. Justicia de género. Éste sí que es jugoso. Los matrimonios basados en una mentalidad tradicional y restrictiva sobre el papel de la mujer en el hogar tienden a ser menos sólidos y felices que los matrimonios en que el hombre y la mujer se consideran iguales, y el marido participa en esas ingratas tareas del hogar tradicional-

mente consideradas femeninas. Lo único que puedo decir sobre este tema es que una vez escuché a Felipe decirle a un invitado que el lugar de una mujer está en la cocina… sentada en una silla cómoda, con los pies en alto, bebiendo un vaso de vino y mirando a su marido mientras él cocina. ¿Aquí no me llevo un par de puntos extra?

Podría seguir, pero al cabo de un buen rato empecé a marearme y a ponerme un poco bizca con tanta información fraccionada. Mi prima Mary, que es experta estadística por la universidad de Stanford, me dice que no hay que dar demasiada importancia a estos informes. Parece ser que no se pueden interpretar como las hojas del té, por ejemplo. Según Mary, tengo que andar con cuidado al leer informes que valoren conceptos como la "felicidad", algo no cuantificable desde el punto de vista científico. Además, el hecho de que un informe estadístico relacione dos ideas (la enseñanza superior y la persistencia conyugal, por ejemplo) no significa que la una proceda *necesariamente* de la otra. Como me recuerda siempre mi prima Mary, las estadísticas demuestran sin la menor duda que en Estados Unidos la tasa de mortandad por ahogo es mucho más elevada en las zonas geográficas con altas cifras de ventas de helado. Esto no significa, evidentemente, que la gente que compra helado se ahogue. Probablemente signifique que el helado se vende sobre todo en las zonas costeras, y la gente tiende a ahogarse en las playas, sencillamente porque es donde tiende a haber más agua. Unir las dos nociones completamente ajenas del helado y el ahogo es un ejemplo perfecto de una falacia lógica, y en los informes estadísticos hay muchas de estas pistas falsas. Eso explica que una noche en Laos, cuando me senté con el informe Rutgers delante de mí para intentar sacar el prototipo de la pareja estadounidense menos proclive al divorcio, me salió un dúo bastante *frankensteiniano*.

Primero hay que dar con dos personas de la misma raza, edad, religión, entorno cultural y nivel intelectual, ambos con padres no divorciados. Luego hay que hacerles esperar hasta los 45 años antes de permitirles casarse, sin dejarles vivir juntos antes, por supuesto. Ambos tienen que creer fielmente en Dios y en la familia, pero les está prohibido tener hijos juntos. (Además, el marido debe aceptar las nociones básicas del feminismo.) Tienen que vivir en la misma ciudad que sus familias y pasar muchas horas felices jugando boliche y cartas con los vecinos. Es decir, siempre que no anden por el mundo triunfando en las maravillosas carreras que los dos se hayan labrado gracias a su fabulosa educación superior.

Pero, ¿existe gente así?

¿Y a mí qué demonios me había entrado, metida en la tórrida habitación de un hotel laosiano, sustentándome informes estadísticos para fabricar el perfecto matrimonio americano? Mi obsesión me estaba empezando a recordar una escena que vi en Cape Cod un soleado día de verano en que había salido a dar un paseo con mi amiga Becky. Vimos a una madre joven sacando a su hijo a dar una vuelta en bici. El pobre chico iba vestido de ciclista de la cabeza a los pies: casco, rodilleras, muñequeras, ruedecillas de principiante, banderillas naranjas y chaleco reflectante. Además, a la madre sólo le faltaba llevar al niño atado a una cuerda, porque corría histéricamente tras él sin dejarle separarse jamás de ella, ni un solo segundo.

Después de ver el espectáculo mi amiga Becky suspiró y dijo: "Esa señora no sabe lo que le espera. Un día a su hijo le va a picar una garrapata".

Al final lo que te hunde es el incidente pequeño e inesperado.

Es decir, que nunca pasa nada, hasta que pasa.

Aun así, ¿no podemos intentar *minimizar* el peligro, por lo menos? ¿Y habrá alguna manera de hacerlo sensatamente, sin ponerse neurótico? Como no tenía la respuesta a esa pregunta, avanzaba a trompicones en mis preparativos matrimoniales, procurando cubrir todas las posibilidades, prever todas las contingencias imaginables. Por último, lo más importante que me quedaba por hacer, por pura honestidad, era tener claro que Felipe supiera exactamente en qué y dónde se estaba metiendo conmigo. A lo que me negaba rotundamente era a timarlo, a ofrecerle una versión idealizada y seductora de mí misma. La seducción es la fiel doncella del deseo. Lo único que hace la seducción es *engañar* —es su función—, pero yo me negaba a permitirle que dirigiera mi vida previa al matrimonio como si fuera una especie de ensayo general. Y lo tenía tan claro que un día en Laos pedí a Felipe que se sentara a orillas del río Mekong para contarle mis peores defectos, y así después no podría decir que no estaba avisado. (Llamémosle comunicado prenupcial de información consensuada.) Esto fue lo que confesé como mis fallos más deplorables, tras tomarme la molestia de reducirlos a cinco apartados:

1. Valoro muy positivamente mi propia opinión. Suelo creer que soy la que mejor sabe lo que tiene que hacer todo el mundo. Y los lectores son las primeras víctimas de ello.

2. A mis seres queridos les exijo una entrega tan absoluta que haría avergonzarse a la mismísima María Antonieta.

3. Afronto la vida con mucho más entusiasmo que energía. Mis arrebatos me llevan a embarcarme en proyectos que me superan física y mentalmente, lo que me conduce a derrumbarme con demostraciones bastante previsibles de un agotamiento espectacular. Tú serás el encargado de recomponerme los pedazos cada vez que me haya extralimitado y quedado aniquilada. Esto será increíblemente cansado. Te pido disculpas de antemano.

4. Soy abiertamente orgullosa, secretamente criticona y cobarde ante el conflicto. Todas estas cosas coinciden a veces, convirtiéndome en una gran mentirosa.

5. Y ahora viene mi mayor defecto de todos. Aunque tarde mucho en tomar semejante decisión, cuando decido que una persona es imperdonable, probablemente no la perdone jamás. Es frecuente que de pronto corte el contacto con alguien en estas circunstancias, sin darle previo aviso, explicaciones, ni una segunda oportunidad.

Desde luego, no era una lista atractiva. Leerla me hería profundamente, porque nunca había codificado mi opinión sobre alguien con tanta sinceridad. Pero cuando le enseñé a Felipe este inventario de defectos lamentables, aceptó la noticia sin ningún aspaviento. De hecho, se limitó a preguntarme con una sonrisa:

—¿Por qué no me cuentas algo sobre ti que no sepa ya?

—¿Me sigues queriendo? —le pregunté.

—Sí —me confirmó.

—¿Cómo es posible?

Porque ésa es la pregunta esencial, ¿no? Es decir, una vez que pasa la locura del deseo inicial y nos enfrentamos uno al otro como los simples mortales que somos, ¿cómo vamos a querernos y perdonarnos para siempre jamás?

Felipe tardó mucho en contestarme. Al cabo de un rato me dijo:

—Cuando iba a Brasil a comprar joyas, muchas veces me llevaba lo que llaman un "paquete". Consiste en una serie de joyas que el minero, el mayorista o el timador de turno te quiere vender. Un típico paquete podía llevar, no sé, 20 o 30 aguamarinas a la vez. En teoría, se hace más negocio así, comprándolas todas juntas. Pero hay que tener cuidado, claro, porque lo que quiere el tipo es estafarte. Está intentando deshacerse de las joyas malas juntándolas con dos o tres muy buenas.

Felipe me siguió contando la historia:

—En mis tiempos de joyero novato me equivocaba mucho, porque estaba tan contento de ver las dos o tres aguamarinas perfectas que ni me fijaba en el resto de la bazofia. Después de equivocarme un par de veces, por fin aprendí la lección: hay que ignorar las joyas perfectas. No las mires dos veces porque te cegarán. Apártalas y mira bien las joyas malas. Después de mirarlas detenidamente, hazte esta pregunta: "¿Me sirven para algo? ¿Puedo sacar algo bueno de ellas?" De lo contrario, te habrás gastado un dineral en una o dos maravillosas aguamarinas enterradas entre un montón de mierda sin valor.

Al cabo de unos segundos me dijo:

—Pues creo que con las relaciones humanas pasa lo mismo. La gente siempre se enamora de lo mejor de las personas. Es normal que te gusten las virtudes de alguien. Pero el mérito no está ahí. Lo que debes hacer es preguntarte: ¿eres capaz de aguantar lo malo? Al ver los defectos de tu pareja con sinceridad, ¿crees que podrás pasarlos por alto y sacar algo bueno de la situación? Porque las virtudes siempre van a estar ahí, pero la mierda que hay debajo te puede hundir la vida.

—¿Me estás diciendo que eres lo bastante listo como para sacar algo bueno de mi mierda mental más inmunda?

—Lo que te intento decir, querida, es que llevo mucho tiempo estudiándote y que estoy dispuesto a quedarme el paquete entero.

—Gracias —le dije.

Y lo decía en serio, con todos mis peores defectos.

—¿Y ahora quieres que te cuente lo peor de mí? —me preguntó Felipe.

Confieso que pensé: *Si tus defectos ya los sé, querido*. Pero sin dejarme contestar me los soltó a toda velocidad, sin rodeos, demostrando lo bien que se conocía a sí mismo.

—Siempre se me ha dado bien ganar dinero —dijo—. Pero soy incapaz de ahorrar nada. Bebo demasiado vino. Mimé demasiado a mis hijos y probablemente haga lo mismo contigo. Soy paranoico, como todos los brasileños, y cuando hay algún malentendido siempre pienso mal de la gente. Esto me ha hecho perder amigos, cosa de la que me arrepiento, pero así es como soy y punto. Puedo ser antisocial, temperamental y defensivo. Soy un hombre de costumbres, es decir, aburrido. Y tengo poca paciencia con los imbéciles —acabó con una sonrisa, añadiendo como para aligerar el asunto—: Ah, y no puedo mirarte sin querer meterme en la cama contigo.

—Eso me parece bien —le dije.

El regalo más elegante que podemos ofrecer a alguien es quererlo entero, casi a pesar suyo, por así decirlo. Esto lo explico ya que hacer un inventario de nuestros defectos no era un truquito divertido, sino un verdadero intento de confesarnos nuestros puntos negros. Semejantes defectos no son para tomárselos a broma. Pueden acabar con una historia de amor. Por ejemplo, mi narcisismo petulante, si lo dejas, tiene la misma capacidad destructiva en una relación que la temeridad financiera de Felipe, o su tendencia a pensar mal en un momento de incertidumbre. Si nos conocemos bien, haremos lo posible para mantener nuestros aspectos más siniestrillos bajo control, *pero no se nos van a quitar.* También es bueno pensar lo siguiente: si alguien (Felipe, por ejemplo) tiene una serie de defectos que no ha podido corregir, es poco prudente pensar que yo sí pueda quitárselos. Lo mismo sucede en sentido contrario, por supuesto. Y suele ser patético tener que enseñar esas cosas que no nos hemos podido quitar. Por tanto, que alguien te vea del todo y sea capaz de quererte pese a ello, es un don que casi puede considerarse un milagro humano.

Con el debido respeto por Buda y sus primeros célibes cristianos, a veces me pregunto si todas sus doctrinas sobre el ensimismamiento y la importancia espiritual de soledad monástica no nos estarán negando algo fundamental. Quizá esa renuncia a la intimidad nos impida poder disfrutar de algo tan terrenal y doméstico como ensuciarnos las uñas en el intento diario de ganarnos un perdón, no sólo difícil sino incierto. "Todos los seres humanos tienen sus fallos", escribió Eleanor Roosevelt. (Y ella —miembro de un matrimonio muy complejo, a veces infeliz, pero verdaderamente épico— sabía de lo que hablaba.) "Todos los seres humanos tienen necesidades, tentaciones y ansiedades. Un hombre y una mujer que hayan vivido juntos durante años acaban conociéndose todos los defectos mutuamente; pero también llegan a saber lo que merece respeto y admiración de las personas con quienes viven y de sí mismos."

Crear un espacio en nuestra conciencia capaz de conocer y aceptar las contradicciones ajenas —las idioteces ajenas, incluso— es una especie de acto divino. Tal vez la trascendencia no sólo se halle en la cumbre de un remoto monte o en un monasterio retirado, sino también en la mesa de tu cocina, donde te toca aceptar a diario los defectos más agotadores y aburridos de tu pareja.

En absoluto estoy sugiriendo que nadie aprenda a "tolerar" el abuso, el abandono, la falta de respeto, el alcoholismo, la infidelidad o el desprecio, como tampoco creo que las parejas cuyos matrimonios son fétidas tumbas de dolor tengan por qué soportarlo. "Me había puesto tantas capas de pintura en el corazón que ya no aguantaba ni una más", me dijo una amiga muchos años después de dejar a su marido. ¿Y quién puede reprocharle que huyera de tanto sufrimiento? Hay matrimonios que simplemente se pudren con el tiempo y a algunos hay que ponerles fin cuanto antes. Por lo tanto, romper un matrimonio fallido no es necesariamente un fracaso moral, sino que a menudo representa lo contrario de la huida: el comienzo de la esperanza.

Así que, no, cuando hablo de "tolerancia" no me refiero a saber encajar todo lo horrible. Se trata de acomodar tu vida lo mejor posible a la de un ser humano básicamente decente, pero que a veces puede ser insoportable. En este asunto, la mesa de la cocina puede convertirse en una especie de templete de linóleo donde acudimos a diario a practicar el perdón, y también a recibirlo. Tal vez sea prosaico, sí. Y tampoco tiene el glamour maravilloso de las estrellas de rock. Pero tal vez estos diminutos actos de tolerancia sean un milagro distinto —silencioso, indecible—, pero milagro al fin y al cabo.

Y aparte de los fallos Felipe y yo tenemos una serie de diferencias que habrá que aprender a aceptar. Por ejemplo, él jamás en su vida —lo prometo solemnemente— va a venir a una clase de yoga conmigo, por mucho que intente convencerlo de que es algo que le encantaría. (No le encantaría en absoluto.) Jamás nos iremos un fin de semana juntos a meditar en un retiro espiritual. Jamás conseguiré que deje la carne roja, ni que se haga la última terapia corporal que esté de moda, ni aunque sea por pura diversión. Jamás lograré que tenga un carácter menos intenso, que llega a veces a extremos agotadores. Jamás se meterá en clase de alguna modernidad conmigo, de eso estoy segura. Tampoco iremos de la mano a dar un paseo por el mercado vegetariano, ni haremos una excursión para identificar las distintas especies de flores silvestres.

Y aunque me escuche cuando a todas horas le cuento por qué me gusta tanto Henry James, jamás se pondrá a leer sus obras completas sentado a mi lado, así que no podré compartir con él ese placer tan exquisito.

Pero en su vida hay otros placeres que yo jamás compartiré. Crecimos en décadas y en hemisferios distintos; los dos tenemos sentido del humor, pero a veces estamos a millas de distancia (a kilómetros, mejor dicho). Como no tenemos hijos en común no podemos pasarnos horas hablando de lo graciosos que eran Zo y Erica de pequeños, como habría hecho él si hubiera estado 30 años casado con la madre de los susodichos. A Felipe le gusta el buen vino casi hasta el delirio, mientras que a mí darme un buen vino es casi desperdiciarlo. A él le encanta hablar francés; yo no sé francés. Le gusta quedarse toda la mañana en la cama conmigo sin hacer nada, pero a mí me da una especie de ataque de remordimiento yanqui si no me levanto al amanecer y me pongo a hacer algo productivo. Por otra parte, Felipe nunca va a conseguir conmigo el tipo de vida retirada que quizá le gustaría. Él es un solitario; yo no. Como les pasa a los perros, yo necesito ir en manada. Felipe es más bien tipo gato y le gusta el silencio. Mientras esté casado conmigo, nuestra casa jamás será un sitio tranquilo.

Y añado otra cosa más: ésta es solamente una lista parcial.

Algunas de estas diferencias son importantes y otras no tanto, pero todas ellas son inalterables. Al final parece que el perdón tal vez sea el único antídoto realista que nos ofrece el amor para combatir las ineludibles desilusiones de la intimidad. Los seres humanos venimos a este mundo —como Aristófanes explicaba tan hermosamente— como si nos hubieran cortado en dos, desesperados por hallar a alguien que nos pueda reconocer y reparar. (O re-emparejar, mejor dicho.) El deseo es el ombligo cortado que siempre llevamos abierto y sangrante, en pos de una unión impecable. El perdón es la enfermera que sabe lo imposible de esas uniones, que tal vez puedan lograrse con educación y amabilidad, procurando no perder demasiada sangre.

Hay momentos en que casi veo físicamente el espacio que nos separa a Felipe y a mí —que siempre nos separará—, pese a mi eterna necesidad de hallar un amor que me haga sentirme completa, pese a los años que he dedicado a encontrar a la persona perfecta para mí y que, a su vez, me permita convertirme en una especie de versión perfeccionada de mí misma. En vez de eso, los respectivos fallos y diferencias siempre nos separan como una turbia sombra. Pero a veces atisbo por el rabillo del ojo la fugaz silueta de la intimidad flotando sobre la sombra de nuestras diferencias, plantada en medio de ese espacio que nos separa y, que Dios nos asista, dispuesta a abrirse camino.

Capítulo quinto

El matrimonio y las mujeres

*Actualmente, el problema sin nombre es cómo
compaginar el trabajo, el amor, la casa y los niños.*
BETTY FRIEDAN, *La segunda fase*

En nuestra segunda semana en Luang Prabang conocimos a un joven llamado Keo.

Keo era amigo de Khamsy, que administraba el hotelito a orillas del río Mekong donde Felipe y yo llevábamos varios días. Después de recorrer Luang Prabang tanto a pie como en bicicleta, cuando ya me había aburrido de espiar a los monjes, cuando ya me sabía de memoria todas las calles y los templos de aquella pequeña ciudad, acabé preguntándole a Khamsy si tenía un amigo con coche que hablara inglés y pudiera llevarnos a ver la sierra que rodea la ciudad.

Fue entonces cuando Khamsy nos presentó a Keo, que a su vez apareció con el coche de su tío, y entonces nos fuimos.

Keo era un joven de 21 años con muchas aficiones en la vida. De hecho, fue una de las primeras cosas que me dijo:

—Soy un joven de 21 años con muchas aficiones en la vida.

Keo también me explicó que había nacido muy pobre —el pequeño de siete hermanos de una familia pobre, en el país más pobre del sudeste asiático—, pero que era el primero del colegio por su gran diligencia mental. Todos los años hay un estudiante que recibe el título de "mejor estudiante de inglés" y en su clase siempre era Keo. A los profesores les gustaba hacerle las preguntas a él, según me contó, porque siempre sabía las respuestas. También me dijo que de cocina lo sabía todo. No sólo de cocina laosiana, sino también de la francesa, porque había sido mesero en un restaurante francés y estaba dispuesto a compartir conmigo su sabiduría sobre esos temas. Además, había trabajado con elefantes en un circo de elefantes para turistas, así que lo sabía todo del tema.

Para demostrarme lo mucho que conocía de elefantes, nada más verme Keo me preguntó:

—¿Sabes cuántas pezuñas tiene un elefante en la pata delantera?

Por decir algo, dije que tres.

—Estás equivocada —me dijo Keo—. Te permito otra vez.

Dije que cinco.

—Por desgracia, aún estás equivocada —dijo Keo—. Hay cuatro pezuñas en la pata delantera del elefante. ¿Y en la pata trasera cuántas?

Dije que cuatro.

—Por desgracia, estás equivocada. Te permito otra vez.

Dije que tres.

—Aún estás equivocada. Hay cinco pezuñas en la pata trasera del elefante. Y ahora, ¿sabes cuántos litros de agua caben en la trompa de un elefante?

No. Ni la menor idea de cuántos litros de agua caben en la trompa de un elefante. Pero Keo sí lo sabía: ¡ocho litros! Y me temo que también sabía centenares de cosas más sobre los elefantes. ¡Por eso pasarse un día entero recorriendo la sierra laosiana con Keo era todo un curso de biología de los paquidermos! Pero además también sabía sobre otras cosas.

—No sólo les daré datos y explicaciones sobre los elefantes —explicó esmeradamente—. También sé mucho sobre peces luchadores.

Creo que se entiende cómo era Keo a sus 21 años. Y ése fue el motivo por el que Felipe prefirió no acompañarme en mis excursiones por las afueras de Luang Prabang, porque otro de los defectos de Felipe (aunque no lo puso en su lista) es que tiene un nivel de tolerancia muy bajo con los jóvenes serios de 21 años que lo interrogan sin parar sobre las pezuñas de los elefantes.

A mí, en cambio, me caía bien el chico. Tengo una simpatía innata por los Keos de este mundo. Dotado de un entusiasmo y una curiosidad naturales, sabía entender mis propios entusiasmos y curiosidades. Por arbitrarias que fueran mis preguntas, siempre procuraba responderlas. A veces sus contestaciones procedían de su gran acervo de historia laosiana; otras veces se contentaba con una versión más reducida. Una tarde, por ejemplo, íbamos en coche por un pueblo de montaña tremendamente pobre, con viviendas hechas de tablones, con suelo de tierra, sin puerta y con unas ventanas diminutas. Sin embargo, como pasaba en muchas de las aldeas del Laos rural, varias de las chozas tenían en el tejado unas carísimas antenas de televisión satelital. Al notarlo me planteé por qué motivo preferían tener una antena de tele antes que, por ejemplo, una puerta. Opté por preguntárselo a Keo:

—¿Por qué es tan importante para esta gente tener una antena de satélite?

Encogiéndose de hombros me contestó:

—Es que la tele se ve muy mal aquí.

Pero casi todas las preguntas que le hice a Keo eran sobre el matrimonio, por supuesto, que era mi tema del año. Y él, cómo no, encantado de explicarme cómo se celebra un matrimonio en Laos. Me contó que un matrimonio es el evento más importante en la vida de un laosiano. Sólo el nacimiento y la muerte tienen la misma trascendencia, pero son dos acontecimientos más difíciles de celebrar. Por eso una boda es una ocasión tan extraordinaria. El propio Keo invitó a 700 personas a su boda, que había sido el año pasado. Siempre es así, me dijo. Como la mayoría de los laosianos, me confesó, tenía "demasiados primos, demasiados amigos. Y hay que invitarlos a todos".

—¿Y a tu boda fueron los 700 invitados? —le pregunté.

—Uy, no —me aseguró—. ¡Vinieron más de mil!

Porque lo que pasa en la típica boda laosiana es que cada uno de los primos y amigos invita a todos sus primos y todos sus amigos (y los invitados de invitados a veces traen sus propios invitados). Como el anfitrión no puede rechazar a nadie, las cosas se pueden salir de control muy rápidamente.

—¿Ahora quieres que te cuente cuál es el regalo tradicional de una boda laosiana tradicional? —me preguntó Keo.

Le dije que me gustaría mucho y me lo explicó. Cuando una pareja laosiana va a casarse, mandan tarjetas a todos los invitados. Cada invitado convierte su tarjeta (que viene con el nombre y la dirección) en un sobre pequeño donde mete una cantidad de dinero. El día de la boda todos estos sobres se meten en una enorme caja de madera. Esta enorme colecta es el dinero con el que la pareja inicia su nueva vida. Por eso Keo y su esposa invitaron a tantos a la boda, para garantizar la mayor aportación económica posible.

Después, al acabarse la fiesta de la boda, los novios pasan toda la noche contando el dinero. Mientras el novio cuenta la novia hace números, apuntando en un cuaderno exactamente cuánto dinero les ha dado cada invitado. Pero no es para mandar tarjetas de agradecimiento personalizadas (como había pensado yo con mi mentalidad de niña burguesa estadounidense), sino para llevar una buena contabilidad. Ese cuaderno —que en realidad es un libro de caja, como el de un banco— se guardará en un lugar seguro para consultarlo a menudo en los años venideros. Hasta el punto de que cinco años después, cuando se case su primo, el que vive en Vientiane, consultarán el cuaderno para ver cuánto dinero les dio el día de la boda. De hecho, le darán algo más de dinero, por los intereses.

—¡Adaptado a la inflación! —explicó Keo con orgullo.

El dinero de la boda, por tanto, no es un regalo propiamente dicho. Es un préstamo cuidadosamente catalogado y siempre cambiante, que circula de una familia a otra cada vez que una pareja comienza una nueva vida. El dinero de la boda se usa para arrancar en la vida, para comprar una casita o poner un pequeño negocio. Y luego, al conseguir una estabilidad económica, el dinero se va devolviendo durante años, boda tras boda.

Es un sistema que tiene mucho sentido en un país sumido en el caos económico y la extrema pobreza. Laos sufrió durante décadas tras un "telón de bambú", el más duro de toda Asia; los gobiernos incompetentes se sucedían uno tras otro manteniendo la política de tierra quemada mientras los bancos nacionales se marchitaban y morían a manos de sus presidentes corruptos e incompetentes. En respuesta, las personas juntaron sus ahorros para crear una estructura matrimonial a modo de sistema bancario eficaz: la única comisión de valores que funciona de todo el país. Este contrato social se construye sobre la premisa colectiva de que, al ser una pareja joven, el dinero de la boda no les pertenece; pertenece a la comunidad, que espera le sea reintegrado. Con intereses. Hasta cierto punto, esto significa que un matrimonio tampoco es de nadie; también pertenece a la comunidad, que espera obtener los dividendos correspondientes a cada pareja. De hecho, un matrimonio es como un negocio, porque todas las personas del entorno tienen, literalmente, una participación.

Entendí el compromiso que conlleva cada participación una tarde en que Keo me llevó a la sierra de Luang Prabang. Fuimos a un pequeño pueblo llamado Ban Phanom, en un bajío poblado por los Leu, una minoría étnica huida de Laos a China hace varios siglos, ahuyentados por los prejuicios y las persecuciones, llevando consigo sólo sus gusanos de seda y sus técnicas agrícolas. En ese pueblo vivía una amiga de Keo a la que había conocido en la universidad y que trabajaba en un telar, como casi todas las mujeres Leu. Esta chica y su madre dijeron que estaban dispuestas a hablar conmigo sobre el matrimonio, conversación que nos traduciría Keo.

La familia en cuestión tenía una casa de bambú en forma de cubo, espartana y con suelo de hormigón. Para evitar que entrara la potente luz del sol, la casa no tenía ventanas. El efecto, desde dentro, era como estar metido en una enorme cesta de la costura, cosa bastante apropiada en aquella cultura de dotadas hilanderas. Las mujeres me trajeron un taburete diminuto y un vaso de agua. La casa estaba casi desprovista de muebles, pero en el salón estaban dispuestas las posesiones más valiosas de la familia, alineadas por orden de importancia: un telar reluciente, una motocicleta reluciente, una televisión reluciente.

La amiga de Keo se llamaba Joy y su madre era Ting, una mujer atractiva y algo gorda que tenía alrededor de 40 años. Mientras la hija permanecía sentada en silencio, cosiendo un dobladillo de seda, la madre parecía entusiasmada de someterse a mi interrogatorio, el cual decidí centrar en ella. Lo primero que pedí a Ting fue que me contara las costumbres matrimoniales de su pueblo, que me describió como bastante sencillas. Cuando a un chico le gusta una chica, y a ella también le gusta él, los padres se reúnen y organizan el asunto. Si todo va bien, ambas familias visitan a un monje especialista en el tema, que consulta el calendario budista para dar con una fecha razonable. Entonces la pareja se casa y todos los conocidos les dan algo de dinero. Esos matrimonios son para siempre, me explicó Ting con entusiasmo, porque en el pueblo de Ban Phanom no existe nada parecido al divorcio.

Ya había oído esa frase muchas veces durante mis viajes por el mundo. Y siempre hay que tomársela con precaución, porque no hay lugar donde se pueda decir que no existe el divorcio. En cuanto se escarba un poco siempre sale alguna historia de un matrimonio desavenido. Sucede en todas partes. Lo aseguro. Es como esa escena de *La casa de la alegría*, de Edith Wharton, donde una anciana elegante y dicharachera dice: "En todas las familias de nuestro alrededor hay un divorcio y una apendicitis". (Por cierto, en la sociedad británica eduardiana lo de "apendicitis" era un eufemismo para aborto, cosa que hoy también sucede en todas partes, y a veces en los sitios más sorprendentes.)

Pero sí, es verdad que existen entornos donde los divorcios son verdaderamente escasos.

Y eso era precisamente lo que me estaba contando Ting. Cuando la presioné un poco me confesó que una de sus amigas de la infancia se tuvo que mudar a la ciudad porque su marido la abandonó, pero era el único caso de divorcio que había visto en cinco años. Además, según me contó, había una serie de sistemas que se usaban para mantener a las familias unidas. Como es de suponer, en una pequeña aldea pobre como aquella, donde las personas dependen unas de otras —tanto socialmente como económicamente—, hay que tener resortes para mantener a las familias unidas. Si surgen problemas en un matrimonio, según me explicó Ting, hay cuatro formas de solucionarlo. En primer lugar, se intenta convencer a la esposa de que mantenga la paz aceptando la voluntad de su marido todo lo posible.

—Un matrimonio funciona mejor con un solo capitán —me dijo—. Y es más sencillo si el capitán es el marido.

Asentí educadamente, dejando que la conversación pasara cuanto antes a la segunda fase.

Sin embargo, continuó Ting, hay conflictos domésticos que no se solucionan ni siquiera con la sumisión total y en esos casos hay que atacar el problema de frente. El segundo nivel de intervención consiste en que intervengan los padres de ambos esposos, para procurar arreglar las desavenencias. Los padres tendrán una conversación primero con los dos miembros de la pareja juntos, y luego con cada uno por separado, para ver si entre todos mantienen unida la familia.

Si la intervención de los padres no funciona, la pareja pasa a la siguiente fase, que consiste en ir a ver al consejo de sabios de la aldea, los ancianos que los casaron. Entonces se organiza una especie de audiencia pública presidida por los ancianos. A partir de entonces los problemas domésticos se convierten en asuntos públicos como la limpieza urbana o los impuestos escolares, y la aldea entera participa para solucionar el tema. Los vecinos aportan ideas, consuelo o soluciones concretas, como llevarse a los niños durante un par de semanas mientras la pareja habla de sus problemas sin distracciones.

Al llegar a la cuarta fase —cuando ya ha fallado todo lo demás— ya se empieza a vislumbrar la derrota. Si la familia no lo ha conseguido y la comunidad tampoco (cosa extraña), entonces la pareja deberá irse a la gran ciudad, fuera de su entorno habitual, para tramitar el divorcio.

Oyendo a Ting contarme todo esto, volví a pensar en mi primer matrimonio fallido. Me planteé si mi marido y yo podríamos haber evitado la barrena en que entró nuestra relación si hubiéramos actuado antes de que todo se volviera tan tóxico. ¿Y si hubiéramos convocado un consejo de amigos, familiares y vecinos para que nos aconsejaran? Quizá una intervención oportuna nos hubiera enderezado, aseado y guiado hacia la reconciliación. Fuimos juntos a una terapia de seis meses, justo al final del matrimonio, pero —como he oído decir a tantos terapeutas sobre sus pacientes— ya era tarde y no nos lo tomamos muy en serio. Ir a un terapeuta durante una semana no sirve para arreglar la parálisis en que estaba nuestro periplo nupcial. Para cuando llevamos nuestro matrimonio enfermo a la consulta de la terapeuta, casi lo único que pudo hacer fue darnos un certificado de defunción. Pero, ¿y si hubiéramos reaccionado antes o con más firmeza? ¿Y si hubiéramos pedido ayuda a la familia y la gente a nuestro alrededor?

Pensándolo bien, tal vez tampoco.

En ese matrimonio había muchos problemas. No creo que hubiéramos durado juntos ni aun teniendo a toda la población de Manhattan de nuestra parte. Además, no teníamos ningún precedente de una intervención familiar o social en un caso similar. Éramos dos estadounidenses modernos e independientes que vivíamos a muchos kilómetros de nuestras familias. Habría resultado lo más ajeno y artificial del mundo convocar a parientes y amigos para celebrar un consejo precisamente sobre los asuntos que llevábamos años manteniendo en privado. Era casi como sacrificar un pollo en nombre de la armonía matrimonial, con la esperanza de que eso sirviera para arreglar las cosas.

De todas formas, tampoco hay que dejarse llevar por las divagaciones nostálgicas. No podemos dejarnos atrapar en el juego de las eternas dudas y remordimientos sobre nuestros matrimonios fallidos, aunque sean contorsiones mentales angustiosas y difíciles de controlar. Por eso tengo claro que el santo patrón de los divorciados debería ser el titán griego Epimeteo, bendecido —o condenado— con el don de la retrospección. Era simpático, el tal Epimeteo, pero sólo veía bien lo ya sucedido, lo cual no es demasiado útil en la vida real.

(Curiosamente, por cierto, el propio Epimeteo también estaba casado, aunque al mirar atrás seguro preferiría haber elegido a otra chica, porque su mujer era una pequeña arpía llamada Pandora. Menuda parejita.) El caso es que en algún momento de la vida tenemos que dejar de reprocharnos los desastres del pasado —por desastrosos que nos parezcan al recordarlos— y mirar hacia adelante. Como dijo un día Felipe con su estilo inimitable: "Mejor no rumiar los errores del pasado, cariño. Más vale rumiar los del futuro."

Con ese espíritu futurista, al hablar con Ting, en Laos, me cruzó por la cabeza que quizá la filosofía matrimonial de su comunidad fuera más razonable de lo que parecía. No me refiero a la historia ésa de que el marido sea el capitán, por supuesto, sino a la idea de que hay momentos en que una comunidad, para mantener su cohesión, debe compartir no sólo el dinero y los recursos, sino también un sentido de responsabilidad colectiva. Quizá nuestros matrimonios deberían estar unidos entre sí, en el mismo entramado, para lograr subsistir. Por eso tomé una determinación ese día en Laos: *no privatices tu matrimonio para que se convierta en una cosa desoxigenada, aislada, solitaria, vulnerable...*

Estaba a punto de preguntar a mi amiga Ting si había intervenido alguna vez en el matrimonio de vecinos, a modo de sabia de la aldea. Pero antes de decir nada me interrumpió para consultarme si le podía encontrar un buen marido americano a su hija Joy. ¿No podía encontrar uno con educación universitaria? Y entonces me enseñó una de las hermosas labores de costura, un tapiz de seda de unos elefantes dorados nadando en un mar carmesí. ¿En Estados Unidos no habría un hombre que quiera casarse con una chica capaz de tejer estas cosas con sus propias manos?

Mientras Ting y yo hablábamos, por cierto, Joy seguía sentada —en jeans y camiseta, con el pelo recogido en una coleta— sin abrir la boca. Como cualquier hija que se precie, pasaba de escuchar educadamente a su madre a poner los ojos en blanco de la vergüenza ante algo que hubiera dicho.

—¿No habrá algún hombre americano educado que se quiera casar con una buena chica Leu como mi hija? —repitió Ting.

Por su voz tensa se notaba que no hablaba en broma y que se estaba poniendo nerviosa con el tema. Le pedí a Keo que intentara saber el motivo, sin insistir mucho, y Ting se lo contó todo al instante. Últimamente en la aldea había un problema grave, le dijo. Las mujeres jóvenes habían empezado a ganar más dinero que los hombres jóvenes y, además, ellas se habían puesto a estudiar. Las mujeres de su minoría étnica tienen un talento extraordinario como tejedoras, y con la llegada de los turistas occidentales a Laos sus productos textiles se han puesto de moda. Así que las lugareñas están ganando algo de dinero, que a veces ahorran desde una edad temprana. Algunas de ellas —como Joy, su hija— usan el dinero para pagarse una carrera, además de comprar cosas a sus padres, como motos, televisiones y telares, mientras que los lugareños jóvenes siguen siendo granjeros mal pagados.

Esto no era un problema social cuando *nadie* ganaba dinero, pero ahora que un género —el de las mujeres jóvenes— había empezado a prosperar, las cosas se estaban desequilibrando mucho. Según Ting, como las jóvenes de su aldea se estaban acostumbrando a mantenerse solas, algunas habían empezado a retrasar el matrimonio. ¡Pero el gran problema no era ése! Era que cuando una pareja de jóvenes se casaba, los hombres se acostumbraban a vivir del dinero de su esposa, y prácticamente dejaban de trabajar. Al ir perdiendo su amor propio, acababan dedicándose a la bebida y el juego. Ante semejante situación, las mujeres acababan perdiendo el respeto por sus maridos. Por eso muchas chicas jóvenes habían decidido no casarse, cosa que estaba trastocando la estructura social de la aldea, creando toda una serie de tensiones y complicaciones. De ahí que Ting temiera que su hija se quedara soltera (a no ser que yo le encontrara un marido americano igual de avanzado que ella), y entonces, ¿qué sería de la estirpe familiar? ¿Y qué sucedería con los hombres de la aldea, cuyas homólogas los habían superado? ¿Qué iba a pasar con el entramado social de la aldea?

Ting me contó que a esta situación ella le llamaba un "problema de estilo occidental", lo que indicaba que lo había leído los periódicos, porque sí era *totalmente* un problema de estilo occidental. Llevamos varias generaciones viéndolo, desde que las mujeres empezaron a tener acceso a la riqueza. Uno de los primeros cambios sociales que se producen cuando las mujeres empiezan a ganar dinero es la transformación del matrimonio. Esta tendencia se ve en todos los países y todas las sociedades. Cuanta más autonomía económica tiene una mujer, más tarde se casa, si es que se casa.

Muchos se escandalizan ante lo que llaman la destrucción de la sociedad, sugiriendo que la independencia económica femenina destruye los matrimonios felices. Pero los tradicionalistas, que añoran los tiempos dorados en que las mujeres se quedaban en casa a cuidar de la familia —y cuando las tasas de divorcio eran muy inferiores a las actuales—, deberían tener en cuenta que durante siglos las mujeres soportaron matrimonios desgraciados porque no se podían permitir el lujo de irse. Si incluso hoy el nivel económico de la típica mujer estadounidense divorciada es 30 por ciento menor que estando casada, antes era mucho peor. Un viejo refrán advertía, con enorme exactitud: "Toda mujer está a un divorcio de la bancarrota". Efectivamente, ¿qué podía hacer una mujer con hijos pequeños y sin la preparación suficiente para ganarse la vida? Tendemos a idealizar las sociedades en las que la gente se casa para siempre, pero no podemos dar por hecho que la duración de un matrimonio sea siempre una señal de felicidad conyugal.

Durante la crisis económica de 1929, por ejemplo, las tasas de divorcio estadounidenses cayeron en picada. Los comentaristas sociales de aquel entonces se aferraban a esa noción romántica de que los malos tiempos fortalecen los amores. Intentaban pintar un retrato de la resignación con que las valientes familias comían todos del mismo cuenco. Estos mismos reporteros decían que muchas familias, al perder su coche habían recuperado el alma. Lo cierto, como saben todos los terapeutas, es que los problemas económicos someten a cualquier matrimonio a una enorme tensión. Quitando la infidelidad y el maltrato flagrante, nada corroe una relación como la pobreza, la bancarrota y la deuda. Y cuando los historiadores estudiaron las bajas tasas de divorcio que hubo durante la crisis del 29, descubrieron que muchos matrimonios estadounidenses habían seguido juntos porque no les quedaba más remedio. Si mantener una casa era complicado, ya no digamos dos. Muchas familias optaron por vadear la crisis económica con una sábana colgada a la mitad de la sala para dividir el territorio, imagen inmensamente deprimente. Otras parejas sí se separaron, pero sin poder sufragar los gastos del divorcio. En la década de 1930, el abandono era casi epidémico. Legiones de hombres arruinados se levantaban de la mesa un buen día y abandonaban a su esposa e hijos, sin que se volviera a saber de ellos jamás (resuelto el misterio de la enorme cantidad de vagabundos que había en aquella época), y muy pocas mujeres se tomaban la molestia de informar al censo oficial sobre la desaparición de su marido. Tenían cosas más importantes que hacer, como conseguir comida para sus hijos.

La pobreza extrema genera una enorme tensión, cosa que no debería sorprender a nadie. En Estados Unidos las tasas de divorcio son más altas entre los adultos con un nivel educativo y económico bajo. El dinero crea sus propios problemas, por supuesto, pero también ofrece una serie de opciones. Con dinero podemos pagar a una niñera, construir otro cuarto de baño, irnos de vacaciones, dejar de discutir por las facturas, es decir, hacer precisamente las cosas que sirven para equilibrar un matrimonio. Y cuando las mujeres consiguen ganar lo suficiente para eliminar la supervivencia económica como motivación básica del matrimonio, todo cambia. Al llegar el año 2004, las mujeres solteras eran la franja demográfica que más había aumentado en Estados Unidos. Una treintañera tenía el triple de posibilidades de estar soltera en 2004 que su homóloga de 1970. Y la mujer estadounidense también tenía muchas menos posibilidades de ser una madre joven, o incluso de reproducirse. El número de hogares estadounidenses sin hijos alcanzó sus cuotas más altas en 2008.

Como era de esperar, la sociedad no siempre acepta estos cambios. Hoy día en Japón, donde viven las mujeres mejor remuneradas del mundo desarrollado (y donde, no casualmente, tienen la tasa de natalidad más baja del mundo), los sociólogos conservadores llaman "solteras parásitas" a las mujeres jóvenes que se niegan a casarse y tener hijos, insinuando que una soltera sin hijos se beneficia de todas las ventajas sociales (por ejemplo, la prosperidad) sin aportar nada a cambio (por ejemplo, hijos). Incluso en sociedades tan autoritarias como la de Irán, cada vez más mujeres jóvenes retrasan el matrimonio y los hijos para dedicarse a estudiar o trabajar. Como suele suceder, los conservadores ya están denunciando la tendencia y un funcionario del gobierno define a estas mujeres como "más peligrosas que las bombas y misiles del enemigo".

Resulta comprensible, por tanto, que una mujer como mi amiga Ting —madre en una zona rural de un país en vías de desarrollo como Laos— tenga una cierta confusión en torno al futuro de su hija. Por una parte, está orgullosa de su educación y talento artístico como tejedora, que le han permitido comprar el telar, la televisión y la moto. Por otra, hay muchas cosas que le resultan incomprensibles en el nuevo mundo de su hija, quien tiene cultura, dinero e independencia. Y al contemplar el futuro de Joy sólo ve un extraño revoltijo de cosas nuevas. Una mujer tan tremendamente educada, culta, independiente y moderna no tiene precedentes en la sociedad tradicionalista de los Leu. ¿Qué hacemos con ella? ¿Cómo la vamos a equiparar con sus toscos vecinos granjeros? Porque puedes estacionar una moto en la sala y poner una antena de televisión satelital en el tejado de la choza pero, ¿dónde demonios metes a una chica como esta?

Pero déjenme que les diga cuánto le interesaba a Joy el susodicho debate: en mitad de mi conversación con su madre, se levantó, salió por la puerta de la casa y no volví a verla nunca más. No pude sacarle ni una sola palabra sobre el tema del matrimonio. Estoy segura de que tiene una opinión clara sobre el tema, pero no le dio la gana de compartirla conmigo y con su madre. En vez de eso, Joy decidió aprovechar el tiempo

151

para hacer otras cosas. Tenía toda la pinta de irse a la tienda de la esquina a comprar tabaco y luego tal vez al cine con unas amigas. Lo malo era que en su aldea no hay tienda de la esquina, tabaco, ni cine. No hay más que gallinas cloqueando por los caminos de tierra.

Entonces, ¿dónde podía ir una chica como ella?

Ay, ése es precisamente el *quid* de la cuestión.

*

Por cierto, ¿he mencionado que la esposa de Keo estaba embarazada? De hecho, su parto sería precisamente la semana en que conocí a su marido y lo contraté como traductor y guía. Descubrí lo del embarazo cuando Keo me dijo que el dinero le venía muy bien porque iba a tener un hijo. Estaba tremendamente orgulloso de ser padre y la última noche que pasamos en Luang Prabang nos invitó a Felipe y a mí a su casa, para enseñárnosla y presentarnos a su joven y embarazada esposa Noi.

—Nos conocemos del colegio —nos había explicado él—. Siempre me gustó. Es algo más joven que yo, porque sólo tiene 19 años. Es muy guapa, aunque ahora se me hace extraño verla tan grande. Antes era tan pequeña que pesaba muy pocos kilos. ¡Ahora debe pesar todos los kilos del mundo!

Así que fuimos a casa de Keo —en el coche de su amigo Khamsy, el dueño de nuestro hotel—, cargados de regalos. Felipe llevaba unas botellas de Beerlao, la cerveza local, y yo unas prendas infantiles (de género neutro, que servirían si el bebé era niña o niño) que les había comprado en el mercadillo local para congraciarme con la esposa de Keo.

La casa estaba al final de una carretera llena de baches a las afueras de Luang Prabang. Era la última de una fila de casas muy parecidas, y estaba en un terreno rectangular de unos ocho metros por diez. La mitad de la pequeña finca estaba ocupada por los depósitos de hormigón donde Keo criaba las ranas y los peces luchadores que le sirven para completar sus ingresos como maestro de escuela y guía turístico ocasional.

Vende las ranas a cambio de comida. Como nos explicó orgulloso, se saca unos 25,000 kip —dos euros— el kilo (que suele tener tres o cuatro ranas, porque son más bien grandes). Y así se saca un dinerito. Pero también se dedica a los peces luchadores, que vende a 5,000 kip —36 centavos de euro— cada uno y que se crían bien en cautiverio. Sus clientes son hombres de la aldea que montan batallas acuáticas en las que hacen apuestas. Keo nos contó que se metió en el negocio de los peces de pequeño, cuando procuraba buscarse la vida para no dar problemas a sus padres. Aunque no le gusta presumir, se considera el mejor criador de peces luchadores de todo Luang Prabang.

La casa de Keo —con una superficie de unos cinco metros cuadrados— estaba en la mitad de la finca donde no había tanques de ranas y peces. La estructura era de bambú y madera, con un techo de aluminio corrugado. El interior consistía en un espacio único que acababan de dividir en dos habitaciones, es decir, la zona de estar y la zona de dormir. El tabique divisorio era una lámina de madera que Keo había forrado cuidadosamente con páginas de periódicos publicados en inglés, como el *Bangkok Post* y el *Herald Tribune*. (Al irnos Felipe me dijo que se imaginaba a Keo despierto de noche, leyendo los periódicos de la pared para pulir su inglés.) En la habitación sólo había una luz, la que daba una bombilla colgada del techo. También había un cuartito de baño con un retrete mínimo y una palangana para lavarse. Pero la noche de nuestra cena la palangana estaba llena de ranas porque los tanques de fuera estaban llenos hasta el tope. (Una de las ventajas de criar ranas, nos explicó Keo, es que: "De todos los vecinos somos los únicos que no tenemos mosquitos".) La cocina estaba fuera de la casa, bajo un pequeño alero y con un suelo de tierra barrida.

—Algún día tendremos un buen suelo de cocina —dijo Keo con la soltura de un urbanista anunciando que un día le va a poner un anexo climatizado a la sala—. Pero tengo que ahorrar más dinero.

En la casa no había mesa por ninguna parte, ni sillas. Fuera, en la cocina, había un pequeño banco bajo el que se acurrucaba la perra de la familia, que había tenido cachorros hacía unos días. Los perrillos eran del tamaño de un hámster. Lo que más vergüenza le daba a Keo de su modesto estilo de vida era que su perra fuese tan pequeña. Era como si le pareciese un gesto poco generoso presentar una mascota tan escuálida a sus honorables invitados; como si el tamaño minúsculo de su perra no estuviese a la altura de su estatus social, o de sus aspiraciones en la vida.

—Siempre nos reímos de lo pequeña que es. Siento que no sea más grande —dijo a modo de disculpa—. Pero es una perra muy buena.

También tenían una gallina, que vivía en la zona del porche-cocina atada a la pared con un cable para que pudiera pasear sin escaparse. A su lado había una caja de cartón donde ponía un huevo al día. Keo nos presentó a la gallina al modo de un caballero rural, alargando el brazo hacia ella y exclamando orgulloso:

—¡Y ésta es nuestra gallina!

En ese momento miré a Felipe por el rabillo del ojo y le vi esbozar un gesto que aunaba ternura, compasión, nostalgia, admiración y una pizca de tristeza. Felipe se crió en una familia pobre del sur de Brasil y —como Keo— siempre ha tenido su orgullo. Tanto es así que le gusta contar a la gente que nació "arruinado", no "pobre", para dejar claro que para él la pobreza siempre fue un accidente temporal (como si le hubieran encontrado un poco mal de dinero siendo un bebé de brazos, incapaz de solucionarlo en ese momento). Igual que Keo, de pequeño Felipe también se buscaba la vida como podía, demostrando su capacidad comercial desde muy joven. El primer negocio se le ocurrió a los nueve años, al fijarse en que los coches siempre se atascaban justo en el charco que había al bajar una de las cuestas de Porto Alegre. Pidió a un amigo que le ayudara y los dos se pusieron al pie de la cuesta a empujar los coches que se atascaban al llegar al charco. Los conductores daban a los chicos monedas con las que pudieron comprarse muchos cómics americanos. A los diez años Felipe ya estaba metido en el negocio de la chatarra, y recorría la ciudad buscando trozos de hierro, latón y cobre para venderlos. A los 13 años vendía huesos de animales (procedentes de las carnicerías y el matadero local) a un fabricante de pegamentos, gracias a cuyo dinero pudo comprar un billete de barco para marcharse de Brasil. De haber sabido lo de la carne de rana y los peces luchadores, puedo asegurar que también se habría metido en el asunto.

Hasta esa noche, Felipe no había mostrado el menor interés por Keo. Es más, su carácter hiperactivo le ponía muy nervioso. Pero cambió de actitud al ver la casa de Keo, el papel periódico en la pared, el suelo de tierra cuidadosamente barrida, las ranas del cuarto de baño, la gallina con su caja de cartón y la perrita diminuta. Y cuando Felipe conoció a Noi, la esposa de Keo, que era diminuta incluso en su avanzado estado de gestación, pero que nos estaba haciendo la cena en una especie de *camping-gas*, vi que los ojos se le humedecían de la emoción. Sin embargo, se limitó a alabarla educadamente por prepararnos la comida. Ella aceptó sus elogios tímidamente. ("Sabe inglés", dijo Keo. "Pero le da vergüenza hablar.")

Y al conocer a la madre de Noi —una señora diminuta pero majestuosa, con un gastado *sarong* azul, a quien Keo le presentó como "la abuela"—, mi futuro marido se inclinó instintivamente ante ella, doblándose desde la cintura. Ante este grandioso saludo la abuela sonrió ligerísimamente (arrugando las comisuras de los ojos) y respondió con un gesto de asentimiento, como mandando un sutil mensaje telegráfico: "Su reverencia me ha complacido, señor."

En ese momento quise mucho a Felipe, tal vez más de lo que lo haya querido nunca.

Y ahora quiero dejar claro que aunque Keo y Noi no tenían la casa amueblada, sí tenían tres objetos de lujo. Una televisión con sonido estéreo y aparato de DVD incorporado, un refrigerador diminuto y un ventilador. Cuando llegamos Keo nos dio la bienvenida con los tres aparatos encendidos. El ventilador giraba al enfriar la casa, el refrigerador zumbaba al hacer hielo para la cerveza y la tele resonaba con unos dibujos animados que llenaban la pantalla.

—Mientras cenamos, ¿prefieren oír música o ver dibujos animados en la tele? —nos preguntó nuestro anfitrión.

Yo contesté que música, gracias.

—¿Les pongo *hard-rock* occidental o una música suave de Laos? —dijo entonces.

Agradeciéndole el detalle, le dije que una música tranquila laosiana estaría bien.

—No hay problema —nos anunció—. Tengo una música suave de mi país que les va a gustar.

Nos puso unas canciones laosianas de amor, pero a un volumen extraordinariamente alto, como para demostrar la calidad de su estéreo. Y aplicó la misma filosofía al ventilador, que nos puso de frente y a todo motor. Como tenía unos aparatos tan lujosos, quería sacarles el máximo partido.

Así que la noche resultó bastante ruidosa, cosa que tampoco era para tanto, ya que el volumen de la música daba a la ocasión un aire festivo al que nos unimos sin dudar. En cuestión de minutos nos pusimos todos a beber cerveza Beerlao, contar historias y reírnos a carcajadas. Noi, que parecía sufrir más el calor por lo avanzado de su embarazo, se quedó sentada en el suelo de tierra, sin beber alcohol y cambiando de postura cada tanto.

En cuanto a la abuela, ella sí bebía cerveza, pero como no parecía entender nuestras bromas, se limitó a mirarnos a todos con aire satisfecho. La madre de Noi, según nos contaron, se había dedicado a cultivar arroz al norte del país, cerca de la frontera con China. La abuela venía de una familia de varias generaciones de granjeros chinos, a la cual había aportado diez hijos (Noi la más joven), todos paridos en su casa. Nos lo contó sólo porque yo le pedí a bocajarro que nos narrara la historia de su vida. Con Keo haciendo de traductor, nos explicó que su matrimonio —a los 16 años— había sido un poco "precipitado". Parece ser que se casó con un hombre que estaba en el pueblo sólo de paso. El hombre fue a cenar a su casa y se enamoró al verla. A los pocos días se casaron. Intenté averiguar sus opiniones sobre el matrimonio, pero no logré hacerla pasar de los datos básicos: cultivo de arroz, boda precipitada, diez hijos. Estaba deseando saber lo que era un matrimonio "precipitado" (en mi familia muchas mujeres se habían casado con prisas, embarazadas), pero la anciana no soltaba prenda.

—No está acostumbrada a que nadie se interese por su vida —explicó Keo, así que no insistí más.

Sin embargo, pasé toda la noche mirándola de reojo, cada vez más convencida de que nos contemplaba desde una gran distancia. Parecía ensimismada en su propio mundo luminoso y estaba tan callada que a veces parecía haber desaparecido. Aunque estaba sentada a pocos centímetros de mí y me bastaba alargar el brazo para tocarla, daba la impresión de estar en la luna, mirándonos desde su radiante trono.

Aunque era diminuta, la casa de Keo estaba tan limpia que se podía comer directamente del suelo. Y eso fue justo lo que hicimos. Nos sentamos todos en una estera de bambú a compartir la cena, haciendo bolas de arroz con las manos. Tal como indica la costumbre laosiana, todos bebimos del mismo vaso, que nos íbamos pasando desde la persona de más edad hasta llegar a la más joven. Y la comida consistió en lo siguiente: una riquísima sopa picante de pescado, ensalada de papaya verde con salsa de pescado ahumado, arroz pegajoso y, obviamente, ranas. Las susodichas ranas eran el plato estrella, que los anfitriones nos ofrecieron orgullosos precisamente porque Keo las criaba en casa. Y estaba claro que nos tocaba comernos una cantidad respetable para quedar bien. Yo había probado las ancas de rana, pero aquello era distinto. Eran unas ranas gigantescas —gordas y carnosas—, cortadas en trozos como pollo y luego hervidas con huesos, piel y todo. La piel era lo más complicado de comer, porque incluso cocida seguía siendo la típica piel de rana: moteada, correosa y anfibia.

Noi nos vigilaba atentamente. Apenas habló en toda la cena, salvo para recordarnos: "No se coman sólo el arroz, coman también la carne." Nos estaba diciendo que la carne es un manjar valorado que nos ofrecían como invitados de honor. Así que nos comimos todas las tiras de rana correosa, con toda la piel y alguno que otro hueso, masticando concienzudamente y sin quejarnos. Felipe no sólo repitió una vez, sino dos, consiguiendo que Noi se sonrojara y bajara los ojos hacia su tripa embarazada con una sonrisa de alegría incontenible. Sabiendo que de haber podido elegir, Felipe se hubiera comido su propio zapato frito antes que otro trozo de rana hervida, le quise otra vez muchísimo por su enorme bondad.

A este hombre lo puedes llevar donde sea, pensé con orgullo. *Siempre sabe comportarse.*

Después de cenar Keo nos puso unos videos de danzas nupciales tradicionales de su país, para entretenernos y cultivarnos. Las imágenes mostraban a unas mujeres laosianas, con unos *sarongs* relucientes y muy maquilladas, bailando en la pista de una discoteca en actitud tiesa y formal. El baile consistía básicamente en quedarse quietas, mover mucho las manos y esbozar una sonrisa pétrea. Pasamos media hora en silencio, viendo los videos de las danzas.

—Son todas bailarinas profesionales, excelentes —informó Keo al cabo de un rato, quebrando el extraño silencio—. El cantante al que se oye en la música de fondo es muy famoso en Laos, tanto como su Michael Jackson. Y yo lo conozco.

La ingenuidad de Keo era casi desoladora. De hecho, en su familia se respiraba una pureza de sentimientos como yo no había visto nunca. Quitando la tele, el refrigerador y el ventilador, habían permanecido totalmente ajenos a la modernidad, o al menos indemnes a esas agudezas tan de moda hoy en día. Estos son algunos de los elementos que brillaron por su ausencia en nuestra conversación con la familia de Keo: ironía, cinismo, sarcasmo y fanfarronería. En Estados Unidos conozco a bastantes niños de cinco años más intrépidos que los miembros de aquella familia. Daban ganas de envolver la casa entera en una especie de gasa protectora para aislarlos del mundo: empeño que, dado el tamaño de la casa, tampoco habría precisado una gasa demasiado grande.

Al terminar los videos de las danzas, Keo apagó la tele y llevó de nuevo la conversación hacia los sueños y planes que tenían él y Noi para su vida. Cuando naciera el niño les iba a hacer falta más dinero, así que él tendría que ampliar el negocio de las ranas. Nos explicó que un día le gustaría montar un criadero con un ambiente controlado para lograr las condiciones climáticas del verano —que es cuando se aparean las ranas—, pero durante todo el año. Este invento, que sería una especie de invernadero, tendría una serie de avances tecnológicos como la "lluvia falsa" y el "sol falso". Al vivir en estas falsas condiciones climáticas las ranas no sabrían distinguir el invierno del verano, cosa positiva dado que el invierno es un periodo difícil para los criadores de ranas. En invierno las ranas de Keo hibernan (o, según él, se ponen a "meditar"), dejan de comer y pierden mucho peso, momento en que el negocio de vender carne de rana pasa sus horas más bajas. Pero si Keo lograra criar ranas durante todo el año, y si encima fuera el único de todo Luang Prabang, tendría un buen negocio con que mantener a su familia.

—Suena bien, Keo —le dijo Felipe.

—La idea es de Noi —contestó él.

Y todos giramos la cabeza hacia la esposa de Keo. La guapa Noi, con la cara sudorosa de calor, se arrodillaba incómoda en el suelo, embarazadísima a sus 19 años.

—¡Eres un genio, Noi! —exclamó Felipe.

—¡Sí, es un genio! —asintió Keo.

Ante tantas alabanzas Noi se puso tan roja que parecía estar al borde del desmayo. Pero aunque su timidez le impedía mirarnos a los ojos, era evidente que estaba honrada de oír nuestras palabras. Sabía lo mucho que su marido la admiraba, aunque no lo demostrara. ¡El joven, guapo y ocurrente Keo la tenía en tan alta estima que no podía evitar alardear de ella ante sus respetables invitados! Ante semejante declaración pública de su importancia, la modesta Noi pareció hincharse aún más de lo que estaba ya con su gigantesca panza de embarazada a punto de dar a luz. Durante unos segundos sublimes la joven madre futura se puso tan eufórica y henchida que me pareció verla flotando hacia esa reluciente luna donde estaba encaramada su madre.

*

Al volver en auto a nuestro hotel esa noche, me dio por pensar en mi abuela y su matrimonio.

La abuela Maude —que acababa de cumplir 96 años— nació en una familia de nivel económico más parecido al de Keo y Noi que al mío. Sus antepasados —emigrantes del norte de Inglaterra— se fueron a los eriales de Minnesota en carreta y soportaron los primeros inviernos en unas burdas casas de barro. Trabajando hasta la extenuación lograron comprar unas tierras, hacer unas casas de madera (que fueron ampliando) y multiplicar sus cabezas de ganado hasta prosperar.

Mi abuela vino al mundo en enero de 1913 durante un gélido invierno rural. Nació en la casa familiar, con un defecto congénito que puso en peligro su vida: una fisura del paladar y el labio superior incompleto. Su padre tuvo que esperar casi hasta abril para poder llevarla a Rochester a hacerle su primera cirugía rudimentaria. Milagrosamente habían logrado mantenerla con vida pese a que no podía mamar. Al día de hoy mi abuela no sabe cómo lograban alimentarla, pero cree que pudo ser con un tubo de goma que su padre trajo de la lechería de la granja. Hace poco la abuela Maude me dijo que se arrepiente de no haber pedido a su madre que le contara más cosas sobre aquellos primeros meses tan difíciles, pero en nuestra familia no somos dados a recordar cosas trágicas ni a tener conversaciones tristes, por lo que nunca se habló del tema.

Pese a que mi abuela no es de las que se quejan, su vida fue bastante dura. Sobra decir que los de su alrededor también aguantaban lo suyo, pero Maude tenía la carga añadida de su condición médica, que le dejó un defecto de dicción y una cicatriz en plena cara. Como podría suponerse, mi abuela era tremendamente tímida. Por todo este cúmulo de circunstancias, se daba por hecho que jamás se casaría. Nadie lo decía claramente, pero todos lo daban por sentado.

Pero los destinos más trágicos pueden conllevar grandes ventajas. En el caso de mi abuela su ventaja fue la siguiente:

ser el único miembro de la familia que recibió una buena educación. A Maude le permitieron estudiar porque en su caso lo consideraban necesario, ya que tendría que ganarse la vida por sí misma. Si a los chicos de su alrededor los sacaban de la escuela al terminar la preparatoria para ponerlos a trabajar en el campo, y las chicas no solían acabarla (muchas estaban casadas y con un hijo antes de terminar los estudios), a Maude la mandaron a la ciudad, donde le pagaban una habitación en casa de una familia respetable, para que se dedicara a estudiar. Resultó ser una alumna excelente. Como se le daban bien la historia y la gramática, tenía la esperanza de llegar a ser maestra, y para pagar la escuela de profesorado consiguió un trabajo de asistente. Por desgracia, al llegar la gran crisis de 1929 tuvo que abandonar la idea. Pero como siguió trabajando, se convirtió en una de las personas más extrañas de Minnesota en esa época: una mujer independiente que se ganaba la vida.

Aquellos años de su vida —cuando acababa de salir de la preparatoria— siempre me han fascinado, porque su trayectoria era completamente distinta de todos los que la rodeaban. Fue una mujer que vivió en el mundo real, en vez de dedicarse a criar una familia. Su madre apenas salía de la granja, excepto por el viaje que hacía todos los meses a la ciudad (y nunca en invierno) para comprar cosas tan fundamentales como harina, azúcar y tejido de algodón. Pero al acabar la preparatoria Maude se fue sola a Montana, donde trabajó de mesera en un restaurante, sirviendo el desayuno a los vaqueros de por allí. Esto era en 1931, nada menos. Y mi abuela hacía muchísimas cosas que ninguna mujer de su familia llegaría a hacer jamás. En la peluquería de una estación de tren se cortó el pelo y se hizo un permanente (le costó dos dólares de entonces, que era mucho dinero). En una tienda de la ciudad se compró un vestido amarillo ceñido, coqueto y atrevido. Iba al cine. Leía libros. Volvió de Montana a Minnesota en un camión de unos emigrantes rusos que tenían un hijo de su edad.

Cuando decidió abandonar su vida aventurera en Montana volvió a su ciudad natal, donde se puso a trabajar de asistente y secretaria de una anciana rica, una tal señora Parker que bebía, fumaba, se reía y disfrutaba enormemente de la vida. A la susodicha señora "no le importaba decir groserías y maldecir", según me cuenta mi abuela, y daba unas fiestas tan extravagantes (carne de primera, mantequilla auténtica, muchísimo alcohol y tabaco) que no se notaba que había una crisis terrorífica en el país. Y como la señora Parker era generosa y desprendida, a menudo le regalaba ropa a mi abuela, que por desgracia llenaba la mitad que su jefa, por lo que no siempre pudo aprovechar las elegantes prendas.

Mi abuela trabajaba mucho y seguía ahorrando. Quiero dejar una cosa bien clara: *logró ahorrar de lo que ganaba*. Entre todos sus antepasados no debió existir ni una sola mujer con dinero propio. Y tenía una parte reservada para operarse la cicatriz de la operación del paladar. Pero en mi opinión hay una cosa que simboliza perfectamente la independencia que tenía en sus años mozos: un precioso abrigo color vino con un cuello de piel que se compró por 20 dólares a principios de 1930. En una familia como la suya, que una mujer hiciera algo semejante era una extravagancia sin precedentes. Su madre no supo qué decir al enterarse de que Maude se había gastado ese dineral en... un abrigo. Repito que se puede repasar la genealogía de mi familia con pinzas sin dar con una mujer anterior a Maude capaz de darse un capricho tan caro y exquisito con su propio dinero.

Al hablarle a mi abuela de esa historia, los ojos le brillan de alegría. Ese abrigo color vino con el cuello de piel era lo más bonito que había tenido jamás. De hecho, fue lo mejor que se compró en su vida y aún recuerda el roce sensual de la piel en el cuello y la barbilla.

Varios meses después, Maude debía llevar puesto su maravilloso abrigo cuando conoció a un joven granjero llamado Carl Olson, cuyo hermano cortejaba a la hermana de ella, y él —mi abuelo— se enamoró de ella. Carl no era un hombre romántico, no sabía de poesía ni tenía dinero. (Lo que tenía ella en su cuenta de ahorros superaba el patrimonio de él.) Pero era un hombre asombrosamente guapo y muy trabajador. Todos los hermanos Olson tenían fama de guapos y trabajadores. Así que mi abuela se prendó de él. Al poco tiempo, para gran sorpresa de todos, Maude Edna Morcomb *se casó.*

Pero la conclusión que siempre saco al recordar esta historia es que su matrimonio significó el fin de su independencia. A partir de entonces su vida se convirtió en una sucesión de privaciones y trabajo que duró hasta 1975, más o menos. Y a Maude no le importaba trabajar, pero su vida pasó del blanco al negro muy deprisa. Se marchó de la magnífica casa de la señora Parker (se acabó la carne de primera, se acabaron las fiestas, se acabó *el agua corriente*) a la granja de la familia de mi abuelo. Los Olson eran unos austeros emigrantes de origen sueco, así que la joven pareja vivía en una pequeña casa con el hermano menor de mi abuelo y el padre de ambos, mi bisabuelo. Como Maude era la única mujer de la granja, limpiaba y daba de comer a los tres hombres (y a menudo a todos los jornaleros también). Cuando al fin llegó el Programa de Electrificación Rural de Roosevelt, el suegro de Maude sólo usaba focos de bajo consumo y casi nunca las encendía.

Maude tuvo a sus primeros cinco —o siete— hijos en esa casa, que fue donde nació mi madre. Sus tres primeros bebés se criaron juntos en la misma habitación, bajo un foco que colgaba del techo, igual que harán los hijos de Keo y Noi. (Aunque su suegro y su cuñado tenían cada quien su propio cuarto.) Cuando nació Lee, el hijo mayor de Maude y Carl, le pagaron al médico con una pata de ternera. No había dinero. Nunca había dinero. Los ahorros de Maude —el dinero que guardaba para operarse la cara— se gastaron en la granja. Cuando nació su hija mayor, mi tía Marie, mi abuela cortó su adorado abrigo color vino con el cuello de piel para hacerle un vestido de Navidad a la recién nacida.

Y ésa siempre ha sido, en mi opinión, la mejor metáfora de cómo afecta el matrimonio a mi gente. Cuando digo "mi gente" me refiero a las mujeres de la familia, sobre todo la de mi madre, que son mi legado cultural. Porque lo que hizo mi abuela con su maravilloso abrigo (lo más bonito que tuvo en la vida) es lo que todas las mujeres de su generación (y las anteriores) hacían por su familia, marido e hijos. Troceaban lo mejor y más digno de sí mismas y lo regalaban. Rehacían todo lo suyo para adaptarlo a los demás. Se quedaban sin nada. Eran las últimas en cenar y las primeras en madrugar para encender el fuego y pasarse un día más cuidando de todos los suyos. Sólo sabían hacer eso. Su verbo fundamental y el gran principio de su vida era sólo uno: *dar*.

La historia del abrigo color vino siempre me ha hecho llorar. Y mentiría si dijera que no me ha influido en la noción que tengo del matrimonio, o que no me ha imbuido de una silenciosa tristeza en cuanto a lo que casarse implica para una buena mujer, es decir, lo muchísimo que le quita.

Pero también estaría mintiendo —o reteniendo información fundamental— si no revelara el inesperado epílogo de esa historia. Unos meses antes de que el Departamento de Seguridad nos obligara a Felipe y a mí a casarnos, fui a Minnesota a ver a mi abuela. Mientras ella cosía una colcha, me senté a su lado a escucharla contar historias. Y entonces le hice una pregunta que no le había hecho jamás:

—¿Cuándo fuiste más feliz en tu vida?

Estaba convencida de saber la respuesta. Fue a principios de 1930, cuando vivía con la señora Parker y se paseaba por ahí con su ceñido traje amarillo, su corte de pelo elegantón y el abrigo color vino hecho a su medida. Lo lógico es que la respuesta fuera ésa, ¿no? Pero eso es lo malo de las abuelas, que por mucho que se sacrifiquen por los demás, tienen opiniones propias sobre los asuntos de su vida. Y lo que me contestó la abuela Maude fue:

—Fui más feliz durante los primeros años de estar casada con tu abuelo, cuando vivíamos en la granja de los Olson.

Recordemos en qué consistía esa vida: no tenían *nada*. Maude era una especie de esclava doméstica de tres hombres (toscos granjeros suecos, nada menos, que solían estar enfadados entre sí), que se vio obligada a criar juntos a sus tres bebés (con rudimentarios pañales de tela) en una habitación fría y mal iluminada. Los embarazos la dejaban enferma y débil. La crisis amenazaba con arruinarlos. Su suegro se negaba a poner agua corriente en la casa. Etcétera, etcétera.

—Abuela —le dije, tomando su mano artrítica entre las mías—. ¿Cómo puedes decir que es entonces cuando fuiste más feliz en tu vida?

—Porque es verdad —me contestó—. Era feliz de tener una familia propia. Tenía un marido. Tenía hijos. Jamás pensé que pudiera llegar a tener todo eso.

Y por mucho que me sorprendieran sus palabras, le creí. Pero que le creyera no quiere decir que la entendiera. De hecho, no entendí su respuesta sobre lo que es ser feliz en la vida hasta varios meses después: la noche en que cenamos con Keo y Noi, cuando Felipe y yo estábamos en Laos. Sentada en el suelo de tierra, viendo a Noi buscar una postura cómoda para su panza de embarazada, en un primer momento decidí que lo sabía todo de su vida. La compadecía por lo duro que era casarse tan joven y tener que criar a su bebé en una casa invadida por una horda de ranas. Pero al oír a Keo alardear de lo lista que le parece su esposa (¡por sus ideas innovadoras sobre la instalación de un invernadero!) y al ver el gesto de alegría de ella (una mujer tan tímida que apenas se atrevió a mirarnos en toda la noche), de pronto recordé las palabras de mi abuela. Y en ese momento, gracias a Noi, la comprendí por primera vez. Imaginé cómo debió ser en sus años de joven esposa y madre: orgullosa, enérgica, valorada por su empuje. ¿Por qué era tan feliz Maude en 1936? Por el mismo motivo que Noi era feliz en 2006, porque se sabía indispensable en la vida de su marido. Era feliz porque tenía un compañero con el que había emprendido un proyecto común en el que creía firmemente, pese a que jamás imaginó llegar a formar parte de algo semejante.

No insultaré a mi abuela ni a Noi insinuando que deberían haber aspirado a algo más importante (algo tal vez más aproximado a mis aspiraciones e ideales). También me niego a decir que su deseo de participar en la vida de sus maridos sea síntoma de alguna patología. Parece evidente que tanto Noi como mi abuela saben lo que las hace felices, cosa que me hace concederles todo mi respeto. Ambas han conseguido, según parece, exactamente lo que querían.

Asunto zanjado.

Ah, ¿sí?

Pues resulta que —para embrollar este asunto aún más— mi abuela me dijo otra cosa más al final de nuestra charla en Minnesota. Sabía que me había enamorado de un hombre llamado Felipe y que el asunto iba en serio. Maude no es una persona entrometida (al contrario que su nieta), pero como nuestra conversación era sobre temas íntimos, tal vez se sintió obligada a hacerme la siguiente pregunta:

—¿Qué planes tienes con este hombre?

Le dije que no estaba segura, pero que quería estar con él porque es un hombre amable, solidario y cariñoso que me hace feliz.

—Pero ¿van a...?

Mi abuela no terminó la pregunta, a la que yo no respondí. Sabía bien a lo que se refería, pero en ese momento de mi vida no tenía intención de volver a casarme, por lo que guardé silencio, dejando pasar el momento.

Al cabo de unos segundos, ella volvió al ataque.

—¿Y han hablado de si van a tener...?

Una vez más, me zafé de responderle. No por grosería, ni por timidez, sino porque sabía que no iba a tener hijos. Y no quería darle el disgusto de decírselo.

Pero entonces aquella mujer —que estaba a punto de cumplir un siglo de edad— me dejó atónita. Alzando las manos en el aire, mi abuela exclamó:

—¡Bueno, pues te lo voy a preguntar por las buenas! Ahora que has conocido a este hombre tan bueno, no pensarás casarte, tener hijos y dejar de escribir, ¿verdad?

*

Entonces, ¿cómo se cuadra todo este asunto?

¿Qué debo pensar cuando mi abuela me dice que la decisión más feliz de su vida fue sacrificarlo todo por su marido y sus hijos, pero al momento siguiente —en cuestión de segundos— me pide que yo no haga lo mismo? Dado que no sé bien cómo tomármelo, tengo que creerla capaz de defender ambas posturas, aunque se opongan de una manera tan evidente. Al fin y al cabo, a una mujer que ha vivido tantos años como mi abuela habrá que dejarla tener sus contradicciones y sus misterios. Como nos pasa a todas, esta mujer es un cúmulo de personajes femeninos. Además, el tema de las mujeres ante el matrimonio es complicado por la cantidad de enigmas que lo salpican, impidiendo sacar conclusiones definitivas.

Para intentar comprender el tema —mujeres y matrimonio— debemos aceptar el hecho frío y desagradable de que casarse no beneficia tanto a una mujer como a un hombre. No soy la primera en dar este dato, que preferiría no sacar a colación, pero es una triste verdad, reiterada en todos los estudios recientes. En cambio, el matrimonio ha sido siempre muy beneficioso para los hombres. Si eres hombre, según las estadísticas actuariales lo mejor que puedes hacer —si buscas una vida larga, feliz, sana y próspera— es casarte. A los casados les va muchísimo mejor que a los solteros. Los casados viven más años, ganan más dinero, destacan más en su vida profesional, tienen menos probabilidades de sufrir una muerte violenta, confiesan ser más felices que estando solteros y están menos afectados por el alcoholismo, la drogadicción y la depresión.

"No se puede inventar un sistema más hostil a la felicidad humana que el matrimonio", escribió Percy Bysshe Shelley en 1813. Pero se equivocaba, o al menos respecto a la felicidad *masculina*. Según las estadísticas, no parece haber nada que el hombre *no* obtenga al casarse.

Por desgracia, lo contrario no es cierto. A las casadas no les va mejor que a las solteras. En Estados Unidos las casadas no viven más que las solteras; no ganan más dinero que las solteras (siete por ciento menos en promedio, tan sólo por haberte dejado cazar); destacan menos en su vida profesional que las solteras; tienen mucha peor salud que las solteras; tienen más posibilidades de caer en la depresión que las solteras; y son más proclives a sufrir una muerte violenta que las solteras (normalmente a manos de su marido, cosa que nos recuerda el turbio hecho de que, por lo general, la persona más peligrosa en la vida de una mujer es el hombre al que ama).

Todo esto nos lleva a lo que los sociólogos llaman el "desajuste de las ventajas matrimoniales", un término elegante para una conclusión tan triste que casi resulta antinatural: las mujeres suelen salir perdiendo al casarse, mientras que los hombres salen ganando estrepitosamente.

Ahora, antes de meternos todas debajo de la mesa a llorar —que es de lo que me entran ganas a mí, ante semejante conclusión— conviene saber que la situación va mejorando. Conforme pasan los años y las mujeres se van independizando, el "desajuste de las ventajas matrimoniales" disminuye, gracias a una serie de factores que pueden estrechar considerablemente esta desigualdad. Una mujer casada es más feliz cuanto más culta sea, más dinero gane, más tarde se case, menos hijos tenga y más la ayude su marido en las tareas del hogar. Por tanto, si en la historia occidental ha habido un buen momento para casarse, probablemente sea éste. Si quieres aconsejar a tu hija sobre su futuro porque quieres que llegue a ser feliz, quizá lo mejor sea proponerle acabar sus estudios, retrasar su matrimonio todo lo posible, ganarse la vida por sí misma, limitar el número de hijos que tiene y buscar un hombre al que no le importe limpiar la regadera. Entonces tu hija tal vez tenga la posibilidad de llevar una casi vida tan sana, próspera y feliz como la de su futuro marido.

Y digo *casi*.

Porque las diferencias van disminuyendo, pero el "desajuste de las ventajas matrimoniales" persiste. Dando esto por cierto, conviene que dediquemos un momento a plantearnos el misterio de por qué —si el matrimonio es tan desproporcionadamente negativo para ellas— hay tantas mujeres que suspiran por casarse. Podríamos pensar que tal vez no hayan leído las estadísticas correspondientes, pero no creo que el tema sea tan simple. En torno a la actitud de las mujeres ante el matrimonio hay algo más profundo, más psicológico, algo que una simple campaña de concientización cívica (¡NO TE

CASES SIN HABER CUMPLIDO LOS 30 Y SER ECO-
NÓMICAMENTE SOLVENTE!) no puede solucionar ni
mucho menos.

Perpleja ante lo paradójico del asunto, lo planteé por
email a varias de mis amigas estadounidenses que seguían em-
peñadas en encontrar marido. Como yo no había experimentado su imperiosa necesidad de casarse no podía llegar a
entenderlo, pero quería ver el asunto a través de sus ojos.

—¿De qué se trata este asunto? —les pregunté.

Algunas de las respuestas que me dieron eran sesudas,
pero también las había irónicas. Una de ellas me envió una
larga meditación sobre su necesidad de encontrar un hombre
que pudiera, como decía elegantemente, "acompañarme en
la contemplación de la existencia propia y ajena". Otra amiga
decía querer formar una familia "aunque sólo sea para dar un
uso sensato a este pecho tan enorme que tengo". Pero si hoy
día una mujer puede buscarse compañía, y hasta hijos, sin
tener que casarse, ¿por qué esa constante añoranza del matrimonio?

Al volver a plantear el tema, una mujer soltera me explicó que "querer casarse, en mi opinión, tiene que ver con sa-
berte *elegida*". Decía que la noción de construir una vida con
otra persona es atractiva, pero confesaba que lo que realmente le apetecía del asunto era la boda en sí, un acontecimiento
público que "demuestre claramente a todo el mundo, y sobre
todo a mí misma, que valgo tanto que alguien me ha elegido
para siempre".

Podríamos pensar que esta mujer es víctima del lavado
de cerebro de los medios estadounidenses, que llevan toda la
vida vendiéndole una imagen de perfección femenina intachable (la bella novia vestida de blanco, con sus encajes y sus
coronas de flores, rodeada de las solícitas damas de honor),
pero no me acabo de tragar esa explicación. Mi amiga es una
mujer adulta, leída, sensata y sana; no creo que base su filosofía de la vida en las historias de Walt Disney ni en las tele-
novelas. Si eso es lo que quiere en la vida, es una conclusión
a la que ha llegado por sí misma.

Y no creo que debamos condenarla o juzgarla por buscar eso. Es una mujer con un corazón enorme. El mundo no siempre ha sabido devolverle su gran capacidad para amar. Por eso tiene serias dudas, preguntas y ansiedades sobre su propia valía. Siendo así, ¿qué mejor confirmación de su valiosa singularidad que una hermosa ceremonia en una iglesia, donde todos los asistentes la verían como una princesa, una virgen, un ángel, un tesoro más valioso que un puñado de rubíes? ¿Quién puede culparla de querer saber —*una sola vez*— lo que se siente?

Espero que tenga esa suerte, con la persona adecuada, claro está. Por fortuna, mi amiga tiene la suficiente estabilidad mental como para no haber salido a casarse con el primero de turno sólo para vivir la boda de sus sueños. Pero sin duda habrá otras mujeres que hayan hecho ese trueque: renunciar a su bienestar (y al siete por ciento de sus ingresos, no lo olvidemos, por no hablar de la menor esperanza de vida) a cambio de una tarde de irrefutable demostración pública de su valía. Lo repito una vez más: no estoy ridiculizando esa necesidad. Siempre he querido reafirmar mi valía y he hecho muchas tonterías para intentar conseguirlo. Sé de qué se trata el asunto. Pero también sé que las mujeres tenemos que esforzarnos para mantener la realidad y a la fantasía lo más alejadas que podamos, aunque a veces tardemos años en alcanzar ese nivel de discernimiento.

Pongamos el caso de mi amiga Christine, por ejemplo, que un día antes de cumplir los 40 se dio cuenta de que llevaba toda la vida posponiendo la realidad, esperando que una boda le diera el título oficial de mujer adulta. Como no había ido al altar con un velo y un vestido blanco, ella tampoco se había sentido *elegida*. Por eso llevaba años viviendo mecánicamente —trabajaba, iba al gimnasio, comía, dormía— mientras alimentaba su esperanza en secreto. Pero al llegar su decimocuarto cumpleaños y ver que no aparecía un hombre maravilloso a coronarla como princesa, se dio cuenta de que seguir esperando era lo más ridículo del mundo. Era como estar atrapada. Mejor dicho, dominada por la idea de lo que ella llamaba la "tiranía de la novia". Y decidió que había llegado el momento de romper el hechizo.

Y lo que hizo fue lo siguiente: en la madrugada de su decimocuarto cumpleaños se fue a una playa del norte del océano Pacífico. Era un día frío, nublado y bastante poco romántico. Mi amiga llevaba consigo una pequeña barca de madera que había hecho ella misma. Tras llenarla de pétalos de rosa y arroz —los clásicos símbolos de una boda— la empujó hacia el mar gélido. Y cuando el agua le llegaba hasta el pecho, prendió fuego a la barca. Entonces la soltó, viendo alejarse con ella todos sus sueños del matrimonio como un acto de salvación. Christine me contó que al ver cómo el mar le arrebataba su "tiranía de la novia" (devorada por el fuego) se sintió una persona pura y poderosa, transportada físicamente a otra dimensión. Acababa de casarse con su propia vida, y ya era hora.

Como hemos visto, ésa puede ser una manera de hacerlo.

Pero creo sinceramente que mi legado familiar no me capacita para un acto de autoafirmación tan sentido y heroico. El barco de Christine no es un símbolo que me resulte familiar. Nunca he visto a una mujer casarse seriamente con su propia vida. Las mujeres que más me han influido (madre, abuelas, tías) se han casado todas al estilo tradicional y todas ellas, diría yo, han sacrificado mucho a cambio. Para saber lo que es el "desajuste de las ventajas matrimoniales" no hace falta que me lo cuente un sociólogo. Llevo viéndolo desde que era pequeña.

Pero tampoco hay que remontarse tanto en el tiempo para entenderlo. En mi familia al menos, la falta de equilibrio entre maridos y esposas procede del increíble grado de sacrificio al que llegan las mujeres por las personas a las que quieren. Como escribe la psicóloga Carol Gilligan: "El sentido de integridad de una mujer parece implicar una ética de la entrega a los demás, es decir, que para considerarse una mujer plena tiene que establecer una relación de conexión con el entorno." Por esta feroz necesidad de interconexión, las mujeres de mi familia han cometido muchos errores —sacrificar la salud, el tiempo o los intereses propios a cambio de algo que valoran más— tal vez para reforzar su noción intrínseca de la singularidad, la conexión y la capacidad de ser una mujer *elegida*.

Sospecho que esto debe suceder en otras muchas familias, aunque también es evidente que habrá otras excepciones y anomalías. Conozco familias en las que el marido cede más que la esposa, cuida mejor a los niños, limpia más la casa o incluso adopta un rol maternal tradicionalmente femenino, pero son casos contados con los dedos de una mano. (Mano que alzo respetuosamente, por cierto, para saludar a esos hombres con mi más profundo respeto y admiración.) Pero las cifras del último censo estadounidense nos cuentan la cruda realidad: En el año 2000 había aproximadamente 5.3 millones de madres que no trabajaban fuera de casa, frente a tan sólo 140 000 padres en la misma situación. Esto implica una tasa de padres "amos de casa" de apenas un 2.6 por ciento. Cuando escribo esto el mencionado informe tiene ya diez años de antigüedad, así que espero que la ratio haya cambiado. Pero en ese tema todo cambio, por rápido que sea, se me hace lento. Y una criatura tan única —un padre maternal— no existe en todo mi árbol genealógico.

No acabo de entender por qué mis antepasadas han tenido semejante capacidad de entrega. El caso es que yo he heredado esa necesidad de arreglar y cuidar, de montar intrincadas redes de apoyo que a veces me exigen sacrificarme más que al resto. ¿Esa conducta es hereditaria o se aprende? ¿Es natural y está biológicamente predeterminada? Tradicionalmente siempre se han dado dos explicaciones para la capacidad de sacrificio femenino, pero ninguna me convence. Primero nos dicen que las mujeres llevamos en el disco duro esa tendencia a cuidar de los demás, después nos dicen que el injusto mundo patriarcal nos ha engañado para que nos *creamos* eso de que cuidar a los demás es genético. Estas dos perspectivas opuestas implican que la abnegación femenina sólo puede glorificarse o considerarse una patología. Es decir, que las mujeres que lo sacrifican todo por los demás son alternativamente un ejemplo a seguir o necias, santas o tontas de remate. Pero no me quedo con ninguna de las dos opciones, porque las mujeres de mi familia no encajan en una ni en otra. Me niego a aceptar que la historia de las mujeres no tenga más matices que esos.

Veamos el caso de mi madre, por ejemplo, cosa que hago todos los días sin parar desde que he descubierto que me voy a casar por segunda vez, porque creo que hay que procurar entender el matrimonio del cual uno proviene antes de embarcarse en el propio. Los psicólogos sugieren que repasemos las tres generaciones anteriores de nuestra familia para desentrañar nuestro legado psicológico. Es casi como revivir el pasado en versión tridimensional, con cada dimensión representando una de las generaciones.

Si mi abuela fue la típica campesina de la época de la gran crisis, mi madre ya perteneció a la generación de lo que yo llamo las "prefeministas". En 1970, cuando arrancó el movimiento de liberación de la mujer, mi madre ya era mayor. La habían educado en la firme convicción de que una señora se tenía que casar y tener hijos. Era como eso de que el bolso y los zapatos tenían que combinar. Se hacía y punto. Mi madre llegó a la mayoría de edad en la década de 1950, cuando un médico famoso llamado Paul Landes predicaba que todos los adultos estadounidenses tenían que casarse, "excepto los enfermos, los tullidos, los deformes, los trastornados y los perturbados".

Para retrotraerme a aquella época y entender el entorno cultural de mi madre, compré por Internet una película de propaganda de los años 50 titulada *El matrimonio moderno*. La cinta está producida por McGraw-Hill, basada en las aportaciones e investigaciones de un catedrático llamado Henry A. Bowman, presidente de la División Familiar del Departamento de Educación Matrimonial del Stephens College de Missouri. Al dar con esa vieja reliquia visual pensé: *Santo Dios*, y me senté, dispuesta a tragarme la típica propaganda de posguerra, un tratado anticuado sobre la santidad del hogar sencillo —actores con traje y pajarita, actrices con falda y collar de perlas—, bendecido por unos hijos perfectos y maravillosos.

Pero la película me sorprendió. La historia empieza con una pareja estándar —modestamente vestidos—, hablando de sus cosas, sentados en la banca de un parque. La voz en *off* es un locutor que explica en tono autoritario lo difícil y arduo que puede ser en "la América de hoy" plantearse la posibilidad del matrimonio, con lo dura que está la vida. Nuestras ciudades están afectadas por "esa lacra social que son los barrios bajos", cuenta el narrador, y todos estamos afectados por una "angustia permanente en estos tiempos de tensión y confusión, bajo la constante amenaza de la guerra". La economía va mal y "el aumento del costo de la vida se enfrenta a la reducción de los salarios". (Aquí vemos a un joven pasando con aspecto tristón ante un cartel que dice: NO HAY TRABAJO, NO INSISTAN.) Entretanto, "de cada cuatro matrimonios, uno acaba en divorcio". Es normal, por ello, que las parejas no se lancen al matrimonio de cabeza. "No es una cuestión de cobardía, sino de aceptar la dura realidad", dice el locutor.

Aquello me dejó atónita. No esperaba en absoluto encontrarme con una expresión tan descarnada como *dura realidad*. ¿Acaso no fue precisamente aquella la edad dorada del paraíso matrimonial, cuando la familia, el trabajo y el hogar eran los ideales fundamentales y sacrosantos? A juzgar por la película, en 1950 también había parejas para las que el matrimonio no era un tema tan sencillo.

La cinta se basa en la historia de Phyllis y Chad, una pareja de recién casados que se esfuerzan en llegar a fin de mes. La primera imagen que vemos de Phyllis es en la cocina lavando los platos. Pero el locutor explica que apenas unos años antes "esta joven estaba analizando preparaciones microscópicas en el laboratorio de patología de su universidad, ganándose la vida y viviendo por su cuenta". Afirman que Phyllis era una chica con carrera y título universitario, y a la que le encantaba su trabajo. ("Ser soltera no implicaba una desgracia social, como en tiempos de nuestros padres, cuando las llamaban *solteronas*".) Mientras la cámara muestra a Phyllis comprando en el supermercado, el narrador explica que "Phyllis no se ha casado a la fuerza. Si lo ha hecho, es porque ha querido.

A las mujeres modernas como Phyllis, el matrimonio les parece un estado voluntario. La libertad de elección es un privilegio moderno, pero también una responsabilidad moderna". Sostiene que Phyllis ha optado por el matrimonio porque ha decidido que la familia y los hijos son más importantes que una carrera profesional. Esa decisión la ha tomado ella, y se mantiene firme en su convicción aunque su sacrificio haya sido considerable.

Al poco tiempo, vemos aflorar la tensión.

Parece ser que Phyllis y Chad se conocieron en la universidad, en clase de matemáticas, "donde ella sacaba mejores notas, pero ahora el ingeniero es *él*, porque *ella* es ama de casa". Entonces muestran a Phyllis en su casa, planchando fielmente las camisas de su marido. Pero nuestra heroína se distrae al toparse con los planos que ha dibujado su marido para un importante concurso de arquitectura. Sacando una regla de medir, Phyllis repasa los cálculos, sabe que a él no le va a importar. ("Los dos saben que las matemáticas se le dan mejor a ella.") Como el tiempo se le va volando, Phyllis deja la ropa sin planchar. Pero entonces se acuerda de que tiene cita con el médico para hablar de los pormenores de su (primer) embarazo. Ensimismada en sus cálculos matemáticos, había olvidado por completo que lleva a un nuevo ser en su interior.

Madre mía, pensé. *¿Así eran las amas de casa en 1950?*

"Es la típica ama de casa de hoy en día", dice el narrador como si me hubiera escuchado. "Una ama de casa moderna."

La historia continúa. Esa noche, Phyllis, la experta matemática embarazada, y su guapo marido Chad están sentados en el sofá de su departamento diminuto, fumando un cigarro. (¡Ay, ese sabor tan fresco que tenía la nicotina de 1950!) Están repasando juntos los planos de Chad para el proyecto de arquitectura. En ese momento suena el teléfono. Es un amigo de Chad que quiere que vayan todos al cine. Él la mira a ella para ver qué opina. Pero Phyllis no quiere ir. La fecha de entrega del concurso es la semana que viene y hay que repasar los planos. ¡Con las horas que han trabajado en ello! Pero Chad quiere ver esa película. Phyllis se mantiene firme. ¡Su futuro entero depende de este proyecto! A él no le gusta que ella se ponga así, y lo demuestra con un gesto casi infantil. Al final cede, pero sigue molesto cuando Phyllis lo guía hacia la mesa de dibujo.

Al analizar esta escena, el narrador omnisciente da el visto bueno. Phyllis no es una gruñona, explica. Está en su derecho al exigirle a Chad que se quede en casa para terminar una propuesta comercial que les puede suponer un gran avance en la vida.

—Ella ha sacrificado su carrera por él —dice el grandilocuente locutor masculino—. Y ahora exige algo a cambio.

Al ver aquella película sentí una curiosa mezcla de vergüenza y emoción. Me avergonzó no haber sido capaz de imaginar que pudiera haber parejas como ésa en la década de 1950. ¿Por qué me había creído ese convencionalismo cultural de que en aquellos tiempos la vida era "más fácil"? ¿Desde cuándo una época es fácil para la gente a la que le toca vivir en ella? Además, me llegó al alma que la película tuviera una carga implícita a favor de Phyllis. Aunque fuera de una manera sutil, estaban dando a los novios estadounidenses un mensaje fundamental: "Tu novia lista y guapa lo ha dejado todo por ti, muchacho, así que reconócele ese sacrificio poniéndote a trabajar para darle una vida segura y próspera."

Y me impresionó aún más que esa actitud sorprendentemente sensible hacia la capacidad de entrega femenina viniera del catedrático Henry A. Bowman, presidente de la División Familiar del Departamento de Educación Matrimonial del Stephens College de Missouri.

Dicho todo esto, no pude evitar plantearme cómo sería la vida de Phyllis y Chad 20 años más tarde, con los niños ya mayores, un buen nivel de vida, ella sin conocer otra cosa que su vida de hogar y él planteándose si había valido la pena convertirse en el proveedor de la familia y renunciar a tantos caprichos para acabar encerrado en casa con una esposa frustrada, unos hijos adolescentes insoportables, un cuerpo regordete y un trabajo aburrido. Porque, ¿acaso no sería eso lo que se planteaban las familias estadounidenses a finales de la década de 1970, cuando tantos matrimonios fracasaban? ¿Cómo iba a imaginar el catedrático Bowman —o cualquier otra persona— la tormenta cultural que se avecinaba?

En fin, ¡buena suerte, Phyllis y Chad!

¡Buena suerte a todos!

Y buena suerte a mis padres también, porque si a mi madre se le podía considerar la típica novia de 1950 (se casó en 1966, pero con una idea del matrimonio inspirada en Mamie Eisenhower), la historia la convirtió en una esposa de la década de 1970. Llevaba sólo cinco años casada —y sus hijas acabábamos de dejar los pañales— cuando la primera ola de feminismo sacudió los cimientos del país, trastocando el concepto de matrimonio y sacrificio que le habían enseñado de pequeña.

Y que conste que el feminismo no sucedió de la noche a la mañana, como puede parecer en ocasiones. Las mujeres del mundo occidental no se hartaron un buen día —en Estados Unidos coincidió con la época de Nixon— y se lanzaron a las calles. Las ideas feministas empezaron a circular por el continente europeo y el norteamericano muchas décadas antes de que naciera mi madre, pero fue —irónicamente— con la prosperidad de mediados de siglo cuando se desencadenó el revuelo que estallaría en la década de 1970. Con las necesidades económicas tan bien cubiertas, las mujeres pudieron centrar su atención en temas como la injusticia social y la frustración individual. En Estados Unidos había una gigantesca clase media (una de las recién incorporadas era mi madre, que habiendo nacido pobre era una enfermera casada con un ingeniero químico). En ese estrato social las innovaciones tecnológicas que favorecían el bienestar, como la lavadora, el refrigerador, los alimentos procesados, la ropa fabricada en serie y el agua corriente (lujos con los que mi abuela Maude soñaba en la década de 1930) aligeraron la carga laboral de la mujer por primera vez en la historia, o al menos le facilitaron algo la vida, por así decirlo.

Además, gracias al gran alcance de los medios de comunicación, una mujer ya no tenía que vivir en una gran ciudad para estar al tanto de las ideas más revolucionarias; gracias a la prensa, la televisión y la radio podías estar al tanto de todo sin salir de tu cocina de Iowa. Así que una enorme cantidad de mujeres empezaron a tener tiempo (además de salud, información y cultura) para hacerse preguntas como: "Un momento, ¿qué es lo que realmente quiero en la vida? ¿Qué vida me gustaría que tuvieran mis hijas? ¿Por qué sigo sirviendo de cenar a este hombre todas las noches? ¿Y si quiero trabajar fuera de casa? ¿Puedo hacer una carrera aunque mi marido no tenga estudios? ¿Y por qué no puedo abrirme una cuenta de ahorros sin autorización? ¿Y por qué debo seguir teniendo hijos sin parar?"

Esta última pregunta era la más esencial y determinante de todas. Aunque en Estados Unidos existían una serie de métodos anticonceptivos desde 1920 (si bien sólo los usaban las mujeres ricas y no católicas) no fue hasta la segunda mitad del siglo XX, con el descubrimiento y comercialización de la píldora, cuando al fin cambió la percepción social del matrimonio con la consiguiente descendencia. Como dice la historiadora Stephanie Coontz: "Hasta que las mujeres no tuvieron acceso a un sistema contraceptivo sano y eficaz que les permite controlar cuándo y cuántos hijos quieren tener, no se pudo emprender a fondo la reorganización de la existencia femenina y el matrimonio."

Si mi abuela tuvo siete hijos, mi madre sólo tuvo dos. Es un paso gigantesco de una generación a otra. Además, mi madre tenía aspiradora y agua corriente, lo que le facilitó la vida enormemente. Entre otras cosas, le dejó tiempo libre para pensar, y en la década de 1970 había mucho en que pensar. Quiero dejar claro que mi madre nunca se identificó con el movimiento feminista. Pero tampoco podía evadir la revolución de la mujer. Al ser una de las hijas medianas de una familia numerosa, ese plano secundario la convirtió en una persona muy observadora y plenamente al tanto de todas las noticias sobre los derechos de la mujer. Y lo que se decía no le parecía mal del todo. Por primera vez escuchó en voz alta muchas de las ideas que ella llevaba años planteándose en silencio.

Entre los temas más importantes estaban el de la salud física y sexual de la mujer, con el lastre de la hipocresía tradicional. En la pequeña comunidad rural de Minnesota donde se había criado, todos los años se daba una situación dramática cuando alguna chica de las granjas circundantes quedaba embarazada y "tenía que casarse". De hecho, eso era lo que generaba la mayoría de los matrimonios. Pero siempre —*en todas las ocasiones, sin excepción*— el escándalo salpicaba sólo a la familia de la chica, a quien le tocaba soportar una campaña de humillación pública. Una y otra vez, la comunidad fingía que esas cosas no pasaban entre los suyos (aunque sucediera al menos cinco veces al año en familias de todas las clases y procedencias).

Sin embargo, el hombre implicado —el fecundador— permanecía ajeno al escándalo. Más bien se le consideraba ingenuo o incluso víctima de una cruel trampa de seducción. Si se casaba con la chica, ella era una afortunada. Y lo de él se contemplaba casi como un acto de caridad. En caso de que el hombre no se casara con ella, no quedaba más remedio que mandarla fuera hasta que tuviera al bebé, mientras el joven se quedaba en el colegio o trabajando en la granja, como si no hubiera pasado nada. A ojos de la comunidad era casi como si el hombre no hubiera estado presente durante el acto sexual. Su papel en la fecundación era extrañamente —incluso bíblicamente— inmaculado.

Cuando mi madre era pequeña fue testigo de todo aquello, y siendo muy joven llegó a una conclusión bastante avanzada: si vivimos en una sociedad donde la moral sexual femenina lo es *todo*, mientras que la moral sexual masculina no existe, entonces vivimos en una sociedad desequilibrada y poco ética. No fue hasta mucho después cuando pudo asimilar aquello, porque al escuchar a las primeras feministas en 1970 por fin oyó sus ideas verbalizadas. Entre los numerosos asuntos que formaban el proyecto feminista —igualdad de oportunidades profesionales, igualdad en el acceso a la educación, igualdad ante la ley, igualdad matrimonial— lo que mejor entendía mi madre era la necesidad de una igualdad sexual ante la sociedad.

Convencida de sus ideas, buscó un empleo en la oficina de Planificación Familiar de Torrington, Connecticut. En aquellos tiempos mi hermana y yo aún éramos pequeñas. Consiguió el trabajo gracias a su currículum de enfermera, pero su capacidad innata para coordinar grupos de personas la convirtió en una pieza esencial del equipo. En poco tiempo se puso al frente de la oficina entera de Planificación Familiar, que se había montado en la sala de una casa, pero terminó por convertirse en una clínica grande. Eran tiempos complicados. En ese entonces se consideraba una rebeldía casi revolucionaria hablar de métodos anticonceptivos, y el aborto —¡santo Dios!— ni mencionarlo. Cuando mis padres me concibieron el aborto era ilegal y un obispo local había proclamado que si los anticonceptivos se legalizaban y comercializaban, el país sería "una masa amorfa y candente" en apenas 25 años.

A mi madre le encantaba su trabajo. Estaba en las primeras filas de una auténtica revolución sanitaria que rompió todas las normas al hablar abiertamente de sexualidad, luchar por abrir una clínica de Planificación Familiar en todos los condados del estado, animar a las jóvenes a tomar sus propias decisiones sexuales, desmentir los mitos y rumores sobre el embarazo y las enfermedades venéreas, enfrentarse a la hipocresía legislativa y, ante todo, ofrecer a las madres agotadas (y a los padres agotados también, obviamente) opciones que nunca se habían planteado. Para mi madre fue como si a través de su trabajo pudiera reivindicar —al menos en espíritu— a todas aquellas primas, tías, amigas y vecinas que tanto habían sufrido al no poder elegir sobre su vida. Mi madre había trabajado mucho en casa, pero su trabajo, su carrera profesional, se convirtió en el modo de expresar sus inquietudes vitales y lo disfrutó como nunca.

Pero, de repente, en 1976 lo abandonó.

Tomó la decisión porque, teniendo programada una importante conferencia en Hartford, a mi hermana y a mí nos dio varicela al mismo tiempo. En aquel entonces una tenía diez años y la otra siete, por lo que obviamente no pudimos ir al colegio. Mi madre pidió a mi padre que se tomara dos días libres en su trabajo para quedarse con nosotras mientras ella iba a la conferencia, pero él se negó.

En fin, no se trata de criticar a mi padre. Lo quiero con toda mi alma y diré en su defensa que *nos ha expresado sus remordimientos sobre aquel incidente.* Pero si mi madre fue una novia tipo 1950, mi padre era el novio equivalente. Jamás buscó ni esperó hallar una esposa que trabajara fuera de casa. No pensaba que le fuera a tocar presenciar el movimiento feminista y la reforma sanitaria femenina no era su tema preferido. El trabajo de mi madre, a la hora de la verdad, no le entusiasmaba precisamente. Lo que para ella era una carrera profesional, para él era un entretenimiento. Mientras no le afectara directamente y siempre que ella atendiera a las cosas de la casa, le parecía bien que mi madre trabajara. Y en casa había bastante que hacer, además, porque mis padres no sólo tenían una familia, sino también una pequeña granja. Pero hasta que sucedió el episodio de la varicela, mi madre había logrado hacerlo todo a la vez. Trabajar tiempo completo, cuidar el jardín, limpiar la casa, hacer la comida, criar a sus hijas, ordeñar las cabras y estar siempre en casa para recibir a mi padre cuando llegaba a las cinco y media. Pero cuando mi padre se negó a ceder dos días de su vida para cuidar a sus hijas con varicela, mi madre tuvo que reaccionar.

Fue esa semana cuando tomó la decisión. Dejó su trabajo para quedarse en casa con mi hermana y conmigo. No era un rechazo del trabajo en general (podría conseguir un empleo temporal mientras nosotras íbamos creciendo) pero, ¿qué pensaba hacer con su carrera profesional? Pues abandonarla, que fue lo que hizo. Como me explicó más tarde, le dio la impresión de que tenía que elegir. Era una madre con una vocación profesional, pero no podía ocuparse de ambas cosas sin el apoyo y el cariño de su marido. Por eso lo dejó.

Sobra decir que fue un mal momento para su matrimonio. De haberse tratado de otra mujer, algo así podía haber resultado catastrófico. Muchas de las mujeres del entorno de mi madre se estaban divorciando alrededor de 1976, por motivos similares. Pero mi madre no es de las que toman decisiones drásticas. Analizó cuidadosamente los casos de las madres trabajadoras que se habían divorciado, procurando dilucidar si realmente les había mejorado la vida. En la mayoría de los casos, no le pareció ver grandes ventajas al asunto. Si las susodichas mujeres estaban frustradas y hartas de su matrimonio, una vez divorciadas parecían seguir igual de frustradas y hartas. Daba la sensación de que habían cambiado sus problemas iniciales por otra serie de problemas distintos, como los novios y segundos maridos que no parecían mucho mejores que el primero. Y no olvidemos que, en el fondo, mi madre era (y es) una persona conservadora. Creía en el matrimonio como lazo sagrado. Además, seguía enamorada de mi padre, aunque estaba enojada con él por haberla decepcionado tanto.

Así que tomó la decisión de ser fiel a sus votos nupciales, lo cual ella resume en pocas palabras: "Opté por mi familia."

Tal vez parezca una obviedad decir que muchísimas mujeres se han enfrentado a una situación semejante. Por algún motivo me viene a la cabeza lo que dijo la esposa del cantante Johnny Cash: "En su lugar yo habría sacado más discos que él", declaró June. "Pero lo que quería era casarme." El número de casos parecidos es casi infinito. Yo lo llamo el "Síndrome del Cementerio de Nueva Inglaterra". En cualquier camposanto de la zona nos podemos topar con dos o tres siglos de historia narrados por las lápidas familiares —a menudo puestas en fila—, niños muertos, inviernos crueles, año tras año. Muchos bebés morían. A veces varios seguidos. Y las madres hacían lo que se esperaba de ellas: sufrir y lograr superar el invierno.

Las mujeres de hoy, por supuesto, no tienen que afrontar tristezas tan horribles. Es decir, las tristezas constantes y verdaderas que soportaban todos los años muchas de nuestras antepasadas. Eso es una bendición. Pero no tenemos por qué pensar necesariamente que la vida moderna es fácil, ni que no hace sufrir a las mujeres. Podría decirse que muchas mujeres de hoy, incluida mi madre, llevan en el interior todo un cementerio de Nueva Inglaterra, donde han enterrado —en ordenadas filas— todos los sueños que han ido abandonando por sus familias. Las canciones nunca grabadas de June Carter Cash, por ejemplo, yacen en ese cementerio silencioso junto a la carrera modesta pero tremendamente útil de mi querida madre.

Y así es como las mujeres se van adaptando a la realidad que les toca. Sufren a su manera —a veces invisiblemente— y siguen con su vida. A las mujeres de mi familia, por ejemplo, se les da muy bien lo de disimular el dolor y pasar la página. Siempre he pensado que tienen una capacidad tremenda de adaptación que les permite disolverse para fluir en torno a las necesidades de su pareja, hijos o rutina diaria. Es una cuestión de ajuste, acomodo, cambio, aceptación. Su maleabilidad les da un enorme poder, una fuerza casi sobrehumana. Yo crecí viendo a mi madre transformarse ante mis ojos en lo que cada día concreto le exigía. Tenía agallas cuando hacía falta tenerlas, alas cuando las agallas resultaban inútiles, una velocidad espectacular cuando había prisa y una paciencia épica cuando las circunstancias pedían sutileza.

Mi padre carece por completo de esa elasticidad. Es un hombre, un ingeniero, un ser fijo y constante. Siempre parece estar igual. En aquel entonces era *papá*. La roca que aguanta firme los embates de la corriente. Todas girábamos a su alrededor, sobre todo mi madre. Ella era el mercurio, el elemento adaptable. Gracias a su extraordinaria maleabilidad, en casa teníamos el mejor de los mundos posibles. Dejó de trabajar porque le pareció lo más positivo para su familia, y por supuesto nos benefició. Cuando mi madre dejó de ir a la oficina todos nosotros (menos ella, claro) empezamos a llevar una vida mucho más agradable. Mi padre recuperó una esposa siempre disponible; Catherine y yo, una madre de tiempo completo. Hay que admitir que ninguna de sus dos hijas estábamos muy contentas cuando mi madre trabajaba en Planificación Familiar. Por aquel entonces no existían las actividades extraescolares, así que muchos días nos tocaba ir a casa de algún vecino a ver la tele. Aparte del maravilloso acceso a las televisiones de los amigos (en casa no teníamos ese lujo), Catherine y yo odiábamos esas tardes medio improvisadas que pasábamos en casa de unos o de otros. Francamente, nos encantó que mi madre abandonara sus sueños profesionales y volviera a casa a cuidar de nosotras.

Pero creo que quizá lo mejor de todo fue que mi madre decidiera no separarse de mi padre. El divorcio siempre es un trauma para los hijos y a menudo deja una profunda huella psicológica. Por suerte, nosotras nos libramos de eso. Teníamos una madre atenta que siempre nos abría la puerta al volver del colegio, que estaba pendiente de nuestra vida diaria y que tenía la cena lista cuando mi padre llegaba de trabajar. Al contrario que muchas de mis amigas con hogares rotos, a mí no me tocó conocer a la última novia grimosa de mi padre; la Navidad siempre se celebraba en el mismo sitio; la seguridad que se respiraba en casa me permitía concentrarme en hacer la tarea en vez de sufrir por la situación familiar, cosa que agradezco enormemente.

Pero debo decir —para que conste por escrito, aunque sólo sea en honor a mi madre— que muchas de las ventajas que tuve yo de pequeña fueron gracias a lo que ella sacrificó. Es cierto que la familia salió ganando cuando dejó de trabajar, aunque personalmente ella no le sacara tanto partido al asunto. Al final le pasó lo mismo que a sus antecesoras femeninas: terminó haciendo abrigos a sus hijos aprovechando la tela de sus mejores prendas (tanto materiales, como espirituales).

Y esto también se lo dedico a esos conservadores que se pasan la vida con la cantaleta de que lo mejor para un niño es una casa con un padre firme y una madre en la cocina. Si yo —como beneficiaria de esa fórmula concreta— admito que la estructura patriarcal me proporcionó una buena infancia, ¿no pueden los conservadores admitir (¡por una vez en la vida!) que ese modelo siempre ha dependido del enorme esfuerzo de la madre de la familia? Un sistema semejante exige la abnegación maternal casi hasta el punto de la invisibilidad, para poder crear un entorno familiar ejemplar. ¿Y no podrían esos mismos conservadores —en vez de alabar a las madres como "sagradas" y "nobles"— participar en un debate sobre cómo podemos construir una sociedad con familias donde los niños crezcan sanos y felices sin que sus madres tengan que dejar el alma para conseguirlo?

Ruego me disculpen toda esta digresión.

Este tema me afecta especialmente.

*

Tal vez el tremendo efecto de la maternidad sobre la vida de tantas mujeres a quienes quiero y admiro me haya hecho llegar a los 40 años sin el menor deseo de tener un hijo.

Obviamente se trata de un tema importante —y más aún estando a punto de casarse, como yo—, así que debo abordarlo, aunque sólo sea porque la descendencia y el matrimonio tienen un nexo inherente en nuestra cultura social. Ya nos sabemos el refrán, ¿verdad? Primero el amor, luego el matrimonio y el cariño, pero al final, ya se sabe, llega un niño. Hasta la palabra *matrimonio* viene de la palabra latina *mater* (madre). Al hecho de casarse no le llamamos "patrimonio". El matrimonio conlleva una aceptación intrínseca de la maternidad, como si fueran los hijos los auténticos responsables del asunto. Y a menudo lo son. A lo largo de la historia son incontables las parejas que se han visto obligadas a casarse por un embarazo inesperado, mientras que otras veces una pareja debía esperar el embarazo para celebrar un matrimonio cuya descendencia era uno de sus objetivos primordiales. ¿Acaso la mejor manera de descubrir si tu novia o novio es capaz de reproducirse no es poner el motor a prueba? Esto sucedía en muchas de las comunidades de la época colonial estadounidense que, según ha descubierto la historiadora Nancy Cott, consideraban el embarazo como una señal buena y socialmente aceptada de que una pareja estaba preparada para el matrimonio.

Pero como la modernidad ha traído la enorme disponibilidad de los métodos anticonceptivos, el tema de la procreación se ha complicado mucho. El asunto ya no es si "los niños provocan el matrimonio", ni siquiera si "el matrimonio engendra los niños"; hoy en día la cosa se reduce a tres preguntas fundamentales: cuándo, cómo y por qué. Si los futuros esposos

185

no están de acuerdo en alguna de éstas cuestiones, la vida matrimonial se puede complicar mucho, porque es frecuente que la respuesta no sea negociable.

Esto lo sé por mi dolorosa experiencia personal, ya que mi primer matrimonio se vino abajo —en gran parte— por el tema de la descendencia. Mi primer marido siempre dio por hecho que un día tendríamos hijos. Y estaba en su perfecto derecho; yo también lo tenía asumido, aunque no supiera exactamente cuándo iba a ser. El día de mi boda el embarazo y la maternidad me parecían agradablemente lejanos; sabía que sucedería "con el tiempo", "en su momento" y "cuando los dos quisiéramos". Pero a veces el futuro llega antes de lo esperado y el momento adecuado no siempre se vislumbra claramente. Mis problemas matrimoniales me llevaron a plantearme enseguida si ese hombre y yo realmente estábamos a la altura de un reto tan enorme como el de tener hijos.

Además, aunque la idea de la maternidad siempre me había parecido llevadera y natural, la realidad —al irse acercando— me iba llenando de espanto y horror. Conforme fui cumpliendo años descubrí que mi cuerpo y mi alma no parecían desesperados por reproducirse. No notaba el menor indicio de estar equipada con el famoso "reloj biológico". En contraste con tantas de mis amigas, cuando veía un niño no me entraban ganas de tener uno propio. (La sensación más parecida me entraba al ver una librería de viejo, cuyos dueños siempre me han dado una sana envidia.) Todas las mañanas me hacía una especie de escáner psicológico para ver si descubría en mí el deseo de ser madre, que parecía eludirme. No tenía esa necesidad imperativa que debe subyacer a todo embarazo, porque criar a un hijo es algo tan importante que debe ir acompañado de un claro anhelo de cumplir con el destino. Esto lo he visto en otras mujeres y sé cómo es. Pero yo nunca lo he sentido.

Es más, al ir cumpliendo años descubrí que amo tanto mi trabajo como escritora que no quiero sacrificar ni una hora de esa especie de comunión espiritual. Como le sucede a Jinny en *Las olas*, de Virginia Woolf, a veces creo tener "mil capacidades" que quiero apresar y manifestar. Hace décadas la novelista británica Katherine Mansfield escribió en uno de sus diarios de juventud: "¡Quiero trabajar!", subrayando el verbo, y ese apasionado anhelo aún logra emocionarme tantos años después.

Yo también quiero trabajar. Ininterrumpidamente. Felizmente.

Pero, ¿cómo iba a poder hacerlo si tenía un niño? Cada vez más aterrada ante la perspectiva y consciente de la acuciante impaciencia de mi marido, pasé dos años agitados entrevistando a todas las mujeres posibles —casadas, solteras, sin hijos, trabajadoras, artistas, profundamente maternales— para indagar sobre su actitud ante el tema y las consecuencias sobre su vida. Esperaba que sus respuestas me ayudaran a resolver mis dudas, pero resultaron ser tan variopintas que acabé más desconcertada que al comienzo.

Por ejemplo, una de las mujeres en cuestión (una artista que trabaja en su casa) me dijo: "Yo también tenía recelos, pero cuando tuve a mi hijo fue como si desapareciera el resto de mi vida. Ahora lo más importante del mundo es él."

Y otra mujer (una de las mejores madres que conozco, con unos hijos maravillosos que han triunfado en la vida), me dejó asombrada al confesarme un día: "Al volver la vista atrás no estoy muy convencida de que mi vida sea mejor por haber tenido hijos. Sacrifiqué mucho y ahora me arrepiento. Por supuesto que quiero a mis hijos, pero te digo sinceramente que a veces me encantaría poder recuperar aquellos años."

Sin embargo, una elegante y atractiva empresaria de la costa oeste me dijo: "Cuando me puse a tener hijos alguien me tenía que haber dicho que me preparara para afrontar los mejores años de mi vida. No me lo podía ni imaginar. Tanta felicidad fue como una avalancha."

Pero también hablé con una madre soltera exhausta (una buena escritora) que me explicó: "Criar a un hijo es la auténtica encarnación de la ambivalencia. A veces me abruma que sea tan horrible y maravilloso a la vez."

Otra amiga artista me dijo: "Sí, pierdes muchas libertades. Pero como madre sales ganando al tener la libertad de amar incondicionalmente a otro ser humano, con toda tu alma. También vale la pena vivir esa libertad."

Y una mujer que había abandonado su carrera de editora para quedarse en casa con sus tres hijos, me aconsejó: "Piénsalo muy bien, Liz. Ser madre es difícil aunque tengas claro que lo quieres. Ni se te ocurra tener hijos sin estar absolutamente convencida."

Pero otra amiga que ha logrado conservar su activa carrera, a pesar de tener tres hijos a los que a veces se lleva de viaje al extranjero, me sugirió: "Hazlo y punto. No es para tanto. La cosa consiste en no creer a todos los que te digan que debes dejarlo todo para ser madre."

Me llegaron al alma las palabras de una famosa fotógrafa que ahora tendrá unos 60 años: "No tengo hijos, cielo. Y nunca los he extrañado."

¿Estas respuestas tienen algún denominador común? Porque yo no lo veo.

Será porque no lo hay. Lo que existe es un montón de mujeres listas intentando adaptarse a las circunstancias fiándose del instinto. Pero ninguna de ellas podía ayudarme a decidir si tener hijos o no. Tenía que resolverlo yo sola. Y me estaba jugando mucho, así que era una decisión titánica. Al final declaré oficialmente que no quería tenerlos, lo cual arruinó mi matrimonio. No fue el único motivo para dejar a mi marido (nuestra relación tenía facetas verdaderamente absurdas), pero el tema de los niños fue el golpe de gracia. Es un asunto en el que me es imposible llegar a un compromiso.

En resumen: él se exasperaba y yo lloraba, hasta que nos divorciamos.

Pero eso lo dejo para otro libro.

Después de esa historia, no es de sorprender que tras pasar unos años sola me haya enamorado de Felipe, un hombre mayor, con dos hermosos hijos adultos y sin ningunas ganas de volver a ser padre. Y tampoco es extraño que él se haya enamorado de mí, una mujer sin hijos y premenopáusica que adora sus retoños, pero no tiene ningunas ganas de ser madre.

Ese alivio —la enorme alegría que nos dimos el uno al otro al no querer ser padres— sigue dándonos una agradable sensación de complicidad en la vida. Yo no termino de recuperarme del asombro. Por algún motivo, no me podía imaginar tener un compañero masculino que no se empeñara en tener hijos. Está claro hasta qué punto tenía grabado en el inconsciente lo de: "Primero el amor, luego el matrimonio y el cariño, pero al final, ya se sabe, llega un niño." No me había cruzado por la cabeza que fuera posible zafarse de tener un hijo sin que nadie te metiera en la cárcel. Y además, gracias a Felipe tengo dos maravillosos hijos adoptivos. Son personas adultas que agradecen mi cariño y apoyo, pero no necesitan otra madre porque ya tienen a la suya, quien los crió maravillosamente muchos años antes de que apareciera yo. Pero lo mejor ha sido que al incluir a los hijos de Felipe en mi propia familia, he hecho un truco generacional maravilloso: dar nietos a mis padres sin tener hijos. Al pensarlo, la libertad que da la abundancia me asombra.

Librarme de la maternidad también me ha permitido convertirme exactamente en la persona que creo ser en esencia: no sólo una escritora y una trotamundos, sino también, asombrosamente, una buena tía para mis sobrinos. Una tía sin hijos, lo cual me proporciona una compañía magnifica. Me explico: durante mi investigación matrimonial descubrí el hecho increíble de que a lo largo de la historia, en todas las sociedades, culturas y continentes (incluso entre los pueblos más prolíficos, como los irlandeses del siglo XIX o los Amish coetáneos), siempre existe un diez por ciento de mujeres sin hijos. Ese porcentaje no desciende en ninguno de los casos. De hecho, la cantidad de mujeres sin descendencia suele rebasar ese diez por ciento, por no hablar del Occidente actual, donde la tasa de mujeres sin hijos es de alrededor del 50 por ciento. En la década de 1920, 23 por ciento de las estadounidenses adultas no tuvieron descendencia. (¿No es una cifra sorprendentemente alta para una época conservadora y anterior a la comercialización de los anticonceptivos? Sin embargo, así fue.) Es decir, que el porcentaje puede aumentar mucho, pero nunca es menor del diez por ciento.

Suele suceder que a la mujer nulípara —sin hijos— se le tache de poco femenina, antinatural o egoísta, pero a lo largo de la historia siempre han existido mujeres que no tuvieron descendencia. Muchas de ellas optaron deliberadamente por eludir la maternidad, evitando tener relaciones sexuales o aplicando lo que las damas victorianas llamaban las "artes cautelares". (La hermandad femenina siempre ha tenido sus secretos y triquiñuelas). Otras mujeres, por supuesto, se quedaban sin hijos a la fuerza, debido a la infertilidad, la enfermedad, la soltería o la escasez generalizada de hombres en tiempos de guerra. En todo caso, lo cierto es que la falta de descendencia no es algo tan moderno como tendemos a pensar.

Por otra parte, a lo largo de la historia han existido tal cantidad de mujeres sin hijos (porcentaje que, como hemos visto, se mantiene tercamente), que la mujer nulípara parece un modelo evolutivo de la especie humana. Sin ser absolutamente legítimo que ciertas mujeres no se reproduzcan, tal vez sea algo necesario. Quizá, como especie precisemos una cierta cantidad de mujeres responsables, compasivas y sin descendencia, capaces de participar en otros aspectos de la sociedad. El parto y el cuidado de los hijos es tan agotador que una madre se ve prácticamente incapacitada para hacer cualquier otra cosa, incluso llegando a morir. Por tanto, tal vez necesitemos una cantidad suplente de mujeres con la fuerza suficiente como para participar activamente en la sociedad. Las mujeres sin hijos siempre han tenido un papel importante en la comunidad, porque suelen aceptar cuidar a los necesitados aunque no sean su descendencia biológica oficial. Y esto no sucede en ninguna otra sociedad tanto como en la nuestra. Numerosos orfanatos, colegios y hospitales tienen al frente a una mujer nulípara. A menudo se trata de matronas, monjas o mujeres acaudaladas que aportan sus medios económicos. Frecuentemente son ellas quienes sanan a los enfermos y propagan la cultura. Algunas son literalmente indispensables en su entorno, como en el caso de Florence Nightingale.

La historia, me temo, nunca ha tratado bien a esta Brigada de Mujeres, a menudo tachadas de egoístas, frígidas y patéticas. Me gustaría opinar sobre uno de los tópicos más dañinos de todos, que afirma que las mujeres sin hijos pueden llevar vidas independientes, felices y prósperas siendo jóvenes, pero que se arrepienten con los años pues acaban muriendo solas, deprimidas y amargadas. La historia nos suena a todos, ¿verdad? Pues dejemos una cosa clara. No hay ninguna constancia sociológica de que eso sea verdad. De hecho, hay informes clínicos recientes que comparan el nivel de felicidad de las estadounidenses de cierta edad y sin hijos, con el de sus homólogas con hijos, pero no parece haber ninguna pauta de sufrimiento o bienestar en ninguno de los dos grupos. Lo que sí han descubierto los investigadores es que los motivos de infelicidad de las mujeres de cierta edad (con o sin hijos) son dos: pobreza y mala salud. Con descendencia o sin ella, la recomendación es la misma: ahorra, lávate los dientes, ponte el cinturón y haz gimnasia. Así llegarás a la tercera edad de bastante buen humor, te lo aseguro.

Es un consejo gratuito de una de las socias de la Brigada de Mujeres.

Lo cierto es que las mujeres sin hijos tienden a evaporarse de la memoria familiar en una sola generación, quedando velozmente olvidadas al terminar su vida fugaz como la de una mariposa. Pero en vida son personas muy valiosas, incluso heroicas. En la historia reciente de mi familia hay muchas historias protagonizadas por una de estas mujeres, cuyo valor o determinación puede obrar milagros. Gracias a la cultura o recursos que poseen precisamente por su falta de descendencia, en muchas ocasiones son ellas quienes pagan una operación de vida o muerte, salvan a la familia de la ruina o cuidan de un niño cuya madre ha caído enferma. Una amiga mía las llama las "madres de repuesto", y existen en el mundo entero.

Incluso yo he hecho alguna vez el papel de la parienta útil. Mi labor no consiste sólo en mimar a mi sobrina y mi sobrino (cosa que me tomo muy en serio), sino en ser la socia trotamundos de la Brigada de Mujeres, una especie de socia embajadora siempre disponible para ayudar a quienes me lo pidan, o a mis familiares. Si hay personas a las que he podido ayudar durante años —o incluso durante toda una vida— es precisamente porque no me veo obligada, como le pasa a una madre, a dedicar toda mi energía y recursos a los hijos. Como me ahorro muchas facturas de ropa deportiva, visitas al dentista y carreras universitarias, tengo algo de dinero para invertirlo en mi entorno social. Así, a mi manera, también propago la vida. Esto se puede hacer de muchas formas. Y puedo asegurar que todas son igual de importantes.

La mismísima Jane Austen lo escribió en una carta que envió a una pariente que acababa de tener un sobrino: "Siempre he dicho que el papel de una tía es importante en una familia. Ahora que eres tía, te has convertido en un personaje sustancial". Jane sabía lo que decía porque también era una mujer sin hijos, muy querida por sus sobrinas y sobrinos por lo fácil que era hablar con ella y por sus "maravillosas carcajadas".

Y ya que hablamos de escritores, a pesar de pecar de parcialidad me siento en la obligación de mencionar que tanto las hermanas Brontë como León Tolstoi y Truman Capote se criaron todos en casa de sus tías sin hijos, que los acogieron tras la muerte o el abandono de sus madres. Tolstoi decía que su tía Toinette fue la persona más influyente de su vida pues le enseñó la "feliz ética del amor". Al historiador Edward Gibbon, quien quedó huérfano siendo joven, lo acogió su adorada tía Kitty, que no tenía hijos. A John Lennon le educó su tía Mimi, que lo convenció de que llegaría a ser un gran artista. En el caso de F. Scott Fitzgerald, fue su leal tía Annabel quien se ofreció a pagarle la universidad. El primer edificio de Frank Lloyd Wright se lo encargaron sus tías Jane y Nell, dos ancianas maravillosas que dirigían un internado en Spring Green, Wisconsin. Coco Chanel, que perdió a su madre de pequeña, se crió en casa de su tía Gabrielle quien la enseñó a coser, lo que le resultó bastante útil, como todos sabemos. A Virginia Woolf la influyó profundamente su tía Caroline, una solterona cuáquera que aparte de dedicarse a la beneficencia escuchaba voces y se comunicaba con los espíritus. Su sobrina escribió de ella que era "una especie de profetisa moderna".

¿Y qué decir de ese momento histórico crucial en que Marcel Proust dio un mordisco a su famosa magdalena y experimentó tal arrebato nostálgico que se sentó a escribir los siete volúmenes de *En busca del tiempo perdido*? Resulta que sucumbió a ese tsunami de la elocuencia nostálgica al recordar a su adorada tía Leonie, que todos los domingos al salir de misa se comía unas magdalenas con su sobrino.

Es más ¿se han preguntado acerca del aspecto físico del famosísimo Peter Pan. Su creador, J. M. Barrie, lo explicó claramente en 1911, cuando escribió el libro. Según el novelista, el gesto, la esencia y el maravilloso espíritu feliz de Peter Pan pueden vislumbrarse en cualquier parte del mundo, reflejados en "el rostro de las muchas mujeres que no han tenido hijos".

Ésa es la Brigada de Mujeres, como yo le llamo.

*

Pero tomar esa decisión —la de alistarme a la Brigada de Mujeres en vez de al Club de las Mamás— me hace muy distinta de mi propia madre, lo cual he tardado algo de tiempo en asimilar. Tal vez por eso a la mitad de mi viaje con Felipe me dio por llamar a mi madre una noche desde Laos, para entender cómo su vida y sus actos habían influido en mi propia vida y mis actos.

Nos pasamos más de una hora hablando. Mi madre reaccionó con la calma y sensatez de siempre. Mis preguntas no parecieron sorprenderla lo más mínimo. De hecho, me respondió más bien como si se las esperara. Como si llevara años esperando, incluso.

Lo primero que me soltó, a bocajarro, fue:

—No me arrepiento de ningún sacrificio que haya hecho por ustedes, mis dos hijas.

—¿Ni siquiera de haber dejado un trabajo que te encantaba? —le pregunté.

—Me niego a vivir arrepentida —dijo (cosa que no respondía del todo a mi pregunta, aunque como comienzo sincero no estaba mal)—. Aprendí mucho sobre el amor durante los años que pasé en casa con ustedes de pequeñas. Las conozco como su padre no llegó a conocerlas nunca. Fue un privilegio verlas crecer. No hubiera querido perdérmelo.

Pero mi madre también me recordó que si decidió seguir casada todos esos años con el mismo hombre es porque quiere mucho a mi padre, asunto importante y bien manejado. Es cierto que mis padres no sólo son muy amigos, sino que tienen una relación muy física. Hacen muchas cosas juntos como andar por el campo, andar en bici o cuidar de la granja. Recuerdo que estando en la universidad les llamé una noche a casa y me di cuenta de que estaban sin aliento. Cuando les pregunté qué estaban haciendo, mi madre me respondió con una carcajada: "¡Montar en trineo!" Con el trineo de su vecino de diez años, se habían pasado la tarde tirándose por la nieve que cubría la cuesta del jardín. Mi padre iba al mando de la nave, por así decirlo, y mi madre iba detrás, apoyada en su espalda y dando gritos al sentir la descarga de adrenalina. ¿Habrá mucha gente que haga eso a su edad?

Y entre los dos siempre ha existido química sexual, desde que se conocieron. "Era igual que Paul Newman", dice ella al recordar el día en que lo conoció. Y cuando mi hermana le preguntó un día a mi padre cuál era su mejor recuerdo de mi madre, él contestó sin dudar: "Siempre me ha gustado la naturaleza agradable de las formas de tu madre." Y le sigue gustando. Pellizcos cuando ella pasa a su lado en la cocina, miraditas constantes, piropos sobre sus piernas… En fin, que se nota que aún la desea. Ella finge escandalizarse y le da algún manotazo ("¡John, ya déjame!"), pero se nota que le encanta. Yo me crié viendo eso y creo que es una suerte saber que tus padres se gustan físicamente. Así que una parte importante de ese matrimonio, como me recordó mi madre esa noche, era ajena a lo racional, porque estaba oculta en el universo sexual. Y ese grado de intimidad es tan inexplicable como irrebatible.

Por supuesto, también existe el compañerismo. Mis padres llevan casados más de 40 años. A estas alturas tienen muy claros sus papeles respectivos. Viven una rutina bastante tranquila, con una serie de costumbres tamizadas por el paso de los años. Orbitan uno en torno al otro con la misma pauta diaria: café, perro, desayuno, periódico, jardín, facturas, recados, radio, comida, supermercado, perro, cena, lectura, perro, cama… y repetición de la jugada.

El poeta Jack Gilbert (nada que ver conmigo, por desgracia) escribió que el matrimonio es lo que sucede "entre lo que es memorable". Dice que a menudo volvemos la vista atrás años después, quizá al morir uno de los esposos, y tan sólo recordamos "las vacaciones y los malos momentos", lo mejor y lo peor. El resto se confunde en una especie de brumosa rutina diaria, pero es precisamente esa repetición brumosa, según el poeta, lo que constituye el matrimonio. Las dos mil conversaciones idénticas, repetidas durante dos mil desayunos idénticos, donde la intimidad gira con la parsimonia de la cotidianeidad. ¿Cómo se mide la importancia de vivir tan pegado a alguien, de estar tan presente que eres una necesidad casi tan invisible como el aire?

Pero esa noche en que la llamé desde Laos, mi madre tuvo el detalle de recordarme que no es una santa y que mi padre también ha sacrificado cosas para mantener vivo el matrimonio. Como mi madre admitió generosamente, vivir con ella tampoco es tan fácil. Él ha tenido que aprender a vivir con una esposa hiper-organizada. Eso algo que los dos no comparten en absoluto. Mi padre se toma las cosas como vienen; mi madre hace que las cosas funcionen. Un ejemplo: un día mi padre estaba arreglando el techo del garaje y, sin querer, dio un golpe a un nido que había entre las vigas. Un pajarillo asustado salió volando y se posó en el ala de su sombrero. Para no molestarlo, mi padre se pasó una hora sentado en el suelo del garaje, hasta que el pájaro decidió echar a volar. Esa historia retrata muy bien a mi padre. A mi madre jamás le pasaría una cosa así. Tiene demasiadas cosas que hacer como para dejarse distraer por un pájaro atolondrado. Mi madre no es de las que se complica por un pajarillo.

Por otra parte, como mi madre ha sacrificado más sueños que mi padre, es bastante más exigente con su matrimonio que él. Mi padre la acepta mejor a ella que viceversa. ("Carole es la mejor versión de sí misma", dice él a menudo, mientras ella parece convencida de que él podría —o debería— ser mucho mejor.) En última instancia, la que manda es ella. Como lo hace con encanto y sutileza, no siempre se le nota, pero tengo claro que quien gobierna la nave es ella.

La verdad es que lo hace con la mejor intención. Como todas las mujeres de su familia. Desde el primer día se encargan de todos y cada uno de los aspectos de la vida de su marido. Y a partir de entonces, como dice mi padre, *se niegan por completo a morirse.* No hay hombre capaz de sobrevivir a una Olson. Es un dato puramente biológico, no una exageración. Jamás ha sucedido, que se recuerde. Y todo hombre casado con una Olson acaba totalmente controlado por ella. ("Te digo una cosa", le dijo mi padre a Felipe cuando acabábamos de conocernos. "Si quieres vivir con Liz, tienes que hacerte un sitio y defenderlo durante el resto de tu vida.") Una vez mi padre dijo en broma que mi madre controla 95 por ciento de su existencia. Lo gracioso, según nos contó, es que le obsesiona más ese cinco por ciento que él se niega a entregarle, que el 95 por ciento que domina por completo.

Robert Frost escribió que un hombre debe "ceder una parte de su hombría" para casarse, cosa que no puedo negar en cuanto a mi familia se refiere. He escrito muchas páginas definiendo el matrimonio como instrumento represor de la mujer, pero conviene dejar claro que a menudo también coarta al hombre. El matrimonio es un yugo de la civilización que impone al hombre una serie de obligaciones para contener su enorme caudal de energía. Las culturas tradicionales saben bien que no hay nada más inútil para una sociedad que un grupo de solteros ociosos (aparte de su posible función militar, por supuesto). Es sabido que los solteros jóvenes tienen fama de holgazanes que se gastan el dinero en mujeres, alcohol y juego. No aportan nada a la comunidad. Son bestias a las que hay que contener para que respondan, o eso se ha dicho siempre. Hay que conseguir que dejen de ser unos niños y se conviertan en hombres para que formen un hogar, pongan

un negocio y se interesen por el entorno. Un antiguo prover-
bio ruso dice que lo mejor para domar a un joven irresponsable
es una esposa buena y firme.

Eso fue justo lo que pasó con mis padres. "Me puso en
mi sitio rápido", dice mi padre para resumir su historia de
amor. En general, lo acepta; aunque a veces —estando en casa
rodeado de su influyente esposa y sus tenaces hijas— mi padre
parece un viejo oso de circo que no acaba de entender cómo
se ha podido dejar domesticar de esa manera (ni qué hace subido en una extraña bicicleta de una sola rueda). En esos momentos me recuerda a Zorba, el griego, que respondió
cuando le preguntaron si había estado casado: "¿Acaso no soy
un hombre? Pues claro que me he casado. ¡Mujer, casa, hijos,
la catástrofe completa!" (Esa angustia, tan melodramática, por
cierto, me recuerda el hecho curioso de que la Iglesia Orto-
doxa griega no considera el matrimonio como un sacramento,
sino un *martirio sagrado*. Es decir, una relación que requiere
una especie de muerte espiritual para progresar.)

Desde luego mis padres han experimentado esa restric-
ción, esa pequeña muerte, en su propio matrimonio. Lo sé
perfectamente. Pero no creo que vivir tan pegados el uno al
otro les haya importado mucho. Un día pregunté a mi padre
qué le gustaría ser en la siguiente reencarnación y me dijo sin
dudar: "Un caballo."

—¿Qué tipo de caballo? —insistí, imaginándolo como
un semental galopando desbocado por los campos.

—Un caballo bueno —me contestó.

Adapté mi imagen a su respuesta, imaginando un semental *bueno* galopando desbocado por los campos.

—¿Qué tipo de caballo bueno? —seguí.

—Un castrado —declaró.

¡Un caballo castrado! Eso sí que no me lo esperaba. Mi
imagen mental cambió por completo. Acabé viendo a mi padre
como un dócil caballo percherón arrastrando una carreta lle-
vada por mi madre.

—¿Y por qué castrado? —le sonsaqué.

—He descubierto que la vida es más sencilla así, créeme —me aseguró.

Y, efectivamente, así ha sido. A cambio del recorte de libertades que el matrimonio le ha impuesto, ha recibido estabilidad, prosperidad, apoyo en su carrera profesional, camisas limpias y zurcidas que aparecen como por arte de magia en un cajón, una buena cena al llegar por la noche de trabajar. Por su parte, él ha trabajado para mantener a mi madre, le ha sido fiel y se somete a su voluntad 95 por ciento del tiempo, apartándola sólo cuando ya parece dispuesta a dominar el mundo entero. Pero los términos de este contrato deben ser aceptables para los dos porque, como me recordó mi madre cuando la llamé desde Laos, su matrimonio está entrando ahora en su quinta década.

Obviamente, es probable que las cláusulas que rigen a mis padres a mí ya no me sirvan. Si mi abuela fue una campesina tradicional y mi madre una mujer prefeminista, yo crecí con ideas totalmente nuevas sobre el matrimonio y la familia. Mi relación con Felipe podría ser lo que mi hermana y yo hemos bautizado como un "matrimonio sin esposa". Es decir, aquel donde nadie tiene el papel —al menos no siempre— de la esposa tradicional. Las tareas ingratas que usualmente han dependido de la mujer se repartirán más equitativamente. Y al no haber hijos también lo podríamos llamar un "matrimonio sin madre". Es decir, un modelo de matrimonio que no experimentaron mi abuela ni mi madre. De igual modo, la obligación de ganarse el pan no recaerá exclusivamente sobre Felipe, como sucedió a mi abuelo y mi padre. De hecho, es posible que en gran parte esa responsabilidad sea siempre mía. Tal vez en ese sentido también podamos llamarle un "matrimonio sin marido". Resumiendo, un matrimonio sin esposa, sin hijos, sin marido… Dado que en la historia no han existido muchos, tampoco tenemos un modelo fiable. Felipe y yo tendremos que inventarnos las normas conforme vayamos avanzando.

Aunque, no sé, quizá sea lo que le sucede a todo el mundo, que tienen que ir creando sus propias reglas por el camino.

En fin, el caso es que la noche aquella en que llamé a mi madre desde Laos para preguntarle si había sido feliz estando casada con mi padre, me aseguró que la había pasado muy bien con él y que era más lo bueno que lo malo. Al preguntarle cuándo había sido más feliz en su vida me contestó: "Ahora mismo. Tu padre y yo tenemos salud, estabilidad económica y libertad. Durante el día cada uno hace sus cosas y luego cenamos juntos todas las noches. Después de tantos años de estar casados, aún nos pasamos horas hablando y riéndonos. Es una maravilla."

—Qué estupendo —le dije.

Entonces hizo una pausa.

—¿Me dejas decirte una cosa sin intención de molestarte? —me preguntó con voz algo insegura.

—Adelante.

—Si te soy sincera, lo mejor de mi vida empezó cuando ustedes dos crecieron y se fueron de casa.

Al oírla me dieron ganas de reír (*¡Ay, mamá!*), pero por su voz me di cuenta de que me estaba diciendo la verdad, por dura que fuera.

—Te lo digo en serio, Liz. Ten en cuenta que llevo criando niños toda mi vida. Nací en una familia numerosa y me tocó cuidar a Rod, Terry y Luana de pequeños. ¿Cuántas veces me habré levantado en plena noche a los diez años para cambiar las sábanas al último que se había hecho pipí? Así fue mi infancia. Nunca tuve tiempo para mí misma. Luego, en la adolescencia, me tocó cuidar a los hijos de mi hermano y me pasaba la vida intentando encontrar tiempo para hacer la tarea. Luego me tocó criar a mi propia familia, por la que sacrifiqué muchas de mis aspiraciones. Cuando mis dos hijas se fueron por fin a la universidad, por primera vez en la vida disfruté no tener ningún niño a mi cargo. Me encantó. Y no sabes lo mucho que me sigue gustando. Tener a tu padre todo para mí, disponer de mi propio tiempo… Me parece casi revolucionario. Nunca he sido tan feliz.

Pues qué bien, pensé con un enorme alivio. *Se ha reconciliado con su vida. Me alegro.*

Entonces hizo otra pausa. Y luego dijo, en un tono que no le había oído nunca:

—Pero tengo que decirte una cosa más. Procuro no acordarme nunca de los primeros años de mi matrimonio y de lo mucho que me tocó ceder. Cuando me da por pensar en eso, te juro por Dios que me indigno tanto que se me nubla la vista.

Ah.

Entonces, ¿cuál sería la conclusión completa?

Parecía ser que en este caso no había una conclusión. Mi madre ya no intentaba sacar conclusiones sobre su existencia, habiendo abandonado (como hacemos todos a una cierta edad) la ingenua intención de juzgar nuestra propia vida según un rasero estricto. Y si yo pretendía sacarle a mi madre un par de ideas claras sobre su vida para calmar la angustia sobre mi propio matrimonio, me había equivocado de cabo a rabo. Lo único que pude dilucidar era que mi madre se había fabricado una especie de nicho de tranquilidad dentro del contradictorio universo de la intimidad. Y en ese lugar ha logrado hallar la paz suficiente como para seguir adelante.

En cuanto a mí, tendría que trabajar por mi cuenta para encontrar el modo de construirme un nicho semejante al suyo.

Capítulo sexto

El matrimonio y la autonomía

El matrimonio es algo muy hermoso. Pero también es una
lucha constante por alzarse con la superioridad moral.
MARGE SIMPSON. *Los Simpson*

Al llegar octubre, Felipe y yo ya llevábamos seis meses viajando por el mundo y estábamos con la moral por los suelos. Hacía varias semanas que habíamos dejado atrás la ciudad laosiana de Luang Prabang. Dando por vistos todos sus tesoros artísticos, nos lanzamos a la carretera una vez más, improvisando como siempre, con la sola intención de matar el tiempo, los días, las horas.

Para entonces pensábamos estar ya de vuelta en Estados Unidos, pero nuestro caso parecía haberse quedado estancado en algún archivo del Departamento de Inmigración. El futuro de Felipe estaba atorado en una especie de limbo insondable que a esas alturas se nos estaba haciendo eterno. Sin acceso a sus contactos comerciales estadounidenses, incapaz de hacer planes ni ganar dinero, con su vida pendiente de que el Departamento de Seguridad dictaminara su destino y dependiendo económicamente de mí, Felipe se sentía cada vez más derrotado. No era nuestro mejor momento. Si hay algo que he aprendido con los años sobre la mentalidad masculina, es que cuando un hombre se siente derrotado no explaya precisamente sus mejores cualidades. Y Felipe no era ninguna excepción. Estaba cada vez más tenso, respondón, malhumorado y pesimista.

Incluso cuando las cosas van bien, tiene la mala costumbre de soltar alguna impertinencia si considera que alguien ha sido injusto o le ha molestado en algo. Aunque sucede en escasas ocasiones, a mí me parecen muchas. Por el mundo entero y en idiomas variados, me ha tocado verlo regañar furioso a toda una multitud de azafatas torpes, taxistas ineptos, vendedores deshonestos, camareros apáticos y padres con niños mimados. Estas escenas a veces incluyen un remolino de brazos y una larga parrafada en voz muy alta.

Todo ello me espanta.

Educada por una discreta madre del medio oeste estadounidense y un taciturno padre yanqui, soy genética y culturalmente incapaz de afrontar el método tradicional brasileño de resolver un conflicto. Los miembros de mi familia no le hablan así ni a un asaltante. Además, cuando veo que Felipe se descontrola en público se esfuma la imagen que tengo del hombre tierno y educado al que he decidido amar, cosa que, francamente, me enoja mucho. Una cosa que me molesta y que no soporto es que una persona me destroce la cuidadosa imagen que me he forjado de ella.

Y lo peor es que, como quiero que todo el mundo se lleve bien y tengo una empatía casi patológica con los desamparados, a menudo me da por defender a las víctimas de Felipe, lo que obviamente empeora la situación. Si él tiene poca tolerancia con los imbéciles y los incompetentes, yo tiendo a pensar que tras cada imbécil incompetente hay una persona encantadora que simplemente tiene un mal día. Todo esto nos puede llevar a Felipe y a mí a pelearnos y, de hecho, las escasas ocasiones en que discutimos suelen ser por un tema así. Siempre me recuerda que en Indonesia lo obligué a volver a una zapatería a disculparse por lo grosero que había sido con una vendedora. ¡Y lo hizo! Volvió a la zapatería aquella llena de ofertas-timo y con gesto contrito se disculpó con la desconcertada chica por tener tan mal humor. Pero fue porque le hizo gracia oírme defendiendo a la vendedora. A mí, sin embargo, la situación me pareció todo menos graciosa. Esas escenitas no me hacen gracia nunca.

Felizmente, a Felipe no le daban esos berrinches en nuestra vida normal. Pero lo que estábamos viviendo por aquel entonces era todo menos normal. Los seis meses de viajar en autobús, dormir en hoteluchos y soportar la tensión del atasco burocrático le estaban minando tanto la moral que su impaciencia parecía estar llegando a un nivel epidémico (aunque es aconsejable tomarse lo de epidémico con ciertas reservas, dado que mi hipersensibilidad ante todo conflicto me hace sobreestimar el estrés psicológico). Dicho esto, tenía pruebas fehacientes de que estaba cada día más nervioso. En aquella época ya no sólo gritaba a los desconocidos, sino que me gritaba a mí también. Y eso sí que era insólito, porque hasta ese momento Felipe había sido inmune a todo lo mío, como si yo fuera —de una manera algo sobrenatural— la única persona del mundo incapaz de sacarle de quicio. Sin embargo, esa dulce etapa de inmunidad parecía haber llegado a su fin. Se molestaba conmigo por eternizarme en las computadoras públicas, por llevarle a ver "unos malditos elefantes" que eran un espectáculo carísimo para turistas novatos, por meterlo en otro asqueroso tren de noche, por gastar demasiado, por intentar ahorrar algo, por querer ir caminado a los sitios, por intentar comer sano cuando era imposible hacerlo…

Parecía atrapado en ese tipo de humor funesto que reacciona ante el menor incidente o molestia como algo físicamente intolerable. Y era una verdadera desgracia porque viajar, sobre todo en plan barato como hacíamos nosotros, tiende a ser una sucesión de incidentes y molestias interrumpidas por alguna puesta de sol impresionante, que mi compañero parecía ya incapaz de disfrutar. Conforme lo arrastraba por el sudeste asiático, procurando llevarlo a ver cosas para que se distrajera (¡mercadillos exóticos!, ¡templos!, ¡cataratas!), cada vez estaba menos relajado, menos amable, menos a gusto. Yo, por mi parte, reaccionaba ante su mal humor como había visto hacer a mi madre con mi padre, es decir, poniéndome cada vez más alegre, animada y dicharachera. Ocultando mi propia frustración y tristeza tras una máscara de optimismo infatigable, opté por un entusiasmo casi agresivo para ver si Felipe se ponía contento con el simple poder de mi incansable magnetismo.

Increíblemente, aquello no funcionó.

Al cabo de un tiempo, yo también empecé a enojarme con él, desesperada ante su impaciencia, mal humor y pereza. Y lo que es peor, empecé a enojarme conmigo misma al escuchar el falsete de mi voz al intentar entretenerlo con el reclamo turístico de turno. (*¡Mira, cariño, venden ratas a cambio de comida! ¡Mira, cariño, la mamá elefante lavando a su hijito! ¡Mira, cariño, qué vista tan bonita del matadero hay desde este hotel!*) Entretanto, Felipe se iba dando zancadas hacia el cuarto de baño y volvía quejándose de lo repugnante y apestoso que era el sitio donde estábamos o protestando porque la contaminación destrozaba la garganta y el tráfico le daba dolor de cabeza.

Como terminó por contagiarme el nerviosismo, empecé a hacerlo todo mal: me destrocé el dedo del pie en Hanoi, me corté un dedo con su rastrillo en Chiang Mai al buscar la pasta de dientes en su neceser, y una noche espantosa me eché en los ojos un líquido anti-insectos en vez de colirio, por no mirar bien el frasco. Lo único que recuerdo es que yo chillaba de dolor y vergüenza mientras Felipe me sujetaba la cabeza sobre el lavabo, vaciándome una botella tras botella de agua en los ojos, haciendo lo posible por ayudarme mientras echaba pestes sobre la idiotez de haber ido a ese maldito país donde no se nos había perdido nada. Un claro síntoma de lo horribles que fueron esas semanas es que no recuerdo en absoluto cuál fue el maldito país donde me pasó aquello.

Nuestra situación se desbordó (mejor dicho, llegó al cenit) el día en que convencí a Felipe de pasar 12 horas en un autobús para ir a ver lo que yo consideraba un yacimiento arqueológico fascinante justo en el centro de Laos. El susodicho autobús estaba lleno de animales y los asientos eran más duros que los bancos de una iglesia cuáquera. No había aire acondicionado, por supuesto, y las ventanas no se podían abrir. Decir que el calor era insoportable no sería del todo cierto, porque logramos soportarlo, pero sí diré que hacía mucho, mucho calor. Si no conseguí que Felipe mostrara el menor interés

por el yacimiento arqueológico que íbamos a ver, tampoco
logré que dijera nada sobre la precariedad del autobús aquel,
cosa verdaderamente notable porque era el transporte público más siniestro que había visto en toda mi vida. La pasión
maníaca con que el conductor manejaba su dilapidado vehículo nos llevó al borde del despeñamiento por varios de los
impresionantes precipicios que íbamos remontando. Pero Felipe no reaccionaba ante nada de esto, ni ante las numerosas
ocasiones en que casi chocamos de frente con otro vehículo.
Parecía haberse vuelto insensible. Con un gesto de profundo
agotamiento, cerró los ojos y dejó de hablar, como si se hubiera abandonado a la muerte. O como si la deseara más que
nunca.

Tras pasar varias horas más jugándonos la vida, nuestro
autobús tomó una curva y de pronto nos vimos frente a un
gigantesco accidente de tráfico: dos autobuses parecidos al
nuestro habían chocado de frente. No parecía haber heridos,
pero los vehículos eran un amasijo de hierro humeante. Al
aminorar la marcha para rebasar el desastre, agarré a Felipe
del brazo y le dije:

—¡Mira, cariño, han chocado dos autobuses!

Sin molestarse ni en abrir los ojos, me contestó sarcásti-
camente:

—¡Ah! ¿Y cómo habrá sido?

En cuestión de segundos, me enfurecí.

—¿Se puede saber qué te pasa? —le espeté.

Pero no me contestó, cosa que me indignó aún más, así
que le dije:

—Estoy procurando llevar esto de la mejor manera posible, ¿entiendes? Si tienes alguna sugerencia o plan que te guste más, por favor no dudes en decírmelo. Y espero que se te
ocurra algo que te ponga de buenas, porque no me siento capaz
de seguir soportando tu mal humor, de verdad te lo digo.

En ese momento, sus ojos se abrieron de golpe.

—Lo que quiero es un buen café casero —dijo con una
pasión inusitada.

—¿Cómo dices?

—Quiero estar en un sitio que sea mi casa, viviendo contigo tranquilamente. Quiero tener una rutina diaria. Tener una cafetera. Poder despertarme todos los días a la misma hora y preparar el desayuno para los dos, en nuestra casa, con nuestra cafetera.

Tal vez en otras circunstancias su confesión me hubiera tocado la fibra sensible, lo que quizá me debería haber sucedido de todas formas, pero sólo consiguió enfurecerme más. *¿Por qué se recreaba en lo que estaba fuera de nuestro alcance?*

—En este momento todo eso es imposible —le dije.

—Por Dios, Liz, ¿crees que no lo sé?

—¿Y no sabes que yo quiero lo mismo que tú? —le contesté.

—¿Y no sabes que yo sé que quieres lo mismo que yo? —dijo, alzando la voz—. ¿Crees que no te he visto leyendo esos anuncios de casas en venta? ¿Crees que no me he dado cuenta de que quieres regresar a tu país? ¿Tienes la más remota idea de cómo me afecta no poder darte un hogar y que tengas que recorrer todos esos hoteluchos de la otra punta del mundo por mi culpa? ¿Sabes lo humillante que es no poder darte una vida mejor durante todos estos meses? ¿Te imaginas lo terriblemente derrotado que me siento como hombre?

A veces se me olvida.

Esto lo digo porque creo que es un tema importante en el matrimonio. Y yo a veces olvido lo importante que es para ciertos hombres —o para ciertas personas— proporcionar al ser amado una serie de comodidades materiales y protección constante. Olvido lo peligrosamente disminuidos que se sienten algunos hombres al perder esa capacidad. Lo mucho que significa para un hombre, por todo lo que representa.

Todavía recuerdo la expresión de angustia de un viejo amigo al contarme, hace ya años, que su esposa lo iba a dejar. La queja de ella, según parecía, era que se sentía desesperadamente sola, que "él no le hacía caso", cosa que a mi amigo le sonaba absurda. En su opinión, llevaba años partiéndose el lomo por ella. "Está bien", admitió. "Tal vez no le diera apoyo sentimental pero, ¡por Dios, lo que trabajé para mantener a esa mujer! ¡Si hasta tenía dos trabajos y todo! ¿Acaso no demuestra eso que la quería? ¡Cómo no se habrá dado cuenta de que soy capaz de todo para seguir manteniéndola y protegiéndola! En un holocausto nuclear me la echaría al hombro y atravesaría el paisaje calcinado hasta ponerla a salvo. ¡Y ella lo sabe perfectamente! ¿Cómo se atreve a decir que no le hago caso?"

Lo vi tan destrozado que no me atreví a decirle que, afortunadamente, hoy día ya no hay ningún holocausto nuclear. Desafortunadamente, la mayoría de las veces, lo que su esposa quería era simplemente que la escuchara.

En mi caso, lo que yo quería era ver a Felipe más tranquilo, más amable, más tolerante conmigo y con todos los demás. Es decir, que tuviera algo más de generosidad sentimental. A mí no me hacía falta que me mantuviera ni que me protegiera. Tampoco quería verlo demostrar su orgullo masculino porque no me servía de nada. Lo que necesitaba hacer era relajarse y aceptar la situación. Pues sí, sería mejor estar en Estados Unidos, rodeados de mi familia y viviendo en una casa de verdad, pero nuestro desarraigo me preocupaba mucho menos que su mal humor.

Para relajar la tensión, le puse una mano sobre la pierna y le dije:

—Entiendo que la situación te ponga nervioso.

Era un truco que había sacado del libro *Diez lecciones para transformar tu matrimonio: los expertos en amor te cuentan sus estrategias para fortalecer tu relación*, de John M. Gottman y Julie Schwartz-Gottman, dos investigadores (felizmente casados) del Instituto de Investigación Social de Seattle, quienes últimamente han tenido mucho éxito al asegurar que pueden predecir con 90 por ciento de fiabilidad si dentro de cinco años van a seguir casados o no. Para ello les basta con una transcripción de una conversación de 15 minutos entre marido y esposa. (Supongo que John M. Gottman y Julie Schwartz-Gottman deben ser dos personas fascinantes para invitarlas a cenar.) Por grande que sea su capacidad adivinatoria, los Gottman ofrecen estrategias prácticas para resolver las rencillas matrimoniales producidas por lo que ellos llaman los "cuatro jinetes del Apocalipsis": el obstruccionismo, la estrategia defensiva, la crítica y el desprecio. La técnica que acababa de usar yo con Felipe —hablarle de su frustración para que se diera cuenta de que estoy pendiente de él— es lo que los Gottman llaman "acercamiento a tu pareja". Se usa para relajar la tensión.

Pero no siempre funciona.

—¡No sabes por lo que estoy pasando, Liz! —me dijo Felipe—. Me han detenido. Después de ponerme unas esposas, me pasearon por todo el aeropuerto con todo el mundo mirándome. ¿Sabías eso? Me tomaron las huellas dactilares. Luego me quitaron la cartera y el anillo que me regalaste. Me lo quitaron todo. Al final me metieron en la cárcel y me echaron del país. En los 30 años que llevo viajando por el mundo jamás me habían cerrado una frontera. ¡Y resulta que ahora van y me echan a patadas de Estados Unidos, nada menos, maldición! Hace unos años habría dicho: '¡Pues no me importa en lo más mínimo!', y habría seguido con mi vida, pero no puedo porque es el país donde quieres vivir tú, y yo quiero estar contigo. Así que no me queda otra. Me toca tragarme toda esta mierda, poner mi vida entera en manos de la burocracia y la policía. Qué cosa tan humillante. Y no se dignan a decirnos cuándo se va a acabar la historia, porque les tenemos sin cuidado. No somos más que unas cifras encima de la mesa de un funcionario. A todas éstas, como ya no tengo negocio, estoy arruinado. Pues claro que estoy de mal humor. Y tú te dedicas a pasearme por el estúpido sudeste asiático en autobús…

—Lo hago para animarte —le dije, apartando la mano para demostrarle lo mal que me había sentado eso.

Si el tonto autobús hubiera tenido un botón para indicarle al conductor que un pasajero se quería bajar, juro por Dios que lo habría usado. Me habría bajado con el camión en marcha, incluso, dejando a Felipe solo y perdiéndome entre los matorrales.

Él suspiró con fuerza, como si fuera a decir algo tremendo, pero al final se contuvo. Al ver como se le tensaban los tendones del cuello, me puse más nerviosa todavía. Y nuestro entorno no era el más tranquilizador, por así decirlo. El autobús —ruido, calor y caos— seguía dando botes al avanzar por la carretera, chocando con las ramas más bajas de los árboles, asustando a los cerdos, gallinas y niños que se apartaban a nuestro paso, soltando una apestosa nube de gas negro y destrozándome las vértebras del cuello con cada sacudida. Aún nos quedaban siete horas de estar ahí metidos.

Pasamos mucho rato sin decir nada. Me faltó poco para echarme a llorar, aunque logré contenerme porque pensé que sólo empeoraría las cosas. Pero seguía enojada con él. También me daba tristeza, pero sobre todo me indignaba. ¿Por qué? ¿Por su falta de buena actitud, quizá? ¿Por su debilidad? ¿Por haberse rendido antes que yo? Sí, de acuerdo, las cosas no nos estaban saliendo bien, pero podían estar infinitamente peor. Al menos estábamos *juntos*. Al menos podía permitirme el lujo de acompañarlo en su exilio. Habría miles de parejas en nuestra misma situación que habrían matado a alguien con tal de poder pasar juntos una temporada tan larga de separación forzosa. Nosotros al menos teníamos ese consuelo. Y entendíamos los interminables y espantosos documentos de inmigración, y podíamos contratar a un buen abogado que nos ayudara a superar el resto del proceso. En cualquier caso, si las cosas salían mal y Estados Unidos nos prohibía acercarnos a sus costas para siempre, teníamos otras posibilidades. Por Dios, siempre nos podíamos ir a Australia. ¡Australia! ¡Un país maravilloso! ¡Un país con la misma sensatez y prosperidad que Canadá! ¡Que no nos íbamos al norte de Afganistán, hombre! En nuestra situación, ¿quién tenía tantas ventajas como nosotros?

Pero, ¿por qué siempre me tocaba a mí ser la optimista? Porque Felipe, francamente, lo único que había hecho en las dos últimas semanas era quejarse de cosas que no íbamos a poder solucionar. ¿Por qué no era capaz de aceptar las adversidades con algo más de aplomo? ¿Y por qué le costaba tanto, por el amor de Dios, mostrar algo de interés por el inminente yacimiento arqueológico?

Poco me faltó para soltarle todo esto —palabra por palabra, el desvarío completo—, pero me contuve. Una avalancha de sentimientos semejante es lo que John M. Gottman y Julie Schwartz-Gottman llaman un "desbordamiento", es decir, ese punto en el que estás tan cansado o frustrado que tu mente sufre un diluvio (y un delirio) de indignación. El indicador infalible de un desbordamiento inminente es empezar a usar las palabras "siempre" o "nunca" en el argumento. Los Gottman le llaman la "universalización" (*¡Siempre me haces lo mismo!* o *¡Nunca puedo contar contigo!*). Hablar así es fulminar absolutamente toda posibilidad de discurso justo o inteligente. Después de un desbordamiento o una universalización suele surgir un problema muy grande. Lo mejor es no llegar a ese punto. Como me dijo un día una amiga mía, la felicidad de un matrimonio se mide por las cicatrices que se tienen en la lengua, una por cada palabra furiosa que hemos logrado contener.

El caso es que yo me contuve, y Felipe también. El silencio furibundo duró un buen rato hasta que él me tomó de la mano y murmuró con voz cansada:

—Vamos a tomárnoslo con calma, ¿de acuerdo?

Me tranquilicé, porque sabía muy bien lo que me estaba diciendo. Era un viejo código que teníamos. Lo inventamos al viajar en coche de Tennessee a Arizona cuando nos acabábamos de conocer. Era cuando yo daba clases de literatura creativa en la universidad de Tennessee, vivíamos en un hotel bastante excéntrico de Knoxville y Felipe había descubierto que en Tucson había una feria de joyas a la que le interesaba ir. Así que nos habíamos subido al coche a ver si lográbamos hacer el viaje de un tirón. De momento nos estábamos divirtiendo mucho. Habíamos ido todo el camino cantando, hablando y riéndonos. Pero después de tanta animación llegó un momento —cuando ya llevábamos unas 30 horas— en que estábamos agotados. Nos estábamos quedando sin gasolina, tanto en sentido literal como figurado. Teníamos hambre y sueño, pero no veíamos un hotel por ninguna parte. Me parece recordar que acabamos discutiendo sobre dónde y cuándo parar. Aún estábamos hablando en un tono cordial, pero un tenso nubarrón se cernía sobre nuestro coche.

—Vamos a tomárnoslo con calma —dijo Felipe de repente.

—¿Qué cosa?

—Lo que digamos a partir de ahora —me contestó—. Como estamos cansados podemos acabar peleándonos. Es mejor pensar con calma antes de hablar, al menos hasta que encontremos un sitio donde dormir.

No había pasado absolutamente nada, pero Felipe sabía que a veces es mejor evitar el conflicto antes de que suceda, detenerlo antes de que comience. Desde ese momento usamos ese código, una especie de cartel que indica peligro de avalancha, por así decirlo. Era una herramienta que usábamos en los momentos especialmente tensos. Hasta ahora siempre nos había funcionado. Claro que nunca habíamos vivido nada tan tenso como nuestro exilio indefinido en el sudeste asiático. Y como era evidente que viajar tanto nos estaba poniendo nerviosos, quizá fuera un buen momento para sacar una bandera de advertencia.

Siempre recuerdo la historia que me contaron mis amigos Julie y Dennis sobre lo espantoso que fue un viaje que hicieron a África de recién casados. Ninguno de los dos recuerda cómo empezó la historia, pero así fue como acabó: estando en Nairobi, una tarde se enfadaron tanto que tuvieron que caminar por aceras distintas, porque no soportaban ni siquiera la proximidad física del otro. Tras un rato de desfilar ridículamente en paralelo con cuatro carriles de tráfico africano de por medio, Dennis se detuvo de golpe. Alzando los brazos, hizo un gesto a Julie indicándole que cruzara la calle. Como parecía un intento de reconciliación, ella cedió. Mientras caminaba hacia su marido se fue ablandando, porque estaba convencida de que él se iba a disculpar por lo sucedido. Pero al llegar donde estaba Dennis, él se inclinó hacia ella y le dijo sin alterarse:

—¿Sabes qué, Julie? Vete a volar.

A modo de respuesta ella se marchó indignada al aeropuerto, donde lo primero que hizo fue intentar vender a un desconocido el boleto de avión de su marido.

Afortunadamente, al final arreglaron el asunto. Varias décadas después ya se ha convertido en una anécdota graciosa para contar en una cena. Pero también sirve de cuento con moraleja. Más vale no dejar que las cosas lleguen a ese punto.

Volviendo a nuestro viaje, le apreté la mano a Felipe y le dije:

—*Quando casar passa.*

Es un gracioso dicho brasileño que significa: "Cuando te casas, estas cosas se pasan". La madre de Felipe se lo decía de pequeño cuando se caía y se raspaba la rodilla. Un consuelo tonto que Felipe y yo nos decíamos últimamente. En nuestro caso, era muy cierto. Cuando al fin logramos casarnos, nos dejaron de pasar esas cosas.

Abrazándome, Felipe me acercó a él. Me apoyé sobre su pecho para relajarme. O intentar relajarme, a pesar a los bandazos que daba el autobús.

Es un buen hombre, pensé.

Mejor dicho, en el fondo es un buen hombre.

—¿Y qué hacemos mientras tanto? —me preguntó.

Antes de la conversación aquella, decidí instintivamente que lo mejor era movernos mucho de un sitio a otro para distraernos de nuestros problemas legales con el cambio de paisaje. Era una estrategia que siempre me había funcionado. Como un bebé maniático que sólo se duerme en un coche en marcha, a mí siempre me había tranquilizado ir de un sitio a otro. Como Felipe es la persona más viajada que conozco, daba por hecho que le pasaba lo mismo que a mí, pero no parecía estar disfrutando lo más mínimo de tanto ajetreo.

Para empezar —a menudo se me olvida—, el hombre tiene 17 años más que yo. Así que debemos perdonarlo si no le hacía la misma ilusión que a mí andar por el mundo con una pequeña mochila, llevando sólo una muda de ropa y durmiendo en hoteles de 13 euros la habitación. Obviamente, lo estaba poniendo nervioso. Además, ya había visto mucho mundo. Tenía mundo de sobra, maldita sea, y se había recorrido Asia en trenes de tercera cuando yo estaba en segundo año en el colegio. ¿Por qué tenía que obligarlo a repetirlo?

Es más, los últimos meses me habían demostrado que teníamos una incompatibilidad importante en la que no me había fijado antes. Es curioso que siendo los dos tan viajeros, nos guste hacerlo de manera tan distinta. En el caso de Felipe, como empecé a descubrir entonces, es al mismo tiempo el mejor viajero que he conocido y el peor del mundo. Odia que le toque un cuarto de baño raro, un restaurante sucio, un tren feo o una cama incómoda; cosas que te suelen tocar casi siempre cuando viajas. Si le dan a elegir, siempre escogerá la costumbre, lo conocido y la rutina diaria aburrida pero tranquilizadora. Todo lo cual nos puede llevar a pensar que viajar no es lo suyo. Craso error, porque Felipe tiene una virtud viajera, un súper poder, un arma secreta inigualable: sabe crearse un hábitat natural donde sea, siempre que pueda practicar su rutina diaria, pero la única condición es no moverlo del mismo sitio. En tres días se adapta a casi cualquier sitio del planeta, donde es capaz de pasar la siguiente década sin una queja.

Por eso ha vivido en el mundo entero. No hablo de viajar, sino de *vivir*. A lo largo de los años se ha adaptado a sociedades muy diversas, desde Sudamérica hasta Europa, desde Oriente Medio hasta el Pacífico sur. Llega a un sitio nuevo, decide que le gusta y se instala. Aprende el lenguaje y ya es uno más. Cuando vivía conmigo en Knoxville, por ejemplo, tardó menos de una semana en encontrar una cafetería donde desayunar, un mesero con quien hablar tomando una copa y un buen sitio donde comer. ("¡Cariño!", me dijo un día muy emocionado después de caminar todo el centro de Knoxville, "¿sabías que tienen un sitio donde sirven pescado bueno y barato que se llama John Long Slivers?" —en vez de Long John Silver, claro). Si lo hubieran dejado se habría quedado en Knoxville toda la vida, tan contento. No le hubiera importado que nos quedáramos en ese hotel años y años, siempre que no nos moviéramos de allí.

Y esto me recuerda una historia que me contó Felipe de su infancia. Cuando era pequeño y aún vivía en Brasil, a veces se despertaba asustado a la mitad de la noche porque había tenido una pesadilla, y entonces se iba corriendo a meterse en la cama de su maravillosa hermana Lily, que al ser diez años mayor era la encarnación de la sabiduría y la seguridad. Tras darle unas palmaditas en el hombro, Felipe le susurraba: "*Me da um cantinho*" (Déjame una esquinita). Medio dormida, pero sin quejarse, ella se apartaba para dejarle un sitio cálido en la cama. No era mucho pedir; sólo una esquinita tibia. Desde que conozco a este hombre, y ya son años, nunca le he oído pedir mucho más que eso.

Pero yo no soy así.

Felipe se puede instalar en cualquier sitio del mundo, siempre que le dejen una esquinita; yo no, porque soy mucho más inquieta que él. Es precisamente esa inquietud lo que me convierte en una viajera diaria mucho mejor que él. Tengo una paciencia infinita con los contratiempos, incomodidades y desastres menores. Por eso puedo ir a casi cualquier parte del planeta sin problema alguno. Pero soy incapaz de quedarme a vivir en cualquier parte del planeta. Lo había descubierto unas semanas antes, cuando estábamos al norte de Laos, en Luang Prabang, y al despertarnos una mañana de mucho sol Felipe me dijo:

—Cariño, vamos a quedarnos aquí.

—Claro —le dije—. Si quieres nos quedamos unos días más.

—No, lo que digo es que nos quedemos a vivir. Así nos olvidamos del tema de que yo emigre a Estados Unidos. ¡Qué lío! Ésta es una ciudad maravillosa. Me gusta el ambiente. Es como Brasil hace 30 años. Con poco dinero y sin tener que trabajar mucho podemos abrir un hotel pequeño o una tienda, alquilar un departamento, instalarnos...

Al escucharlo me puse lívida.

Lo decía en serio. Estaba dispuesto. Era perfectamente capaz de mudarse al norte de Laos y hacer ahí su vida. Pero yo no. Lo que Felipe me proponía era viajar a un nivel que me supera; mejor dicho, viajar no para conocer lugares nuevos, sino para dejarse absorber indefinidamente por un lugar desconocido. Mi manera de viajar, como comprendí en ese momento, era mucho más diletante de lo que había imaginado nunca. Aunque me encanta comerme el mundo a mordiscos, si se trata de instalarse a vivir para siempre quiero estar en mi propio país, hablando mi idioma, con mi familia y acompañada de gente que crea y piense lo mismo que yo. Es decir, estoy constreñida a una pequeña zona del planeta que comprende el sur del estado de Nueva York, la parte más rural del centro de Nueva Jersey, el noroeste de Connecticut y un sector al este de Pennsylvania. Un hábitat algo escaso para un ave que se considera migratoria. Sin embargo, Felipe, mi pez volador, no tiene esas limitaciones domésticas. Con un cubo de agua se arregla en cualquier parte del mundo.

Teniendo en cuenta este asunto entendí mejor el mal humor de Felipe. Lo estaba pasando muy mal —la incertidumbre y la humillación del proceso de inmigración estadounidense— para tenerme contenta a mí, soportando un proceso legal que consistía en una intromisión en su vida cuando quizá hubiera preferido llevar una vida sencilla en un departamento alquilado en Luang Prabang. Y además soportaba ir de un sitio a otro sin parar —lo cual no le gusta absolutamente nada—, porque sabe que a mí me gusta. ¿Por qué lo estaba sometiendo a semejante tortura? ¿Por qué no dejaba descansar al pobre, donde fuera?

Y entonces, cambié de idea.

—¿Qué tal si vamos a un sitio y nos quedamos unos meses, hasta que te llamen del Departamento de Inmigración australiano para hacerte la entrevista? —le dije—. Podríamos irnos a Bangkok.

—No —me dijo—. Bangkok no. Es una ciudad donde podemos volvernos locos.

—Qué va —le contesté—. Si tampoco es que nos vayamos a instalar. Está en el camino de vuelta y es una ciudad bien comunicada. Podemos quedarnos una semana o así, descansar un poco y ver si conseguimos un vuelo barato a Bali. Una vez allí, podemos alquilar una casa y quedarnos hasta que se acabe todo este asunto.

Por la cara que puso, supe que le parecía una buena idea.

—¿Estarías dispuesta? —me preguntó.

De repente, me inspiré.

—Oye, ¡tal vez consigamos tu antigua casa de Bali! A lo mejor el dueño está dispuesto a alquilárnosla. Y podemos quedarnos allí, en Bali, hasta que te den el visado estadounidense. ¿Qué tal te suena eso?

Felipe tardó unos segundos en contestar, y cuando lo hizo juro por Dios que el hombre parecía estar a punto de echarse a llorar del alivio.

*

Y eso hicimos. Nos fuimos a Bangkok. Encontramos un hotel con alberca y un bar bien provisto. Llamamos al hombre que le había comprado la casa a Felipe para ver si nos la podía alquilar. Por suerte, la tenía libre y en un precio de 300 euros al mes, una cantidad perfectamente razonable, aunque nos pareciera algo surrealista tener que pagar por vivir en una casa que había sido nuestra. Reservamos lugares en un vuelo a Bali una semana después. Al minuto, Felipe se puso contento otra vez. Tan contento, tranquilo y amable como siempre.

Pero en cambio yo…

Seguía nerviosa.

No sabía por qué, pero mientras veía a Felipe relajado, tumbado junto a la alberca con una novela negra en una mano y una cerveza en la otra, la que estaba tensa ahora era yo. Por otra parte, soy incapaz de tumbarme junto a la alberca de un hotel con una cerveza fría y una novela de misterio. No hacía más que pensar en Camboya, que casi estaba al alcance de la mano, haciendo frontera con Tailandia… Siempre había querido ir a las ruinas de Angkor Wat, que no había podido visitar en mis viajes anteriores. Nos quedaba una semana entera y sería el momento perfecto para ir. Lo malo era que no me sentía capaz de arrastrar a Felipe hasta allí. Sabía perfectamente lo que le podía horrorizar tener que ir a Camboya a ver templos en ruinas bajo un sol de justicia.

¿Y si me iba a Camboya yo sola, a pasar un par de días? ¿Y si dejaba a Felipe en Bangkok, sentado tan campante junto a la alberca? Llevábamos juntos cinco meses, viéndonos todos los días sin parar, y no precisamente en sitios demasiado agradables. Era un milagro que el problema del autobús hubiera sido el único conflicto serio hasta ahora. En el fondo, ¿no nos vendría bien pasar una temporada corta separados?

Dicho esto, lo delicado de la situación me hizo plantearme la conveniencia de dejarlo solo, aunque sólo fuera unos días. No era el mejor momento para ponerse a hacer tonterías. ¿Y si le pasaba algo mientras yo estaba en Camboya? Si le pasaba algo, ¿como qué? Un terremoto, un tsunami, un motín, un accidente de avión, un envenenamiento mortal, un secuestro. ¿Y si Felipe salía a darse un paseo por Bangkok y se daba un golpe en la cabeza y terminaba en un hospital perdido donde nadie sabía quién era y yo no conseguía encontrarle? Nuestra vida entera estaba en un momento crítico y todo tenía sus riesgos. Llevábamos cinco meses recorriendo el planeta en una lancha salvavidas a merced de las procelosas olas. De momento, nuestra unión nos daba la fuerza. ¿Por qué arriesgarnos a separarnos en un momento tan difícil?

Por otra parte, tampoco había por qué seguir viajando frenéticamente. Lo normal era que las cosas terminaran por arreglarse. Obviamente, nuestro extraño periodo de exilio tenía que acabar en algún momento. A él le darían el visado, nos casaríamos, tendríamos una casa en Estados Unidos, pasaríamos muchos años juntos. Y siendo así, más me valía hacer un viaje rápido por mi cuenta, aunque sólo fuera para sentar un sólido precedente de cara al futuro. Porque hay una cosa que tengo clara: igual que muchas esposas necesitan tomarse unas cortas vacaciones para irse un fin de semana a un balneario con unas amigas, yo voy a ser una esposa que de vez en cuando se tiene que ir sola a Camboya.

¡Sólo eran unos días!

Y tal vez a él también le gustaría la idea. Al pensar en lo ariscos que nos habíamos puesto durante las últimas semanas caí en la cuenta de que me vendría bien estar sin él unos días. Entonces pensé en el jardín de mis padres, una buena metáfora del proceso que deben atravesar dos personas casadas para adaptarse la una a la otra, o simplemente quitarse de en medio para evitar el conflicto.

La experta en jardinería de la familia siempre ha sido mi madre, pero a mi padre le ha empezado a interesar con el paso de los años, lo que le ha permitido entrar a fondo en los dominios de ella. Pero así como Felipe y yo viajamos de maneras distintas, mi madre y mi padre practican la jardinería de manera distinta, lo cual a menudo es polémico. A lo largo de los años han tenido que dividir el jardín para mantener el orden en el mundo de las verduras. De hecho, lo han fraccionado de una forma tan complicada que a estas alturas de la película haría falta una fuerza de paz de la ONU para entender las zonas cuidadosamente separadas, cada una bajo un mando distinto. La lechuga, el brócoli, las hierbas para infusiones, el betabel y las frambuesas pertenecen todos a la zona de mi madre, por ejemplo, porque mi padre aún no ha descubierto como quitarle el control de esos productos en concreto. Pero las zanahorias, puerros y espárragos están bajo la absoluta jurisdicción de mi padre. ¿Y los arándanos? Mi padre ahuyenta a mi madre de sus matas de arándanos como si fuera un ave forrajera. A mi madre no se le permite acercarse lo más mínimo a los arándanos, ya sea para cortarlos, recogerlos o regarlos. Mi padre ha reivindicado la propiedad de los arándanos, que defiende como suya.

Pero donde el tema del jardín se complica de verdad es al llegar a los tomates y el maíz. Igual que Cisjordania, Taiwan o Cachemira, los tomates y el maíz siguen siendo territorios disputados. Los tomates los planta mi madre, pero es mi padre el que sujeta las matas con estacas, y es mi madre quien los recoge. ¡No tengo idea por qué! Ésas son las normas de participación y punto. (O al menos lo eran el verano pasado. La situación tomatera aún está en fase de desarrollo.) Por otra parte, está lo del maíz. En este caso es mi padre quien lo planta y mi madre quien lo cosecha, pero mi padre se empeña en cubrirlo con abono químico una vez cosechado.

Y ahí están los dos, en la brecha.

Jardín sin fin. Amén.

La insólita tregua jardinera de mis padres me hace pensar en un libro que una amiga mía, una psicóloga llamada Deborah Luepnitz, publicó hace varios años, titulado *Los puercoespines de Schopenhauer*. La metáfora esencial del libro de Deborah es una historia que contaba el filósofo prefreudiano Arthur Schopenhauer sobre el dilema esencial de la intimidad moderna. Según el pensador alemán, los seres humanos enamorados son como puercoespines en una fría noche de invierno. Para no congelarse, se arriman unos a otros. Pero en cuanto se acercan lo suficiente para darse calor, se pinchan entre sí con las púas. Entonces, para detener el dolor y el sufrimiento de la cercanía, los puercoespines se separan. Y una vez separados les entra el frío, que les hace acercarse de nuevo hasta que vuelven a pincharse con las púas. Entonces se alejan una vez más. Hasta que vuelven a acercarse. Y así eternamente.

"El ciclo se repite una y otra vez", escribió Deborah. "Es una eterna lucha por encontrar la distancia cómoda entre el dolor y el frío."

Al dividir y subdividir su autoridad en asuntos tan importantes como el dinero y los hijos, pero también en otros que nos pueden parecer tan triviales como el betabel o la frambuesa, mis padres diseñan su propia versión de la danza de los puercoespines, avanzando y retrocediendo sobre territorio ajeno, negociando, recalibrando, aún procurando —después de tantos años— encontrar la distancia correcta entre la autonomía y la cooperación, buscando ese equilibrio sutil y escurridizo que haga crecer la extraña trama de la intimidad. Se esfuerzan mucho en ello. A veces tienen que sacrificar tiempo y energía que habrían preferido dedicar a algo distinto, una actividad independiente, si la otra persona no estuviera siempre en medio. A Felipe y a mí nos va a tocar emprender el mismo proceso en lo referente a nuestras esferas de actuación correspondientes. Y en cuanto a viajar se refiere, vamos a tener que ensayar los pasos de la danza de los puercoespines.

Aun así, cuando llegó el momento de contarle a Felipe mi proyecto de irme unos días a Camboya, me entró un nerviosismo que nunca hubiera imaginado. Tardé varios días en decidir cómo iba a enfocarlo. No quería que pareciera que le estaba pidiendo permiso porque eso lo ponía en el papel de un maestro, o incluso de un padre, algo excesivo desde mi punto de vista. Sin embargo, tampoco me veía sentándome con ese señor tan amable y atento para informarle secamente que me iba, le gustara o no. Eso me pondría en el papel del tirano voluntario, y sería injusto para él.

Lo cierto era que había perdido la práctica en ese tipo de asuntos. Como llevaba bastante tiempo sola antes de conocer a Felipe, me había acostumbrado a hacer planes sin consultarlos con nadie. Es más, hasta ese momento nuestros viajes por motivos ajenos (y nuestras vidas en continentes distintos) siempre nos habían aportado un agradable y necesario tiempo a solas. Pero al casarnos, eso cambiaría necesariamente. A partir de ahora estaríamos siempre juntos, lo cual nos impondría límites molestos porque el matrimonio tiene una naturaleza vinculante y doméstica. El casamiento tiene una energía como la del bonsái: es una planta en una maceta, con las raíces comprimidas y las ramas cortadas. Es cierto que pueden vivir durante siglos y que su belleza sobrenatural procede de esa coerción, pero nadie confunde un bonsái con una viña que trepa por donde se le antoja.

El filósofo y sociólogo polaco Zygmunt Bauman tiene varios textos exquisitos sobre este tema. Opina que las parejas modernas nos hemos tragado el anzuelo al creer que vamos a disfrutar de las dos cosas, es decir, que ambos podemos tener la misma autonomía e intimidad. Nos hemos terminado creyendo, según Bauman, que un correcto autocontrol psicológico nos permitirá disfrutar de la relajante constancia del matrimonio sin llegar jamás a sentirnos recluidos o coartados. La palabra mágica —casi una palabra fetiche— es "equilibrio", lo que casi todos mis allegados parecen andar buscando con un ansia desesperada. Todos queremos, como dice Bauman, lograr que el matrimonio nos haga "fuertes sin quitarnos poder, capaces sin quitarnos capacidad, plenos sin quitarnos plenitud".

¿Será esto tal vez poco realista? Lo cierto es que el amor, por naturaleza, impone límites. El amor aprisiona. La enorme grandeza que sentimos en el corazón al enamorarnos es seguida de inmediato por las enormes restricciones que vienen a continuación. Felipe y yo tenemos una de las relaciones más plácidas del mundo, pero no nos engañemos: he reclamado a este hombre como mío, apartándolo claramente del resto de la manada. Su energía (sexual, sentimental, creativa) me pertenece en gran parte a mí y a nadie más, porque ya no es ni siquiera suya en su totalidad. Me debe una serie de cosas: información, aclaraciones, fidelidad, constancia y detalles de los aspectos cotidianos de su existencia. No es que lo lleve atado con una correa, pero no hay ninguna duda sobre el tema: ahora me pertenece. Y yo a él, exactamente en la misma medida.

Ahora bien, eso no implica que yo no pueda irme a Camboya sola. Pero sí implica, en cambio, que debo hablarlo con Felipe antes de hacerlo, como haría él si la situación fuera la opuesta. En caso de que él no quiera que me vaya sola, podemos discutirlo, pero al menos debo escuchar sus objeciones. Si se niega vehementemente, yo puedo imponerme con igual vehemencia, pero he de seleccionar bien mis batallas, igual que él. Si no me concede cierta libertad, nuestro matrimonio se arruinará. Por otra parte, si me empeño en vivir mi vida también acabaremos en ruptura. Es difícil, por tanto, hacer bien esta maniobra de opresión mutua silenciosa y aterciopelada, por así decirlo. El respeto mutuo nos impone liberarnos y soltarnos con el más exquisito de los esmeros, pero nunca —ni por un instante— debemos fingir que no estamos confinados.

Tras mucho pensarlo saqué el tema de Camboya una mañana, mientras desayunábamos en el hotel de Bangkok. Elegí mis palabras con una sensibilidad casi ridícula, usando un lenguaje tan abstruso que al principio ni siquiera conseguí hacerme entender. Con una buena dosis de pomposa formalidad y mucho preámbulo, me puse a explicarle que aunque lo quería y me costaba dejarlo solo en un momento tan difícil de nuestra vida, deseaba ver los templos camboyanos… Y teniendo en cuenta lo mucho que le aburre a él ir a ver monumentos antiguos, ¿no le parecía bien que el viaje lo hiciera yo sola? Y teniendo en cuenta lo tensos que nos habíamos puesto con tanto viaje, ¿no nos vendría bien pasar unos días cada uno por su lado?

Felipe tardó unos instantes en percatarse de lo que le estaba diciendo, pero cuando por fin cayó en la cuenta, soltó la tostada en el plato y me miró con gesto desconcertado.

—¡Por Dios, cariño! —exclamó—. No hace falta ni que me lo preguntes. ¡Vete y punto!

*

Así que me marché.

Y el viaje a Camboya fue…

¿Cómo podría explicarlo?

Ir a Camboya no es ir a la playa. Ni siquiera aunque vayas a la playa estando en Camboya. Vamos, es un país duro. Eso se nota en todo nada más al llegar. El paisaje es duro, como la gente que lo transita. La historia es igualmente dura, con el genocidio firmemente instalado en la memoria reciente. Hasta los rostros de los niños son duros. Y los perros también. La pobreza, peor que ninguna otra que yo haya visto; como la de la India rural, pero sin el brío. Como la del Brasil urbano, pero sin el colorido. Es una pobreza sucia y cansada.

Y mi guía también era un hombre duro.

Tras reservar habitación en un hotel de Siem Reap, salí a contratar un guía que me enseñara los templos de Angkor Wat y encontré a un hombre llamado Narith (un señor de 40 y tantos, elocuente, culto y extremadamente serio, que me enseñó educadamente las ruinas, pero que no parecía disfrutar de mi compañía, por decirlo de algún modo.) No trabamos amistad Narith y yo, pese a lo mucho que me habría gustado. No me gusta conocer a alguien y no lograr llevarme bien, pero la amistad jamás florecería en este caso. Una parte del problema era lo intimidatorio de su actitud. Todos tenemos algún sentimiento latente y el de Narith era la silenciosa desaprobación que irradiaba a cada paso. Aquello me producía tal inseguridad que al cabo de dos días casi no me atrevía a abrir la boca. A su lado me sentía como una niña boba, cosa no tan sorprendente dado que su otro empleo —además de guía turístico— era como maestro de escuela. Podría apostar a que es un profesor tremendamente eficaz. Me confesó sentir nostalgia por los buenos tiempos en que las familias camboyanas estaban más intactas y a los niños se los disciplinaba a golpes.

Pero no fue sólo su austeridad lo que nos impidió desarrollar una relación medianamente razonable. También fue mi culpa, porque no tenía la menor idea de cómo dirigirme a él. Tenía bien presente el hecho de estar ante un hombre criado durante una de las sacudidas de violencia más crueles de nuestra historia. Ninguna familia camboyana quedó indemne del genocidio de la década de 1970. Durante el mandato de Pol Pot, quienes se libraron de la tortura y la ejecución llevaban una vida marcada por el sufrimiento y el hambre. Se puede asumir, por tanto, que un camboyano que tenga 40 años hoy habrá tenido una infancia absolutamente infernal. Sabiendo todo esto, me costaba mucho iniciar una conversación corriente con Narith. Me costaba dar con un tema que no estuviera cargado con referencias potenciales a un pasado no tan lejano. Viajar por Camboya con un camboyano, decidí, debía ser como explorar una casa donde hubiera sucedido un espeluznante asesinato en masa, teniendo de guía al único familiar que se ha librado de la muerte. Hay que hacer un esfuerzo constante para no decir cosas tipo: "Anda, así que este es el cuarto donde tu hermano mató a tus hermanas, ¿no?" o "¡Conque en este garaje fue donde tu padre torturó a tus primos!" En vez de eso vas caminando educadamente detrás de tu guía y cuando dice: "Ésta es una de las partes más antiguas de la casa", te limitas a asentir y murmurar: "Ah, pues qué pérgola tan bonita".

Y te quedas con la intriga.

Entretanto, mientras Narith y yo paseábamos por las ruinas procurando no hablar de historia moderna, nos topábamos constantemente con bandas de niños abandonados, decenas de ellos pidiendo limosna. A algunos les faltaba un brazo o una pierna. Éstos se sentaban en la esquina de algún edificio arruinado, señalándose el miembro amputado y gritando: "¡Mina! ¡Mina! ¡Mina!". Cuando pasábamos caminando a su lado, los niños más ágiles venían detrás, intentando venderme postales, pulseras, baratijas. Algunos se limitaban a insistir, mientras otros ensayaban ángulos más sutiles.

—¿De qué estado americano eres? —me preguntó un niño diminuto—. Si te digo la capital, ¡me puedes dar un dólar!

Ese chico en concreto me siguió durante una buena parte del día, diciendo los nombres de los estados y sus capitales como un poema agudo y extraño:

—¡Illinois, señora! ¡Springfield! ¡Nueva York, señora! ¡Albany!

Al ir avanzando el día, empezó a subir de tono:

—¡California, señora! ¡SACRAMENTO! ¡Texas, señora! ¡AUSTIN!

Desconsolada, daba dinero a los niños, pero entonces Narith me regañaba. No hay que hacerles caso, me sermoneaba. Si les da dinero sólo empeora las cosas, advertía. Lo que yo estaba haciendo era fomentar la cultura de la limosna que traerá la ruina a Camboya. Había tantos niños abandonados que era imposible ayudarles, y mi dádiva sólo haría que vinieran más. Efectivamente, al verme sacando billetes y monedas aparecieron más niños, y aunque se me había acabado el dinero camboyano seguían arremolinados en torno a mí. Me sentía envenenada por la constante repetición de la palabra "NO", que me salía de la boca una y otra vez: un conjuro horripilante. Pero los chicos seguían insistiendo, hasta que Narith decidió que se había hartado y les soltó un bufido que los hizo perderse aterrados entre las ruinas.

Una tarde cuando volvíamos de ver el enésimo palacio del siglo XIII, de camino al coche procuré cambiar de tema para no seguir hablando de los niños abandonados. Al pedir a Narith que me contara la historia de un bosque cercano, me respondió con la siguiente incongruencia:

—Cuando los jemeres rojos mataron a mi padre, se quedaron con nuestra casa.

Dado que no supe qué responder, seguimos caminando en silencio.

Al cabo de un rato añadió:

—Entonces a mi madre la mandaron al bosque con nosotros, con todos sus hijos, para que intentara sobrevivir.

Esperé el resto de la historia, pero ahí se quedó la cosa. No parecía tener nada más compartir conmigo.

—Lo siento —dije finalmente—. Debió ser horrible.

Narith me lanzó una mirada hosca de… ¿qué? ¿Piedad? ¿Compasión? Pero sólo duró unos segundos.

—Sigamos con el *tour* —dijo, señalando un pantano fétido a la izquierda—. En tiempos antiguos esto era un estanque reflectante, que el rey Jayavarman VII usó en el siglo XII para estudiar la imagen de las estrellas reflejadas de noche…

A la mañana siguiente, queriendo ofrecer algo a aquel país destrozado, intenté donar sangre en el hospital local. Había visto por toda la ciudad carteles anunciando la falta de sangre y pidiendo ayuda a los turistas, pero no tuve suerte ni en eso. La estricta enfermera suiza echó un vistazo a mi bajo nivel de hierro y se negó a aceptar mi sangre. No quería ni medio litro.

—¡Estás muy débil! —me acusó—. ¡Es evidente que no te has estado cuidando nada! ¡No deberías estar de viaje! ¡Tendrías que estar en casa descansando!

Esa noche —mi última noche sola en Camboya— di una vuelta por las calles de Siem Reap, intentando relajarme para asimilar mejor el lugar. Pero no me sentía segura caminando sola por aquellas calles. La serenidad y armonía que suelo tener cuando camino a solas por un paisaje nuevo (que era, de hecho, lo que buscaba en Camboya), fue algo que no experimenté en ese viaje. En todo caso, me sentí como una intrusa irritante, una idiota o incluso un objetivo. Era un ser patético de sangre inservible. Al volver andando al hotel después de cenar, se me acercó otro tropel de niños pidiendo limosna. A uno de los niños le faltaba un pie y cojeando a mi lado me puso la muleta delante para hacerme la zancadilla. Tropecé, agitando torpemente los brazos, pero sin llegar a caerme.

—Dinero —dijo el niño llanamente—. Dinero.

Procuré sortearlo una vez más. Con una agilidad sorprendente, volvió a ponerme la muleta delante, haciéndome saltar por encima para eludirla. Los que estaban alrededor se rieron, haciendo que se acercaran más niños. Me había convertido en un espectáculo. Recuperando el resuello, eché a andar a toda prisa hacia el hotel. El corro de niños me tenía rodeada por todos los flancos. Algunos me bloqueaban el paso, riendo a carcajadas, pero una niña diminuta me tiraba de la manga gritando:

—¡Comida, comida, comida!

Llegué al hotel corriendo. Fue vergonzoso.

La terca y orgullosa ecuanimidad que había logrado mantener durante los últimos meses se me vino abajo en Camboya, y a toda velocidad. Perdí todo mi aplomo de viajera experta —junto con la paciencia y la compasión más elementales, según parecía— al salir corriendo, entre el ataque de pánico y la descarga de adrenalina, ante una horda de niños hambrientos que simplemente me pedían algo de comer. Al llegar al hotel me metí de cabeza en mi habitación, cerré la puerta, me tapé la cara con una toalla y me pasé la noche entera temblando como una cobarde.

*

Y ahí se quedó mi viaje a Camboya.

Una manera obvia de interpretar la historia es decir que jamás debí haberme ido, o al menos no entonces. Es cierto que fue un viaje algo forzado y precipitado, porque tantos meses de movimiento constante me habían dejado exhausta, por no hablar de la tensión inherente a las circunstancias. Tal vez no fuera el momento de asentar mi independencia, sentar precedentes de futuras libertades o poner a prueba los límites de la intimidad. Quizá tendría que haberme quedado en Bangkok con Felipe, disfrutando de la alberca, bebiendo cerveza y relajándome con él mientras decidíamos lo que haríamos.

Lo malo, además de no gustarme la cerveza, es que no creo que hubiera logrado relajarme. De haberme contenido el impulso, habría pasado esa semana en Bangkok —bebiendo cerveza y procurando no pelearme con Felipe—, enterrando para siempre algo que tal vez fuera importante, que en última instancia podría haberse enquistado creando ramificaciones tóxicas que afloraran en el futuro. Fui a Camboya porque tenía que hacerlo. Tal vez resultara una experiencia desconcertante y desagradable, pero eso no significa que no debiera haber ido. A veces la vida es desconcertante y desagradable. Hacemos las cosas lo mejor que podemos. No siempre sabemos lo que más nos conviene.

Lo que sí sé es que al día siguiente del encontronazo con los niños pidiendo limosna, volví a Bangkok y me reuní con un Felipe tranquilo y relajado, al que claramente le estaba sentando muy bien pasar unos días sin mí. En mi ausencia había aprendido a hacer animales con globos, para mantenerse ocupado. Cuando volví me regaló una jirafa, un perro salchicha y una serpiente de cascabel. Estaba muy orgulloso de sí mismo, pero yo seguía hecha un manojo de nervios y estaba cada vez más avergonzada de mi manera de actuar en Camboya. Pero me alegré mucho de verlo. Y estaba bastante agradecida de que me animara a hacer cosas a veces peligrosas, no siempre razonables y que a menudo no me salen todo lo bien que esperaba. Y es cierto que nunca se lo agradeceré bastante porque, a decir verdad, es seguro que acabaré repitiendo la experiencia.

Así que lo primero que hice fue alabar a Felipe por su maravilloso zoológico de animales-globo y luego él escuchó atentamente mis historias de Camboya. Y cuando nos entró el sueño nos metimos en la cama como si fuera el bote salvavidas en el que navegábamos juntos por la vida.

Capítulo séptimo

El matrimonio y la subversión

> *De todos los actos de la vida de un hombre,*
> *el matrimonio es el que menos concierne a los demás;*
> *pero de todos los actos de nuestra vida, el que más sufre*
> *la acometida de los demás es nuestro matrimonio.*
> JOHN SELDEN, 1689

A finales de octubre de 2006 ya estábamos en Bali, instalados en la antigua casa de Felipe, perdida entre los arrozales. Teníamos pensado vivir allí —discretamente, con la cabeza gacha, sin producir más estrés ni conflictos— hasta que finalizara el proceso de inmigración. Reconozco que a mí también me gustaba estar en un sitio conocido y parar de viajar. Era la casa donde, casi tres años antes, nos habíamos enamorado. Era la casa que Felipe había abandonado para irse a vivir conmigo a Filadelfia, "permanentemente" según creíamos entonces. Ahora era lo más parecido a un hogar y, por Dios, que ilusión nos hizo volver.

Al ver a Felipe pasearse de cuarto en cuarto, tocando las cosas que conocía con un placer casi canino, me di cuenta de lo contento que estaba. Todo seguía igual a como lo había dejado. La terraza descubierta del piso de arriba, con el sofá de ratán donde Felipe me había *seducido*, como dice él. La cómoda cama donde hicimos el amor por primera vez. La cocina diminuta con los platos y fuentes que le compré poco después de conocernos, porque su despensa de soltero me deprimía. La mesa apacible de la esquina donde escribí parte de mi último libro. El cariñoso perro anaranjado del vecino, Raja (al que Felipe siempre llamaba "Roger"), que cojeaba felizmente por allí gruñendo a su propia sombra. Los patos del arrozal, paseando de aquí para allá y murmurando sobre el último escándalo avícola.

Incluso había una cafetera.

Y como que no quiere la cosa, Felipe se volvió a convertir en el que era: un hombre bueno, atento y amable. Tenía su esquinita y sus rutinas. Yo tenía mis libros. Los dos teníamos una cama cómoda que compartir. Decidimos relajarnos todo lo posible mientras esperábamos a que el Departamento de Seguridad Nacional dictaminara el destino de Felipe. Esos dos meses se convirtieron en una especie de pausa narcótica, como la de las ranas de nuestro amigo Keo. Yo leía, Felipe cocinaba y a veces nos íbamos paseando al pueblo a ver a los viejos amigos. Pero lo que más recuerdo de esa etapa en Bali eran las noches.

Tengo que decir algo que uno normalmente no se espera de Bali: lo ruidoso que es. Cuando tenía un piso alquilado en la calle 14 de Manhattan oía la mitad de ruido que en el pueblo balinés aquel. Había noches en que nos despertaban unos perros peleándose, unos gallos discutiendo o una fragorosa procesión religiosa. Otras veces lo que nos interrumpía el sueño era algún aparatoso fenómeno atmosférico. Como siempre dormíamos con las ventanas abiertas, había noches en que el viento soplaba con tanta fuerza que nos despertábamos enredados en la tela del mosquitero, como algas atrapadas en una red de pesca. Después de desenredarnos, nos quedábamos hablando en la cálida penumbra.

Uno de mis pasajes literarios preferidos es de Italo Calvino, en su libro *Las ciudades invisibles*, donde el autor describe una urbe desconocida llamada Eufemia, donde los mercaderes de todos los países se reúnen en todos los solsticios y equinoccios para intercambiar sus mercancías. Pero no comercian sólo con especias, joyas, ganado o textiles. En realidad, acuden a la ciudad a intercambiar historias, a comerciar —literalmente— con sus vidas íntimas. El asunto, según escribe Calvino, consiste en que los hombres se reúnen de noche en torno a unas hogueras campestres, y cada hombre propone una palabra, como "hermana", "lobo" o "tesoro escondido". Entonces el resto va contando sus historias relacionadas con las palabras escogidas. Así, en los meses venideros, cuando ya se hayan ido todos de Eufemia y tengan que cruzar un desierto solitario en camello o hacer la larga ruta a China, las historias que han escuchado les ayudarán a combatir el aburrimiento. Y será entonces cuando descubran que, en efecto, han comerciado con sus historias, y que, como escribió Italo Calvino, "una hermana había sido trocada por la hermana de otro, un lobo por el lobo de otro".

Eso es lo que sucede en la intimidad con paso del tiempo. Y lo que pasa en un matrimonio duradero donde cada cónyuge intercambia y hereda las historias del otro. Así, en parte, nos convertimos uno en el anexo del otro, sirviendo de espaldera a la biografía del otro. La historia privada de Felipe pasa a formar parte de mis recuerdos; mi vida se entreteje con la suya. Al recordar la imaginaria ciudad de Eufemia donde los mercaderes intercambian historias, al pensar en las diminutas puntadas narrativas que componen la intimidad de una persona, en ocasiones —a las tres de la mañana de una noche insomne en Bali— le decía a Felipe una palabra, para ver qué recuerdos le traía. Entonces, al oír la palabra que yo le proponía, Felipe, tumbado a oscuras junto a mí, me contaba historias dispersas sobre hermanas, tesoros escondidos, lobos y —sobre todo— playas, pájaros, pies, príncipes, concursos...

Recuerdo una noche bochornosa en que me desperté con el rugido de una moto —sin tubo de escape— pasando bajo nuestra ventana. Cuando me di cuenta de que Felipe también estaba despierto, elegí una palabra al azar.

—Anda, cuéntame una historia sobre peces —le pedí.

Estuvo un buen rato pensándola.

Al cabo de un tiempo rompió el silencio del cuarto iluminado por la luna para contarme la historia de cuando —de pequeño, en Brasil— salía de noche a pescar con su padre. Iban los dos solos, el niño y el hombre, a la orilla de un río agreste

231

donde pasaban varios días descalzos y sin camisa, comiendo lo que pescaban. Felipe no era tan listo como su hermano mayor Gildo (eso decían todos) y tampoco era tan encantador como su hermana mayor Lily (eso decían todos también), pero en la familia se sabía que era el mejor acompañante, motivo por el que siempre le tocó a él ir de pesca con su padre, aunque era muy pequeño.

La labor de Felipe en esas excursiones era ayudar a su padre a poner las redes en el río. Lo importante era la estrategia. De día su padre apenas le hablaba (estaba centrado en la pesca), pero todas las noches cuando encendían la hoguera le contaba —de hombre a hombre— su plan de pesca del día siguiente. El padre preguntaba a su hijo de seis años:

—¿Has visto ese árbol medio hundido, como a un kilómetro río arriba? ¿Qué te parece si vamos ahí mañana a ver qué tal se nos da?

En cuclillas junto al fuego, Felipe escuchaba, como si fuera un hombre atento y serio, asintiendo a las palabras de su padre. No era un señor ambicioso el padre de Felipe, ni un gran pensador, ni un buen empresario. A decir verdad, era el hombre menos diligente del mundo. Lo que en realidad hacía bien era nadar. Con el cuchillo de caza entre los dientes cruzaba a nado aquellos anchos ríos, revisando las redes y las trampas, dejando a su hijo solo en la orilla. Entre aterrado y emocionado, Felipe veía a su padre adentrarse en el río en pantalón corto, luchando contra la corriente con el cuchillo entre los dientes, sabiendo que si se lo llevaba el agua, él se quedaría abandonado en medio de la nada.

Pero su padre tenía tal fuerza que nunca se dejó arrastrar por el agua. En nuestro tórrido cuarto de Bali, bajo el mosquitero húmedo que se mecía con el viento, Felipe me enseñó cómo nadaba su padre a contracorriente. Aquella noche sofocante, tumbado de espaldas en la cama, hizo los hermosos gestos de un hombre nadando, sus brazos pálidos y fantasmales a la luz de la luna. Tantas décadas después, seguía siendo capaz de imitar el sonido exacto que hacían los brazos al cortar las veloces aguas oscuras: *"Sus-a, sus-a, sus-a…"*

Y ahora ese recuerdo —ese sonido— me invadió también a mí. Era casi como si lo hubiera vivido, pese a que no llegué a conocer al padre de Felipe, que murió hacía años. De hecho, en el mundo ya sólo habrá unas cuatro personas que recuerden al padre de Felipe; y sólo una de ellas —hasta el momento en que Felipe me contó la historia a mí— sabe exactamente cómo era ese hombre y qué ruido hacía al cruzar a nado los anchos ríos brasileños a mediados del siglo pasado. Pero ahora a mí también me parecía estarlo recordarlo, con la misma claridad y lujo de detalles.

Eso es la intimidad: contarse historias en la oscuridad de la noche.

En mi opinión es eso, el acto silencioso de hablar por la noche, lo que mejor ilustra la curiosa alquimia del compañerismo. Porque cuando Felipe me describió cómo nadaba su padre, yo tomé esa imagen borrosa y la cosí cuidadosamente en el dobladillo de mi propia vida, de modo que ahora ya la llevo conmigo para siempre. Mientras viva, incluso cuando Felipe ya se haya ido, yo seguiré llevando conmigo ese recuerdo de su infancia, su padre, su río, su Brasil, porque ya es algo mío también.

*

Cuando llevábamos unas semanas de retiro en Bali, al fin hubo noticias sobre el asunto del visado.

Según nos comunicó nuestro abogado desde Filadelfia, el FBI me había dado el visto bueno como persona sin antecedentes penales. Al parecer, había superado la prueba sin problemas. Por tanto, se me consideraba capacitada para casarme sin problemas con un extranjero, es decir, que el Departamento de Inmigración podía empezar a procesar la solicitud del visado de Felipe. Si todo iba bien —si le daban el pase exclusivo, que era un visado permanente para un cónyuge extranjero— se le permitiría regresar a Estados Unidos en unos tres meses. Al fin veíamos la luz al final del túnel. Nuestra boda ya era inminente. Los documentos de inmigración, suponiendo que Felipe los consiguiera, estipularían claramente que podía volver a entrar en Estados Unidos, pero sólo durante 30 días exactos durante los cuales se tenía que casar con una ciudadana concreta llamada Elizabeth Gilbert, excluyendo por completo a cualquier otra ciudadana, o se enfrentaba a una deportación permanente. El gobierno estadounidense no iba a acompañar los papeles de una escopeta, aunque pudiera llegar a dar esa impresión.

Al llegar la noticia a nuestros familiares y amigos del mundo entero, muchos nos empezaron a preguntar cosas sobre la ceremonia de la boda. ¿Cuándo sería? ¿Dónde? ¿A quién invitaríamos? Por suerte, logré salir airosa del interrogatorio. Lo cierto era que no tenía nada pensado, por la sencilla razón de que la idea de una ceremonia pública me ponía muy nerviosa.

En mis investigaciones había descubierto una carta que Antón Chejov había escrito a su novia, Olga Knipper, el 26 de abril de 1901, la cual resumía perfectamente todos mis temores. Chejov le escribió: "Si me das tu palabra de que nadie en Moscú sabrá de nuestra boda hasta que ya haya sucedido, estoy dispuesto a casarme contigo el mismo día de mi llegada. Por algún motivo me aterra la ceremonia de la boda, las enhorabuenas y la copa de champán que hay que tener en la mano mientras se esboza una tibia sonrisa. Preferiría ir directamente desde la iglesia a Zvenigorod. O tal vez nos podríamos casar en Zvenigorod. ¡Piensa, piensa, querida! Tú eres lista, según dicen."

¡Eso! ¡Piensa!

Pues yo también quería saltarme todo el lío y marcharme directamente a Zvenigorod, ¡aunque no supiera ni dónde estaba! Lo que yo quería era una boda lo más sigilosa y privada posible, quizá incluso sin decírselo a nadie. ¿No había jueces y alcaldes capaces de hacer la labor lo más indolora posible? Cuando le conté estas ideas por *email* a mi hermana Catherine, me contestó: "En vez de una boda, parece una colonoscopia". Pero doy fe que tras muchos meses sometidos a la agotadora investigación del Departamento de Seguridad, por ahora lo nuestro se parecía más a una colonoscopia que a una boda.

Pero resultó que varias personas de nuestro entorno —encabezadas por mi hermana— insistían en que teníamos que hacer una ceremonia de boda con todos los honores. Cada cierto tiempo Catherine me mandaba un correo dejando caer la posibilidad de celebrar una fiesta en su casa después de la boda. No tenía por qué ser una historia elegantona ni nada parecido, pero...

Sólo de pensarlo se me humedecían las palmas de las manos. Le contesté que no era necesario, que Felipe y yo no éramos muy dados a las fiestas. Catherine me respondió en su siguiente mensaje: "¿Y si hago yo la fiesta por mi cumpleaños, por ejemplo, y resulta que los invito a Felipe y a ti, ¿me dejarías al menos brindar por su felicidad?"

No quise comprometerme a nada.

Mi hermana siguió insistiendo: "¿Y si se me antoja hacer una fiesta enorme mientras están los dos en casa, pero sin obligaros a bajar? Se podrían quedar en el piso de arriba, encerrados en un cuarto con las luces apagadas. Y entonces, al hacer el brindis por su boda, yo levantaría el vaso de champán vagamente hacia el techo. ¿Eso también es demasiado para ti?"

Increíblemente, perversamente: *sí*.

Al intentar explicarme a mí misma el rechazo que me producía una ceremonia pública, tuve que admitir que parte del asunto era la vergüenza, por las buenas. Qué extraño eso de ponerse de pie ante la familia y amigos (muchos de los cuales habían estado en la primera boda) y jurar amor eterno una vez más. ¿Esa película no la habían visto ya todos? Creo que con estas cosas la credibilidad de una puede acabar por los suelos. Y Felipe, que también había jurado amor eterno, acabó separándose después de 17 años. ¡Vaya pareja que hacíamos! Como diría Oscar Wilde, un divorcio se puede considerar una desgracia, pero dos ya es cuestión de negligencia.

Por otra parte, siempre recuerdo lo que Miss Manners —columnista experta en etiqueta— dice sobre el asunto. Aunque opina que la gente se debe casar todas las veces que quiera, cree que cada uno de nosotros tiene derecho a una sola fiesta de boda en la vida. (Esto puede sonar a protestantismo déspota, lo sé, pero curiosamente los Hmong opinan lo mismo. Al preguntar a la abuela vietnamita sobre la celebración de un segundo matrimonio Hmong, me respondió: "Los segundos matrimonios son exactamente igual que los primeros, pero con menos cerdos").

Además, un segundo o tercer matrimonio pone a los miembros de la familia y a los amigos en la extraña tesitura de plantearse si hay que volver a hacer una pedida de mano y una despedida de soltera. La respuesta parece ser que no. Como explicaba Miss Manners a una lectora con su soltura habitual, lo que se debe hacer con una novia en serie es saltarse las fiestas y regalos pues basta con enviarle a la señora una nota expresando la más sincera alegría ante su compromiso, deseándole toda la suerte del mundo y evitando cuidadosamente usar las palabras "esta vez".

Por Dios, cómo me horrorizan esas dos palabras tan molestas —*esta vez*—, pero era verdad. El recuerdo de la *otra vez* estaba demasiado reciente y era muy doloroso. Por otra parte, no me gustaba pensar que los invitados a la segunda boda se acordaran del primer marido al ver al segundo, por no hablar de que la propia novia también se acordaría de su ex marido ese día. Los primeros cónyuges, tengo entendido, no acaban de desaparecer nunca, ni siquiera aunque se les haya retirado la palabra. Son fantasmas que se ocultan en los rincones de nuestras nuevas historias de amor, sin esfumarse nunca del todo, viniéndonos a la cabeza cuando les da la gana para darnos una opinión no solicitada o una crítica dolorosamente certera. "Te conocemos mejor de lo que te conoces a ti mismo", es lo que dicen los fantasmas de nuestros ex (y lo que saben de nosotros, me temo, no suele ser bonito).

"En la cama de un divorciado que se casa con una divorciada hay cuatro personas", dice un texto talmúdico del siglo IV. Y es verdad que nuestros ex esposos a veces parecen estarnos acechando en la cama. Yo sigo soñando con mi ex marido, por ejemplo, mucho más de lo que hubiera imaginado cuando le dejé. Normalmente son sueños preocupantes y confusos. En raras ocasiones son agradables o conciliatorios. Pero tampoco importa demasiado, porque esos sueños no se pueden controlar ni detener. Mi ex se me aparece en el subconsciente cuando le da la gana, entrando sin llamar. Es como si tuviera las llaves de casa. Y Felipe también sueña con su ex mujer. Por Dios, si hasta yo sueño con su ex. A veces incluso sueño con la mujer nueva de mi ex, a quien no conozco, cuya foto no he visto nunca, pero a veces se me aparece en sueños y hablo con ella. (De hecho, a veces acudimos a una cumbre conjunta.) Y no me sorprendería si en algún lugar del mundo la segunda mujer de mi ex sueña conmigo de vez en cuando, intentando alisar los extraños pliegues de nuestro vínculo subconsciente.

Mi amiga Ann —divorciada hace 20 años y felizmente casada por segunda vez con un maravilloso hombre mayor que ella— me asegura que esas cosas se borran con el tiempo. Jura y perjura que los fantasmas desaparecen, que llegará un momento en que no volveré a acordarme de mi ex marido nunca más. No sé. Lo veo difícil. Es posible que se vaya quitando, pero no sé si se borrará del todo, y más teniendo en cuenta lo desagradable que fue el final de mi primer matrimonio, con tantos asuntos por resolver. Mi ex y yo no logramos ponernos de acuerdo ni una sola vez en cuanto a los motivos de nuestra separación. Era chocante nuestra absoluta incapacidad para llegar al consenso. Dos mentalidades tan distintas probablemente indiquen que jamás debimos casarnos; fuimos los dos únicos testigos presenciales de la defunción de nuestro matrimonio, pero cada uno se fue con una versión totalmente distinta de lo sucedido.

De ahí la sensación de una presencia obsesiva. Aunque mi ex y yo llevemos vidas totalmente distintas, de vez en cuando se me cuela en un sueño como una especie de avatar que tantea, analiza y reconsidera desde mil ángulos distintos un asunto eternamente irresoluble. Es incómodo. Es siniestro. Es fantasmagórico. Y yo no quería provocar a ese fantasma celebrando una boda por todo lo alto.

Tal vez otro motivo por el cual Felipe y yo nos negáramos a pasar por el altar fuera que ya lo habíamos hecho. Nos habíamos casado en una ceremonia privada que nos inventamos entre los dos. Fue en Knoxville, en abril de 2005, cuando Felipe se vino a vivir conmigo por primera vez a ese extraño hotel decadente que había en la plaza. Un día fuimos a una tienda y compramos unos anillos de oro muy sencillos. Luego escribimos en un papel lo que nos prometíamos mutuamente y lo leímos en voz alta. Al final nos pusimos el anillo el uno al otro, sellamos el compromiso con un beso y unas lágrimas y se acabó. A los dos nos bastó con eso. En todo lo importante, siempre tuvimos la sensación de estar casados.

Nadie lo vio más que nosotros dos (y Dios, con un poco de suerte). Y sobra decir que nadie tiene por qué respetar ese compromiso en absoluto (salvo nosotros dos y, una vez más, Dios). Ya podemos imaginarnos cómo habrían reaccionado los funcionarios del Departamento de Seguridad del aeropuerto de Dallas, por ejemplo, si hubiera intentado convencerlos de que aquella ceremonia privada en un hotel de Knoxville nos convertía a Felipe y a mí en dos personas casadas.

La verdad es que había mucha gente —amigos y parientes— a la que le molestaba que Felipe y yo lleváramos anillos de boda sin habernos casado oficialmente. En el mejor de los casos lo consideraban desconcertante, y en el peor, patético. "¡No!", exclamó mi buen amigo Brian en un *email* desde el norte de California cuando le dije que Felipe y yo nos habíamos casado en secreto. "¡Así no se hace!", insistía. "¡Eso no vale! ¡Tienen que casarse de verdad!"

Tras pasarnos muchas semanas discutiendo, me sorprendió que Brian tuviera tan claro el asunto. Pensé que él, precisamente, entendería por qué Felipe y yo no teníamos que casarnos pública ni legalmente para satisfacer el convencionalismo de los demás. Brian es uno de los hombres casados más felices que conozco (su devoción por Linda lo convierte en la encarnación de la maravillosa palabra *desposado*, cuya raíz latina significa "prometer"), pero también es posible que sea el amigo menos conformista que tengo. No acepta bien ninguna norma social. Es un intelectual pagano que vive en una cabaña en medio del campo con una letrina como cuarto de baño. Nada que ver con la elegante Miss Manners. Pero Brian insistía en que un juramento dicho solamente ante Dios no vale como matrimonio.

"*¡EL MATRIMONIO NO ES SÓLO UN JURAMENTO PRIVADO!*", me insistía (escribiéndolo así, en mayúscula y cursiva). "Por eso tienes que casarte ante los demás, incluso ante tu tía la que huele a pipí. Es una paradoja, pero el matrimonio concilia otras muchas paradojas: la libertad con el compromiso, la fuerza con la subordinación, la sabiduría con la majadería absoluta, etc. Y lo que dices no es verdad. No te casas para satisfacer a los demás. Más bien son tus invitados los que están obligados contigo. Son ellos los que te van a ayudar en tu matrimonio, quienes cuidarán de ti o de Felipe, si uno de los dos falta."

Pero había una persona todavía más indignada que Brian con el tema de nuestro matrimonio: mi sobrina Mimi (de siete años). Para empezar, le daba una rabia tremenda que yo no me casara a lo grande, porque quería ser dama de honor en una boda al menos una vez en la vida y a este paso se iba a quedar con las ganas. Además, su amiga Moriya había sido dama dos veces, ¡y a Mimi le daba miedo estarse haciendo demasiado mayor!

Por otra parte, nuestra ceremonia de Tennessee le parecía una ofensa absoluta. Le habían dicho que ahora, después de lo de Knoxville, podía llamar "tío" a Felipe, pero no le daba la gana. Y a su hermano mayor, Nick, tampoco. No es que a los hijos de mi hermana no les cayera bien Felipe, sino que un tío, como me explicó muy serio mi sobrino Nick (de diez años) puede ser el hermano de tu padre o madre, o el hombre que está *legalmente* casado con tu tía. Así que Felipe no podía ser el tío oficial de Nick y Mimi, porque no era mi marido y no había manera de hacerles bajar del burro. A los niños de esa edad les encantan los convencionalismos. Por Dios, si parecen funcionarios del censo. Para castigarme por mi desobediencia civil, a Mimi le dio por llamar a Felipe "tío", haciendo el gesto de las comillas con las manos siempre que lo decía. A veces incluso se refería a él como mi "marido", también con comillas invisibles y un gesto algo desdeñoso.

Una noche del año 2005 en que Felipe y yo habíamos ido a cenar a casa de Catherine, pregunté a Mimi qué podíamos hacer para que se tomara en serio mi relación con Felipe.

—Te tienes que casar de verdad —dijo, totalmente convencida.

—Pero, ¿qué es casarse de verdad? —le pregunté.

—Bueno, para empezar te tienes que casar con alguien —contestó con voz de auténtica desesperación—. Y no puedes casarte en secreto. Tiene que haber alguien delante cuando digas lo de "sí, quiero".

Curiosamente, Mimi había abierto un tema importante desde el punto de vista filosófico e histórico. Como explica el filósofo David Hume, un testigo es un personaje necesario en una sociedad que da importancia a la palabra jurada. Es así porque cuando una persona hace una promesa es imposible saber si dice la verdad o miente. Quien habla puede tener, como decía Hume, "otra disposición del pensamiento distinta", oculta tras sus palabras nobles y heroicas. Pero la presencia del testigo niega toda intención oculta. Porque entonces ya da igual si crees en lo que dices o no; lo que importa es que has dicho lo que hayas dicho, y que una tercera persona lo atestiguó. Es el testigo, por tanto, quien se convierte en el sello viviente de la promesa, autenticándola con el peso específico de su presencia. Incluso al comienzo de la Edad Media, antes de que existieran las religiones oficiales ni las bodas por lo legal, bastaba con un solo testigo para casar a una pareja ante la ley. Ya entonces, casarse no era sólo cosa de dos. Como decía mi sobrina, tenía que haber alguien delante.

Mirando a Mimi, le pregunté:

—¿Te conformas si Felipe y yo nos juramos amor eterno aquí mismo en la cocina, delante de ti?

—Está bien, pero, ¿quién es la persona que los ve? —me preguntó al instante.

—¿Qué te parece si lo haces tú? —le sugerí—. Así compruebas que lo hemos hecho todo bien.

Era un plan de lo más ingenioso, porque la especialidad de Mimi es comprobar si la gente hace las cosas bien o no. Era la persona perfecta para el cargo. Y puedo decir con orgullo que estuvo a la altura de la situación. Ahí en la cocina, mientras su madre preparaba la cena, Mimi nos pidió a Felipe y a mí que nos pusiéramos de pie ante ella. Luego nos dijo que por favor le diéramos los anillos de "boda" (haciendo las comillas con los dedos) que llevábamos desde hacía meses. Finalmente, nos prometió que nos los guardaría hasta el final de la ceremonia.

Entonces improvisó un rito matrimonial con los retazos sacados de todas las películas que había visto en sus largos siete años de vida.

—¿Prometen que se van a querer siempre? —nos preguntó.

Lo prometemos.

—¿Prometen que se van a querer aunque estén enfermos?

Lo prometemos.

—¿Prometen que se van a querer aunque estén enojados?

Lo prometemos.

—¿Prometen que se van a querer aunque se queden sin dinero?

(Esa pregunta fue la que más me gustó, porque lo de la riqueza y la pobreza siempre me ha parecido un poco extremo.)

Lo prometemos.

Y ahí nos quedamos todos en silencio. Era evidente que a Mimi le habría gustado conservar su importante puesto de *la persona que nos ve* durante un rato más, pero no se le ocurría ninguna otra promesa. Así que nos devolvió los anillos y nos dijo que nos los pusiéramos el uno al otro.

—Ahora puedes besar a la novia —proclamó muy seria.

Felipe me besó. Catherine dio un gritito de júbilo y siguió removiendo la salsa de almejas. Así concluyó, en la cocina de mi hermana, la segunda ceremonia de compromiso no oficial de Liz y Felipe. Esta vez con una testigo.

Di un abrazo a mi sobrina Mimi.

—¿Ya estás contenta? —le pregunté.

Asintió con la cabeza.

Pero el gesto de su rostro indicaba que de contenta, nada.

*

¿Qué tiene una boda pública y legal para que todo el mundo se la tome tan en serio? ¿Y por qué estaba yo tan en contra de una boda formal, con una terquedad que rayaba en la beligerancia? Mi aversión era verdaderamente inexplicable, porque los ritos y las ceremonias me gustan hasta extremos insospechados. Vamos a ver, he estudiado los textos de Joseph Campbell sobre mitología y he leído *La rama dorada*, así que sé de qué se trata. Reconozco que la ceremonia es esencial para el ser humano: es un círculo que trazamos en torno a las ocasiones importantes, para separar lo excepcional de lo común. Y el rito es una especie de armadura mágica que nos acompaña desde una etapa de la vida a la siguiente, para asegurarnos que no nos vamos a caer ni nos perderemos por el camino. La ceremonia y el rito sirven para suavizar el profundo terror que nos produce el cambio, como una especie de mozo de un establo guiando a un caballo en mitad de un incendio, susurrándole al oído: "No le des más vueltas, amiguito. Lo que tienes que hacer es poner una pezuña delante de la otra y ya verás como sales de ésta".

Incluso entiendo que la gente considere tan importante presenciar las ceremonias rituales de los demás. Mi padre —un hombre más bien poco convencional— se empeñaba en que fuéramos a todos los funerales y entierros celebrados en nuestra ciudad. Lo importante, según nos decía, no es honrar a los muertos ni dar consuelo a los vivos. Uno va a esos actos a dejarse ver, concretamente, en ese caso, por la esposa del fallecido. Hay que asegurarse de que te vea bien la cara y memorice el dato de que has asistido al entierro de su marido. No para subir puestos en la sociedad, ni para dejar claro que eres una buena persona, sino para que al encontrarte a su viuda en el supermercado ella sepa perfectamente que estás al tanto de su tragedia. Como te ha visto en el entierro de su marido, sabe que tú sabes lo suyo. Así no tiene que contarte la triste historia del fallecimiento otra vez y tú te libras de tener que darle el pésame en el pasillo de las verduras, porque ya se lo has dado en la iglesia, que es el lugar adecuado. El rito público de la muerte, por tanto, los ha igualado a la viuda y a ti ante la vida; y además, les ha evitado una escena incómoda y desconcertante. Han solucionado el pequeño asunto que los ha vinculado brevemente. Ya están a salvo.

Eso es lo que querían mis amigos y familiares, precisamente, cuando nos pedían a Felipe y a mí que celebráramos nuestra boda en una ceremonia pública. No era para ponerse elegantes, bailar con zapatos incómodos ni cenar pollo o pescado gratis. Lo que querían mis amistades y mi familia era poder seguir con su vida sabiendo el lugar que ocupa cada uno respecto a los demás. Eso era lo que quería Mimi, quedar bien y olvidarse del tema. Quería tener claro que iba a poder decir las palabras "tío" y "marido" sin tener que ponerles comillas invisibles, porque al fin iba a saber el papel verdadero que tenía Felipe en nuestra familia. Y tenía claro que para poder apoyar nuestro matrimonio como estaba mandado, tenía que vernos jurándonos amor eterno delante de todo el mundo.

En cuanto a mí se refiere, sabía y aceptaba que las cosas eran así. Pero me seguía resistiendo a participar en ello. El problema era que —incluso tras pasar varios meses leyendo, pensando y hablando sobre el matrimonio— el asunto seguía sin convencerme. Aún no estaba segura de comprar el paquete de productos que me vendía el matrimonio. Sinceramente, seguía resentida de tener que casarme con Felipe porque nos lo mandara el gobierno. Y quizá el motivo de que eso me molestara tanto y a un nivel tan fundamental es porque soy griega.

Un momento, porque quiero aclarar que no soy literalmente griega, es decir, que no he nacido en Grecia, ni soy socia de una fraternidad colegiada, ni entusiasta de la pasión sexual entre dos hombres enamorados. Me refiero a que soy

243

griega en mi modo de pensar. Les contaré la historia: hace tiempo que los filósofos saben que los cimientos de la cultura occidental están formados por dos mentalidades opuestas: la griega y la judía. La elección de una de las dos determina en gran medida el modelo de existencia.

De los griegos —sobre todo en la época gloriosa de la antigua Grecia— hemos heredado los conceptos del humanismo laico y la integridad individual. También nos dejaron como legado la democracia, la igualdad, la libertad personal, el razonamiento científico y una independencia e imparcialidad intelectual que hoy podríamos llamar "multiculturalismo". El modelo de vida griego, por tanto, es urbano, elegante, analítico y siempre abierto a la duda y el debate.

Pero también tenemos la cultura hebrea, que es otra manera de ver la vida. Cuando empleo la palabra "hebreo" no me refiero concretamente a los principios del judaísmo. (De hecho, la mayoría de los judíos estadounidenses que conozco tienen una mentalidad muy griega, mientras que los fundamentalistas cristianos tienen una filosofía muy hebrea.) Por tanto, cuando los intelectuales usan el término hebreo se refieren a una filosofía antigua relacionada con lo tribal, la fe, la obediencia y el respeto. El credo hebreo se basa en el clan patriarcal, el autoritarismo, la moral, la ceremonia ritual y el recelo ante todo lo ajeno. Los pensadores hebreos ven el mundo como un claro duelo entre el bien y el mal, con Dios siempre firmemente de nuestra parte. Los actos humanos son buenos o malos. No hay zonas grises. La comunidad está por encima del individuo, la moralidad es más importante que la felicidad y los votos son inviolables.

El problema es que la cultura occidental moderna ha heredado ambas mentalidades a la vez, aunque nunca acabemos de reconciliarlas por el simple hecho de que son irreconciliables. (Esto se ve perfectamente en los periodos electorales estadounidenses). La sociedad estadounidense es una curiosa amalgama tanto de la mentalidad griega como de la hebrea. Si nuestro código legal es más bien griego, nuestro código ético es más bien hebreo. Nuestro concepto de la independencia, el intelecto y la integridad individual es el griego, y no tenemos otro. En cambio, nuestro concepto de la voluntad divina y la rectitud es el hebreo. Nuestro sentido de la equidad es griego; nuestro sentido de la justicia es hebreo.

Y al llegar a la idea del amor, en fin, somos una confusa mezcla de las dos mentalidades. A golpe de encuesta, los estadounidenses han expresado siempre su aceptación de dos ideas del matrimonio completamente contradictorias. ¿Cómo pueden ser simultáneamente ciertas ambas ideas? No es de extrañar que los estadounidenses estemos tan desconcertados. Ni que nos casemos y nos divorciemos más que ningún otro país del mundo. No hacemos más que ir y volver entre dos visiones opuestas del amor. Nuestro concepto hebreo (bíblico/moralista) del amor se basa en la devoción a Dios, que trata sobre la sumisión a un credo sacrosanto en el que creemos absolutamente. Nuestro concepto griego (filosófico/ético) del amor se basa en la devoción a la naturaleza basada en la exploración, la belleza y un profundo respeto por la auto-expresión. En todo ello creemos también.

El perfecto amante griego es erótico; el perfecto amante hebreo es fiel.

La pasión es griega; la fidelidad es hebrea.

Esta idea me ha obsesionado, porque en el espectro griego-hebreo estoy mucho más cerca del extremo griego. ¿Eso me convierte en una peor candidata al matrimonio? Me temía que sí. A los griegos no nos gusta sacrificar nuestra libertad individual en el altar de la tradición. Nos coarta y asusta. Empecé a darle vueltas a este asunto al toparme en el informe Rutgers con un dato simple pero significativo sobre el matrimonio. Parece ser que existen pruebas de que si ambos, el marido y la esposa, creen en la santidad del matrimonio, es probable que la unión dure más que si ambos cónyuges tienen sus reticencias sobre éste. Es decir, que respetar el matrimonio es un prerrequisito para aguantar casado.

Y supongo que tiene sentido, ¿verdad? Porque habrá que creer en lo que uno se promete para que una promesa tenga algún sentido, ¿no? El matrimonio no es simplemente una promesa hecha a otro individuo; ésa es la parte fácil. El matrimonio es un juramento de mantener un juramento. Sé de muchas personas que siguen casadas no necesariamente porque amen a su cónyuge, sino porque aman sus principios. Morirán casados con alguien a quien pueden odiar, pero han jurado ser fieles ante Dios y no se reconocerían a sí mismos en caso de romper esa promesa.

En mi caso, no es así. Cuando tuve que elegir entre mantener mi promesa y mantenerme fiel a mí misma, preferí elegirme a mí misma que honrar lo prometido. Me niego a pensar que esto me convierta *necesariamente* en una persona poco ética (podría decirse que preferir la libertad a la desdicha también es honrar el milagro de la vida), pero sí que supuso un dilema cuando se trataba de casarme con Felipe. Aun siendo lo bastante hebrea para desear fervientemente casarme para siempre esta vez (sí, usemos aquí esas palabras vergonzantes: *esta vez*), aún no había logrado respetar la institución del matrimonio en sí. No había hallado en la historia del matrimonio un lugar donde me sintiera como en casa, donde pudiera reconocerme a mí misma. Debido a esta crisis de identidad y auto-respeto temí que no consiguiera creer en mis propias palabras al jurar amor eterno el día de mi boda.

Para intentar entenderlo abrí el tema con Felipe. Y he de decir que él estaba considerablemente más tranquilo que yo. Pese a no respetar la institución del matrimonio mucho más que yo, no hacía más que repetirme: "A estas alturas, cariño, todo esto es puro juego. El gobierno nos ha impuesto sus normas y ahora nos toca cumplirlas para conseguir lo que queremos. En cuanto a mí se refiere, estoy dispuesto a jugar a lo que sea, con tal de poder vivir contigo en paz".

Esta filosofía parecía funcionarle, pero lo que yo quería no era que lo llevara la corriente, sino un cierto nivel de honestidad y autenticidad. Pero como me vio angustiada con el asunto, tuvo la amabilidad —Dios lo bendiga— de pasarse un buen rato oyéndome divagar sobre las dos filosofías opuestas de la civilización occidental y su influencia en mi concepto del matrimonio. Al preguntar a Felipe si se sentía más griego o hebreo en su modo de pensar, me contestó:

—Cariño, todo eso no se puede aplicar a mí.

—¿Por qué no? —le pregunté.

—Porque no soy griego ni hebreo.

—¿Y qué eres, entonces?

—Soy brasileño.

—¿Y qué quieres decir con eso?

—¡Pues que no se sabe! —dijo Felipe con una gran carcajada—. Eso es lo maravilloso de ser brasileño. ¡Que no significa nada! Así que lo puedes usar como excusa para vivir como te dé la gana. Es una estrategia genial, la verdad. A mí me ha sido muy útil.

—¿Y a mí de qué me sirve?

—¡Puede que te sirva para relajarte! Estás a punto de casarte con un brasileño. ¿Por qué no empiezas a pensar al estilo brasileño?

—¿Y eso cómo es?

—¡Elige lo que tú quieras! Es la mentalidad brasileña, ¿no? Vamos tomando ideas de aquí y de allí, las mezclamos y creamos algo distinto. A ver, ¿qué es lo que te gusta tanto de los griegos?

—Su concepto de la humanidad —le dije.

—¿Y qué es lo que te gusta, si hay algo, de los hebreos?

—Su sentido del honor —contesté.

—Vale, pues ya está. Nos quedamos con los dos, humanidad y honor. Vamos a casarlos para formar una combinación distinta. Y la llamamos mezcla brasileña. Así la adaptamos a nuestro propio código.

—¿Y podemos hacer eso?

—¡Cariño! —exclamó, poniéndome una mano a cada lado de la cara con un ímpetu repentino y frustrado—. ¿Es que no lo entiendes? En cuanto tengamos ese maldito visado, nos hayamos casado y estemos ya en Estados Unidos tranquilamente, *vamos a hacer lo que nos dé la real gana*.

*

¿Seguro que lo podemos hacer?

Recé para que Felipe tuviera razón, pero no lo veía tan claro. Mi gran temor en cuanto al matrimonio, tenía que admitirlo, era que acabara moldeándonos a nosotros mucho más de lo que nunca lo íbamos a moldear nosotros a él. Y en todos los meses que llevaba estudiándolo no habían hecho sino reafirmar mi temor. Lo que sí tenía claro ahora era el poder del matrimonio como institución. Desde luego era más poderoso, antiguo, trascendente y complicado de lo que Felipe y yo seríamos jamás. Por modernos y avanzados que nos creamos los dos, en cuanto nos subiéramos a la cadena de montaje del matrimonio acabaríamos convertidos en *esposos*, forzados a adoptar algún modelo tremendamente convencional que beneficiara a la sociedad, aunque no nos beneficiara a nosotros enteramente.

Y todo ello era preocupante, porque a mí siempre me ha gustado considerarme vagamente bohemia. No soy anarquista ni nada parecido, pero sí me gusta contemplar mi vida en términos de una cierta resistencia instintiva contra el conformismo. Lo cierto es que Felipe tiene una idea muy parecida de sí mismo. En fin, si somos sinceros supongo que la mayoría de nosotros tenemos una imagen parecida de nosotros mismos, ¿no? Al fin y al cabo, es fascinante considerarse un inconformista excéntrico, incluso aunque lo último que se haya hecho sea comprar una cafetera. Por eso la idea de doblegarme al convencionalismo del matrimonio me hería en lo más profundo, que es donde tengo el altivo antiautoritarismo griego. Y, a decir verdad, me sentía incapaz de superar esa traba.

Pero entonces descubrí a Ferdinand Mount.

*

Un día, navegando por Internet en busca de datos nuevos sobre el matrimonio, tropecé con un curioso texto académico titulado *La familia subversiva*, de un autor británico llamado Ferdinand Mount. Tras encargarlo, pedí a mi hermana que me

248

lo mandara a Bali. El título me encantaba y pensaba que narraría la historia fascinante de una serie de parejas que habían conseguido vencer al sistema, socavar la estructura social y mantenerse fieles a sus raíces rebeldes, todo dentro de la institución del matrimonio. ¡Tal vez encontrara una pareja que me sirviera de inspiración en la vida!

Efectivamente, el tema central era la rebeldía, pero con un enfoque totalmente distinto del que esperaba. Desde luego no se trataba de un manifiesto revolucionario, cosa que no era tan sorprendente porque Ferdinand Mount (perdón, quería decir sir William Robert Ferdinand Mount, el tercer barón de su familia) es un conservador que escribe una columna en el *Sunday Times* de Londres. La verdad es que, de haberlo sabido, jamás habría pedido el libro. Pero me alegro de haber dado con él, lo que demuestra que a veces la salvación nos llega de la manera más improbable. El caso es que sir Mount fue como una tabla de salvación, al proporcionarme una idea del matrimonio radicalmente distinta de todo lo que había estudiado hasta ese momento.

Mount —obviaré su título de aquí en adelante— mantiene que todo matrimonio es un acto subversivo contra la autoridad. (Es decir, todo matrimonio no concertado. En otras palabras, los matrimonios ajenos a un clan, una tribu o un acuerdo económico. En resumen, todos los matrimonios occidentales.) Las familias que proceden de estas uniones tan voluntariosas y singulares también son unidades subversivas. Como dice Mount:

La familia es una organización subversiva. De hecho, es la única gran organización subversiva estable. A lo largo de nuestra historia, tan sólo la familia ha logrado debilitar al Estado. Pero también es el enemigo permanente de todas las jerarquías, iglesias e ideologías. No sólo dictadores, obispos y comisarios políticos, sino también nuestros mansos curas parroquiales e intelectuales de salón se topan una y otra vez con la pétrea hostilidad de la familia en su determinación de resistirse a toda interferencia hasta el último momento.

En fin, que la cosa empieza con fuerza, pero Mount emplea argumentos convincentes. Afirma que los matrimonios no concertados se unen por razones tan íntimas y hacen una vida de pareja tan privada, que son una amenaza innata para todo aquel que pretenda dominar el mundo. La primera meta de todo gobierno autoritario es procurar imponer su control sobre la población, mediante la coacción, el adoctrinamiento, la intimidación o la propaganda. Pero las figuras autoritarias, para su gran frustración, nunca han sido capaces de controlar ni espiar los actos más íntimos de dos personas que duermen juntas todos los días.

Ni siquiera la Stasi de la Alemania comunista —el cuerpo de policía totalitaria más eficaz del mundo— logró escuchar todas las conversaciones privadas de todas las casas a las tres de la madrugada. Nadie lo ha conseguido jamás. Por modesta, seria o trivial que sea la conversación, esas horas susurradas pertenecen exclusivamente a quienes las comparten entre sí. Lo que le sucede a una pareja a solas en la oscuridad equivale a la mismísima definición de la palabra "privacidad". Y no hablo de sexo, sino de algo mucho más subversivo: la *intimidad*. Todas las parejas del mundo pueden acabar convirtiéndose en un país pequeño y aislado con una población de dos (con una cultura, un idioma y un código moral propios, a los que nadie tiene acceso).

Emily Dickinson escribió: "De todas las almas de la Creación / una sola elijo yo". Esa idea —el hecho de que, por motivos personales, muchos de nosotros acabemos eligiendo una persona a quien amar y defender por encima de todas las demás— es una situación que siempre ha exasperado a familias, amistades, instituciones religiosas, movimientos políticos, funcionarios de aduanas y cuerpos militares. Esa elección mutua, esa intimidad infranqueable, son desquiciantes para quien pretenda controlarte. ¿Por qué no se permitía a los esclavos estadounidenses que se casaran? Porque para los dueños esclavistas era peligrosísimo que una persona cautiva experimentara la amplia gama de libertad psicológica e intimidad innata que puede darse dentro de un matrimonio. Se trataba de una especie de libertad sentimental, cosa impensable en una sociedad esclavista.

Por eso a lo largo de la historia siempre ha habido gobiernos autoritarios que han intentado minar los vínculos humanos naturales para aumentar su propio poder. La estrategia de los movimientos revolucionarios y las sectas siempre es la misma: un intento de separarte —como individuo— de tus vínculos anteriores. Luego te obligan a hacer un juramento de fidelidad a tu nuevo dueño, maestro, dogma, dios o país. Como escribe Mount: "Has de renunciar a todas las relaciones y bienes terrenales para seguir la Bandera, la Cruz, la Luna Creciente o la Hoz y el Martillo". En resumen, debes renegar de tu propia familia y jurar que *ahora tu familia somos nosotros*. Además, debes aceptar todas las estructuras sociales externas de tipo familiar que te impongan (monasterio, kibbutz, camarilla, comuna, pelotón, pandilla, etc). Y si eliges honrar a tu esposa, marido o amante por encima del colectivo, habrás fallado y traicionado al movimiento, que te denunciará por egoísta, subdesarrollado o incluso traidor.

Pero la gente lo sigue haciendo. Siguen rechazando al colectivo y eligiendo una persona amada entre las masas. Recordemos que esto ya lo habíamos visto en los inicios de la cristiandad. Los padres fundadores anteponían el celibato al matrimonio. Ésa era la nueva sociedad. Aunque es cierto que algunos conversos se hicieron célibes, la mayoría no. Con el tiempo los patriarcas cristianos tuvieron que aceptar que el matrimonio no iba a desaparecer. El marxismo se topó con el mismo problema al intentar crear un nuevo orden mundial en que las parejas no tuvieran ningún tipo de vínculo y se educara a los niños en comunas infantiles. Pero los comunistas tuvieron tan poco éxito como los primeros cristianos en su intento de acabar con el matrimonio. Los fascistas tampoco lo consiguieron. Lo cambiaron de forma, pero no lograron eliminarlo.

Y he de decir que las feministas tampoco lo lograron. A comienzos de la revolución feminista, algunas de las activistas más radicales defendían una utopía en la que, pudiendo elegir, las mujeres liberadas elegirían siempre los vínculos de la hermandad y la solidaridad frente a la opresora institución matrimonial. Un grupo de activistas, como la separatista feminista Barbara Lipschutz, llegó a sugerir que las mujeres deberían dejar de tener relaciones sexuales —no sólo con hombres, sino también con mujeres—, porque el sexo siempre iba a ser un acto humillante y opresor. El celibato y la amistad, por tanto, serían los nuevos modelos de relación entre mujeres. "Nadie tiene por qué dejarse follar" era el notorio título del ensayo de Lipschutz, que no es exactamente el título que le habría puesto San Pablo, pero se basaba en los mismos principios: los encuentros carnales siempre son perjudiciales y los amantes, en el mejor de los casos, nos distraen de nuestros destinos más elevados y honorables. Pero en su intento de erradicar el deseo sexual, Lipschutz y sus seguidoras tuvieron tan poco éxito como los primeros cristianos, los comunistas o los fascistas. Muchas mujeres —incluso las más listas y liberadas— preferían tener relaciones con hombres, pese a todo. ¿Y por qué luchan las feministas lesbianas de hoy? *Por el derecho a casarse.* El derecho a ser madre, crear una familia, casarse legalmente. Quieren entrar en la institución del matrimonio, forjarlo desde dentro, y no quedarse fuera tirándole piedras a la fachada.

Hasta Gloria Steinem, el gran símbolo del movimiento feminista estadounidense, decidió casarse por primera vez en el año 2000. El día de su boda tenía 60 años y estaba tan lúcida como siempre, así que debía saber perfectamente dónde se estaba metiendo. Sin embargo, algunas de sus seguidoras lo consideraron una traición, como si fuera una especie de ángel caído. Pero es importante saber que Steinem consideró su boda una celebración de la victoria del feminismo. Según explicó, si se hubiera casado en la década de 1950, cuando le tocaba, se habría convertido en una parte del mobiliario de su marido, o en el mejor de los casos su avispada ayudante, como Phyllis, la experta en matemáticas. Pero en el año 2000, gracias en parte a su gran esfuerzo, el matrimonio estadounidense había llegado a un punto en el que una mujer podía ser tanto una esposa como un ser humano, con todos los derechos civiles y libertades intactos. Aun así, la decisión de Steinem decepcionó a muchas de las feministas más apasionadas, que no le perdonaron haber elegido un hombre, poniendo la hermandad femenina en un segundo plano. De todas las almas de la Creación, la mismísima Steinem también había elegido una sola, decisión que dejaba fuera a todas las demás.

Pero a la gente no le puedes impedir desear lo que desea y resulta que muchas personas quieren tener intimidad con una sola persona. Pero como no existe la intimidad sin privacidad, tendemos a reaccionar con fuerza ante todo lo que nos impida estar a solas con el ser amado. Pese a que a lo largo de la historia han existido personajes autoritarios que han intentado reprimir ese deseo en nosotros, no consiguen eliminarlo. Seguimos defendiendo nuestro derecho a unirnos con otro ser legalmente, sentimentalmente, físicamente, materialmente. Seguimos intentando una y otra vez, por mucho que nos aconsejen en contra, recrear la extraña criatura de Aristófanes, bicéfala, con ocho miembros y eternamente feliz.

Esta ansia de unión se ve por todas partes, a veces en los lugares más extraños. Algunas de las personas menos convencionales, más tatuadas, más antigubernamentales y socialmente rebeldes que conozco, se acaban casando (a veces con efectos desastrosos, pero el caso es que lo intentan). También conozco algún feroz misántropo que se ha casado, pese a su aparente odio igualitario de la humanidad. De hecho, conozco a muy pocas personas que no hayan intentado tener una relación monógama seria una vez en la vida, de una forma u otra, aunque sea sin sellarla en una iglesia o un juzgado. De hecho, la mayoría de la gente que conozco ha tenido varias relaciones monógamas seguidas, aunque les hayan roto el corazón varias veces por el camino.

Hasta Felipe y yo —dos huidizos divorciados supervivientes que alardeamos de tener una cierta independencia bohemia— nos habíamos creado un mundo que se parecía sospechosamente al matrimonio, mucho antes de que interviniera en nuestras vidas el gobierno estadounidense. Antes de llegar a conocer al funcionario Tom ya vivíamos juntos, hacíamos planes juntos, dormíamos juntos, compartíamos nuestros ingresos y construíamos una vida entre los dos, excluyendo a los demás de nuestra relación. Si a eso no le llamamos matrimonio, ¿cómo lo llamamos? Si hasta hicimos una ceremonia para celebrar nuestra fidelidad (¡Qué digo, si fueron dos ceremonias!). El hecho de modelar nuestras vidas en torno a esa relación quiere decir que buscábamos algo, como les pasa a tantos. La gente busca tener esa intimidad aunque sea arriesgado desde el punto de vista sentimental. Queremos conseguir esa intimidad como sea, por muy mal que se nos dé. Incluso si es ilegal amar a la persona que amamos. Incluso cuando se nos dice que busquemos algo mejor, más refinado, más noble. Nos empeñamos en lograr esa intimidad como sea, por motivos que sólo sabemos nosotros. Nadie ha sido capaz de solucionar ese misterio, como nadie nos puede reprimir el deseo de intimidad.

Como escribe Ferdinand Mount: "Pese a todos los intentos oficiales de degradar a la familia, quitarle importancia social e incluso eliminarla, el hombre y la mujer de hoy en día no sólo se aparean y tienen hijos, sino que insisten en vivir en pareja". (Y yo aquí añadiría que el hombre de hoy en día también insiste en vivir con otro hombre. Y que la mujer de hoy en día también insiste en vivir con otra mujer. Y que ambas propuestas desquician a las autoridades gubernamentales).

Ante la cruda realidad, al final a los gobiernos represores no les queda otra que rendirse ante lo inevitable de las relaciones humanas. Pero siempre batallan hasta el final. En su rendición hay una pauta, que Mount ve repetirse a lo largo de la historia de Occidente. Primero las autoridades aceptan que no pueden impedir a los ciudadanos ser fieles a una persona en vez de a una causa más elevada, lo que implica que el matrimonio no va a desaparecer. Pero cuando desisten de eliminar el matrimonio, intentarán controlarlo imponiendo todo un repertorio de leyes y normas restrictivas. Por ejemplo, en la Edad Media, cuando los patriarcas cristianos aceptaron finalmente la existencia del matrimonio, inmediatamente le impusieron toda una batería de condiciones, a cual más dura. Ya no habría divorcio; el matrimonio se convertía en un santo sacramento; sólo eran válidos los casamientos celebrados por un cura; las mujeres debían aceptar las leyes que favorecían al marido, etc. Y ahí fue cuando la Iglesia se extralimitó un poco en su control del matrimonio, llegando al nivel más íntimo de la sexualidad conyugal.

En la Florencia del siglo XVII, por ejemplo, un monje (célibe, se entiende) al que todos llamaban el hermano Cherubino recibió el extraordinario encargo de escribir un manual para los esposos y esposas cristianos que clarificara lo que se consideraba una relación sexual aceptable en el matrimonio cristiano y lo que no. Según explicaba el hermano Cherubino, "la actividad sexual no debe incluir los ojos, la nariz, las orejas, la lengua, ni cualquier otra parte del cuerpo que no sea necesaria para la procreación". La esposa podía mirar las partes pudendas de su marido, pero sólo cuando se ponía enfermo, nunca en relación con el sexo, y "nunca permitas, mujer, que tu marido te vea desnuda". Y aunque a los cristianos les estaba permitido bañarse de vez en cuando, lo que se consideraba una verdadera perversidad era perfumarse para resultar más atractiva a tu marido. Por otra parte, jamás se podía besar al marido usando la lengua. ¡En ninguna parte del cuerpo! "El diablo se las sabe todas", se lamentaba el hermano Cherubino. "Cuando los esposos están juntos les hace besarse no sólo las partes decentes, sino también las indecentes. Sólo de pensarlo me invade una mezcla de horror, espanto y perplejidad…"

Obviamente, la Iglesia estaba horrorizada, espantada y perpleja de que el lecho nupcial fuese tan privado y, por tanto, tan difícil de controlar. Ni el más diligente monje florentino podía impedir que dos lenguas se explorasen una a la otra en la oscuridad de un dormitorio. Como tampoco podía adivinar el monje lo que se decían esas lenguas al hablarse después de hacer el amor, cosa que quizá fuera la más peligrosa de todas. Incluso en aquellos tiempos tan déspotas, a puerta cerrada las parejas hacían lo que querían, definiendo los términos de su intimidad.

Al final suele vencer la pareja.

Cuando la autoridad fracasa en su intento de primero eliminar y luego dominar el matrimonio, al final se rinde y lo acaba aceptando por completo. (Ferdinand Mount dice irónicamente que esto es firmar un "tratado de paz unilateral".) Pero entonces viene una etapa aún más curiosa. Como el mecanismo de un reloj, los poderes fácticos se apropiarán del concepto del matrimonio, llegando incluso a decir que lo han inventado ellos. Es lo que el cristianismo conservador lleva siglos haciendo en Occidente, fingir que son ellos los que han creado la institución matrimonial y los valores familiares, cuando lo cierto es que en un comienzo estaban totalmente en contra de ambos.

Esto también sucedió en la Rusia soviética y en la China del siglo XX. Primero los comunistas intentaron eliminar el matrimonio y después quisieron dominarlo. Entonces se inventaron toda una mitología nueva que reclamaba que la familia siempre había sido la columna vertebral de la sociedad comunista, por si no lo sabía nadie.

Entre tanto, pese a las contorsiones históricas y violentos altibajos de los dictadores, tiranos, curas y asesinos, la gente sigue casándose, o como se le llame según la época. Por disfuncional, nociva e insensata que pueda ser una pareja — secreta, ilegal, innombrable o rebautizada—, las personas siguen insistiendo en unirse bajo sus propias condiciones. Se enfrentan a las leyes y superan todas las restricciones para conseguir lo que quieren. ¡O ignoran directamente todas las normas de sus tiempos! Como se quejaba en 1750 un ministro anglicano de la colonia estadounidense de Maryland, si hubiera tenido que reconocer como casadas sólo a las parejas que habían oficializado su unión en una iglesia, habría tenido que "declarar bastarda al 90 por ciento de la población de este país".

El pueblo no espera a que le den permiso, sino que crea las condiciones que requiere. Los primeros esclavos africanos de Estados Unidos inventaron una forma de matrimonio absolutamente subversiva que llamaba la "boda escoba", que consistía en que una pareja saltaba sobre una escoba colocada horizontalmente ante una puerta y decían que estaban casados. Nadie podía impedirles celebrar en secreto su compromiso en un instante de fugaz invisibilidad.

Vista así, por tanto, toda la noción del matrimonio occidental cambia para mí, hasta un punto silenciosamente revolucionario. Es como si el orden histórico se trasladase unos centímetros, dándole a todo una forma distinta. Repentinamente, el matrimonio legal deja de parecer una institución (un sistema estricto, inamovible, rígido y deshumanizado, impuesto por la poderosa autoridad a los individuos indefensos) y empieza a parecer más bien una concesión desesperada (el intento convulso de una autoridad desvalida de controlar el comportamiento indomable de dos individuos enormemente poderosos).

No somos nosotros, por tanto, quienes debemos adaptarnos dificultosamente a la institución del matrimonio, sino al revés; es la institución del matrimonio la que se tiene que adaptar dificultosamente a nosotros. Porque "ellos" (los poderes fácticos) nunca han sido totalmente capaces de impedirnos a "nosotros" (dos personas) que unamos nuestras vidas para crear un secreto mundo propio. Así que con el tiempo a "ellos" no les queda más remedio que permitirnos casarnos legalmente, bajo la forma que sea, por restrictivo que sea el modelo. El gobierno va brincando tras sus ciudadanos, esforzándose desesperadamente por estar al día pese a su retraso (a menudo de manera inefectiva y hasta cómica), creando normas y costumbres en torno a algo que íbamos a acabar reglamentando nosotros a nuestra manera, les guste o no.

Así que al contar esta historia he retrocedido lúdicamente desde el comienzo. Es absurdo sugerir que la sociedad inventó el matrimonio y luego obligó a los seres humanos a unirse unos con otros. Sería como decir que la sociedad se inventó la profesión de dentista y luego obligó a la gente a tener dientes. Somos nosotros quienes hemos inventado el matrimonio. Las parejas inventaron el matrimonio. Pero también el divorcio, que quede claro. Y la infidelidad también, además de la intriga amorosa. De hecho, nos inventamos todo el asunto del amor, la intimidad, el odio, la euforia y el fracaso. Pero la pieza más importante, subversiva y obstinada de todas es la *privacidad*.

Hasta cierto punto, Felipe tenía razón: el matrimonio es un juego. Ellos (el poder) nos imponen sus normas. Nosotros (los ciudadanos corrientes y subversivos) nos inclinamos reverentemente ante esas normas. *Pero luego, en casa, hacemos lo que nos da la gana.*

*

¿Da una cierta impresión de que me estoy intentando convencer a mí misma?

Señoras y señores, por supuesto que quiero convencerme a mí misma.

Este libro entero —página por página— ha sido un intento de revisar la compleja historia del matrimonio occidental para procurar hacerme un pequeño hueco que me resulte cómodo. Pero no es tan fácil como parece. El día de su boda, mi amiga Jean preguntó a su madre: "¿Todas las novias están tan aterradas como yo?", y su madre, abrochándole los botones del vestido con gran tranquilidad, le respondió: "No, cielo. Sólo tienen miedo las que piensan".

En fin, el caso es que yo lo he pensado mucho. Dar el salto al matrimonio no ha sido sencillo, pero quizá no tenga por qué serlo. Tal vez sea normal que necesite convencerme para casarme —por arduo que sea el proceso—, sobre todo porque soy mujer, y el matrimonio no siempre nos ha tratado justamente.

Ciertas culturas parecen entender esa necesidad de persuasión conyugal mejor que otras. En algunas sociedades, la tarea de convencer a una mujer de que acepte una propuesta matrimonial se ha convertido en una ceremonia, o incluso en una forma de arte, por derecho propio. En Roma, en el barrio obrero del Trastévere, se mantiene la costumbre de que si un chico se quiere casar con una chica debe cantarle una serenata bajo la ventana. La canción le sirve para pedirle la mano, cosa que sucede en plena calle, a la vista de todos. Es obvio que muchas culturas mediterráneas mantienen esta tradición, pero en el Trastévere romano es casi una obligación.

La escena siempre comienza del mismo modo. El joven llega a casa de su amada con un grupo de amigos y varias guitarras. Una vez situados bajo la ventana de la chica, le cantan a pleno pulmón —en el tosco y rudo dialecto local— una canción con el título poco romántico de *"Roma, nun fa'la stupida stasera!"* (¡Roma, no seas idiota esta noche!). Resulta que el hombre no le canta directamente a su amada, porque no se atreve. Lo que quiere de ella (su mano, su vida, su cuerpo, su alma, su devoción) es tan monumental que pedírselo directamente le da pánico. Por eso le dirige la canción a la ciudad entera de Roma, demostrando su pasión con voz tosca, ronca e insistente. Lo que pide, con todo su corazón, es que la ciudad le ayude a convencer a esta mujer de que se case.

"¡Roma, no seas idiota esta noche!", canta el hombre bajo la ventana de su amada. "¡Ayúdame! ¡Llévate las nubes para que la luna sólo se vea desde aquí! ¡Haz brillar tus estrellas más relucientes! ¡Sopla, maldito viento del oeste! ¡Embriáganos con tu aroma! ¡Haz que parezca primavera!"

Al sonar los primeros acordes de esta canción popular, la gente del barrio se agolpa en las ventanas y así comienza la participación del público en el evento. Los hombres de las casas vecinas se asoman a los balcones, increpando a los cielos con el puño cerrado, regañando a la ciudad de Roma por no asistir más activamente al chico en su plegaria nupcial. Todos los hombres del barrio gritan al unísono: "¡Roma, no seas idiota esta noche! ¡Ayúdale!"

Entonces la chica —el objeto de su deseo— sale a la ventana. A ella también le corresponde cantar un verso de la canción, aunque en sus palabras se vislumbra otra intención. Cuando le toca el turno de cantar, también ella ruega a Roma que no sea idiota esta noche. También ella suplica a la ciudad que la ayude. Pero lo que quiere es algo completamente distinto. Lo que pide es fuerza para rechazar al hombre que la corteja.

"¡Roma, no seas idiota esta noche!", ruega en su canción. "Cubre la luna con un velo de nubes! ¡Oculta tus estrellas más relucientes! ¡No soples, maldito viento del oeste! ¡Llévate tu aroma primaveral! ¡Ayúdame a resistir!"

Entonces es cuando las mujeres del barrio se asoman a los balcones y cantan a coro con la chica: "¡Por favor, Roma, ayúdala!"

Un duelo apasionado de voces femeninas y masculinas se alza por las calles de Roma. La escena es tan dramática que las mujeres del Trastévere parecen estar rogando por su vida. Curiosamente, los hombres están haciendo lo mismo.

En el fragor del encuentro, todos parecen haber olvidado que, en última instancia, se trata de un juego. Desde el comienzo de la serenata ya se sabe cómo va a acabar la historia. Si la mujer se ha acercado a la ventana, si se ha dignado a entornar los ojos hacia el hombre que está en la calle, significa que acepta la propuesta de boda. Al asumir la mitad del espectáculo que le corresponde, la chica está demostrando el amor que siente. Pero para demostrar que tiene orgullo (o tal vez por un miedo muy comprensible), la joven debe hacerse rogar, aunque sólo sea para compartir sus dudas y temores. Va a hacer falta toda la pasión del joven enamorado, toda la belleza épica de la ciudad de Roma, todo el brillo de las estrellas, toda la seducción de la luna llena y todo el aroma del viento del oeste, para que la chica le dé el "sí".

Dado lo que está en juego, se podría decir que toda resistencia es poca y todo espectáculo se queda corto.

En todo caso, puede decirse que a mí me ha pasado lo mismo. He tenido que cantarme una serenata a mí misma, en la calle donde vivo, bajo la ventana de mi habitación, para convencerme de que me voy a casar. Ése ha sido el motivo de mi esfuerzo. Lo siento si parece que, al final de mi relato, estoy agarrándome a un clavo ardiendo para alcanzar alguna conclusión razonable. Es algo que necesito y no me queda más remedio que buscarlo. Desde luego he necesitado la teoría tranquilizadora de Ferdinand Mount sobre el hecho de que, si se contempla el matrimonio desde otra perspectiva, es una institución que se puede considerar intrínsecamente subversiva. Su teoría ha sido un bálsamo de lo más reconfortante. Pero quizá esa teoría no le sirva a todo el mundo. No todos la necesitarán de la misma forma que yo. Y tal vez la teoría de Mount no sea del todo precisa históricamente. A pesar de todo, a mí sí me convence. Como la semi-brasileña que soy, elijo lo que más me conviene y me lo quedo, no sólo porque me anima sino también porque me interesa.

Y de paso he encontrado mi esquinita en la larga y curiosísima historia del matrimonio. Y es ahí donde me voy a quedar, en el rincón de la subversión tranquila, recordando a todas las parejas tercas de la historia, que también han aguantado todo tipo de cosas absurdas y entrometimientos irritantes para lograr lo que querían realmente: un lugar privado donde practicar el amor.

En esa esquinita, a solas con mi hombre, "todo irá bien, y todo irá bien, y todas las cosas del mundo irán bien".

Capítulo octavo

El matrimonio y la ceremonia

Por aquí, nada nuevo salvo mi casamiento,
asunto que me tiene verdaderamente asombrado.
ABRAHAM LINCOLN, en una carta de
1842 a Samuel Marshall.

A partir de un momento determinado, todo sucedió muy deprisa.

En diciembre de 2006 a Felipe aún no le habían dado los papeles, pero teníamos la sensación de que podía suceder en cualquier momento. De hecho, dando por hecho que nuestra victoria era inminente, hicimos justo lo que el Departamento de Seguridad Nacional te dice que no hagas estando al pendiente de la concesión de un visado permanente: hicimos planes.

¿La primera prioridad? Necesitábamos un lugar donde instalarnos una vez casados. No más casas alquiladas, no más traslados. Queríamos una casa propia. Así que mientras estaba en Bali con Felipe, me puse a buscar casas en Internet —en serio y sin esconderme— en una zona rural y cerca de la casa de mi hermana en Filadelfia. Es una locura ponerse a buscar casas sin poder ir a verlas, pero tenía una idea clara de lo que buscábamos, una casa inspirada en un poema de mi amiga Kate Light sobre su versión de la domesticidad perfecta: "Una casa de campo con una virtud: / unas camisas de lino, unos cuadros / y estás tú".

Sabía que iba a reconocer el sitio al verlo. Y así fue: una casa escondida en una pequeña ciudad algodonera de Nueva

Jersey. Mejor dicho, no era realmente una casa, sino una iglesia, una diminuta iglesia presbiteriana de 1802, que un dueño
anterior había transformado mañosamente en una casa habi-
table. Dos dormitorios, una cocina pequeña con todo lo necesario y un enorme santuario donde antiguamente se
congregaban los feligreses. Ventanales enormes de cinco metros de altura con cristal ahumado. Un enorme arce en el jardín. Era nuestro sitio. Desde la otra punta del planeta, les
envié una señal sin haber visto la casa en persona. Unos días
después los dueños me mandaron un mensaje desde el lejano
Nueva Jersey, diciendo que aceptaban mi oferta.

—¡Ya tenemos casa! —le anuncié a Felipe en tono triunfal.

—Qué maravilla, cariño —me dijo—. Ahora ya sólo nos
falta el país.

Así que me puse manos a la obra para conseguirnos un
país. Volví a Estados Unidos sola, justo antes de Navidad, para
hacerme cargo de todo. Firmé los papeles de la casa, saqué
las cosas de la bodega, alquilé un coche y compré un colchón.
En un pueblo cercano encontré un local en un almacén para
que Felipe pusiera su despacho de venta de joyas. Registré su
empresa en Nueva Jersey. Todo esto antes de saber si le iban
a permitir volver a Estados Unidos. Es decir, nos instalé antes
de tener la confirmación oficial de que íbamos a existir como
pareja en ese país.

Entretanto, en Bali, Felipe hacía los últimos preparativos
para su inminente entrevista en el Consulado estadounidense
de Sydney. Al acercarse la fecha (que sería en algún momento de enero), casi todas nuestras conversaciones eran solamente
profesionales. No teníamos tiempo para ponernos románticos. Había que revisar los documentos burocráticos mil veces
para asegurarnos de que Felipe llevaba todos y cada uno de
los papeles que tenía que entregar a las autoridades estadounidenses. En vez de mandarle mensajes de amor, le mandaba *emails* diciendo: "Cariño, el abogado me pide que vaya a
Filadelfia a recoger los impresos en persona, porque tienen
un código de barras especial y no se pueden mandar por fax.
Una vez que te los mande, lo primero que tienes que hacer

es firmar el impreso DS-230 Parte I y mandarla al consulado con el anexo. Para la entrevista tienes que llevar el documento DS-156 original y todos los demás documentos de inmigración, pero recuerda que hasta que tengas delante de ti al funcionario del gobierno que te va a hacer la entrevista, ¡NO PUEDES FIRMAR EL IMPRESO DS-156!

Pero en el último minuto, sólo unos días antes de la entrevista, nos dimos cuenta de que no teníamos todos los documentos. Nos faltaba una copia del certificado de penales brasileño de Felipe. Mejor dicho, nos faltaba el documento que demostraba que Felipe no tenía antecedentes policiales en Brasil. Increíblemente, esa parte fundamental del *dossier* se nos había escapado. Entonces nos entró un ataque de pánico. ¿Algo así podía retrasar todo el proceso? ¿Era posible conseguir un informe de la policía brasileña sin que Felipe tuviera que ir a Brasil a pedirlo en persona?

Tras unos días de llamadas internacionales increíblemente complicadas, Felipe logró convencer a una amiga brasileña que se llama Armenia —mujer de notable ingenio y encanto— de que se pasara todo el día haciendo cola en una comisaría brasileña para convencer a un policía de que le diera una copia de los antecedentes de Felipe. (Había una cierta simetría poética en el hecho de que fuera ella quien nos rescatara al final, dado que nos había presentado tres años antes en una cena en Bali.) Una vez que tuvo los documentos en su poder, Armenia se los envió a Felipe a Bali justo a tiempo, antes de subirse irse en avión a Yakarta para contratar a un traductor oficial que le tradujera los documentos brasileños al inglés necesario, autorizado por el único notario legal de toda Indonesia que hablaba portugués y tenía la imprescindible autorización del gobierno estadounidense.

—Está todo muy claro —me aseguró Felipe cuando me llamó en medio de la noche desde Java, donde iba en un *rickshaw* empapado por la lluvia—. Nos va a salir bien, nos va a salir bien, nos va a salir bien.

En la mañana del 18 de enero de 2007, Felipe era el primero en la fila del Consulado estadounidense en Sydney. Llevaba varios días sin dormir, pero sabía que tenía lo que le pedían, es decir, un montón de papeles increíblemente complicados: informes gubernamentales, certificados médicos y cantidades ingentes de documentos. Hacía tiempo que no se cortaba el pelo y llevaba sus viejas sandalias de viaje. Pero eso era lo de menos. Su aspecto les tenía sin cuidado. Lo que querían era que tuviera un historial limpio. Y excepto cuando le preguntaron qué hizo exactamente en la península del Sinaí en 1975 (¿la respuesta?, enamorarse de una guapísima israelí, naturalmente), la entrevista fue bien. Al final del todo por fin pudo escuchar el golpe sólido y tranquilizador —casi como el de una biblioteca local— del sello del visado permanente.

—Que tenga suerte en su matrimonio —dijo el funcionario estadounidense a mi novio brasileño, que ya era un hombre libre.

A la mañana siguiente despegó de Sydney en un vuelo de las líneas aéreas chinas que hizo escala en Taipei antes de llegar a Alaska. En Anchorage pasó todos los controles estadounidenses de inmigración y se metió en un avión con destino al aeropuerto neoyorquino de John F. Kennedy. Unas horas después me subí al coche y atravesé una noche gélida para reunirme con él.

Aunque pensaba que había llevado todo el asunto —que había durado diez largos meses— con bastante estoicismo, debo confesar que me vine abajo en cuanto llegué al aeropuerto. Todos los temores que había logrado reprimir desde que detuvieron a Felipe se me desbordaron justo al final, ahora que él ya estaba tan cerca de volver a casa. Me entraron mareos y temblores de manos, y una especie de pánico generalizado. Temía haberme equivocado de aeropuerto, de hora, de día. (Había mirado el horario unas 75 veces, pero no me confiaba.) Luego me dio por pensar que el avión de Felipe se iba a caer. Y temía —con una especie de locura retroactiva— que Felipe no hubiera pasado la entrevista de Australia, cuando sabía de sobra que la había pasado perfectamente el día anterior.

Y cuando anunciaron que su avión acababa de aterrizar, pensé que no era verdad y que ese vuelo no iba a llegar nunca.

¿Y si no se baja del avión? ¿Y si se baja del avión y lo detienen otra vez? ¿Por qué tarda tanto en bajarse? Me dediqué a mirar fijamente las caras de todos los pasajeros de la sala de llegadas, buscando a Felipe como una posesa. En el colmo del absurdo, miraba dos veces a todas las señoras chinas con un bastón y un niño de la mano, para asegurarme de que ninguna de ellas era Felipe. De pronto me costaba respirar. Como una niña perdida, corrí hacia un policía para pedirle ayuda. Pero, ¿en qué me iba a ayudar?

Fue entonces cuando lo vi.

Sería capaz de reconocerlo en cualquier sitio del mundo. Es la cara que mejor conozco. Iba corriendo por el pasillo de la sala de llegadas, buscándome con el mismo gesto ansioso con el que debía estarlo buscando yo. Iba vestido igual que cuando lo detuvieron en el aeropuerto de Dallas diez meses antes, con la misma ropa que había llevado casi todos los días del año mientras viajábamos por el mundo. Se le notaba el cansancio en las arrugas de los ojos, pero a mí me parecía el hombre poderoso de siempre, escudriñando la sala agobiado por no verme. No era una anciana china, ni un niño pequeño, ni era ninguno de los demás. Era Felipe —mi Felipe, mi hombre, mi bala de cañón— que cuando me vio se me abalanzó encima con tanta fuerza que casi me tiró al suelo.

"Hemos dado vueltas y vueltas hasta regresar a casa los dos", escribió Walt Whitman. "Lo hemos anulado todo, menos la libertad y nuestro propio placer."

Nos abrazamos como si nos diera miedo soltarnos y, por algún motivo, yo no podía parar de llorar.

*

Pocos días después nos casamos.

La boda fue en nuestra casa nueva —esa iglesia antigua y rara—, un frío domingo de febrero. Al final resulta muy cómodo vivir en una iglesia si te vas a casar.

La licencia de matrimonio nos costó 28 dólares y una fotocopia de una factura de la luz. Los invitados fueron: mis padres (40 años de matrimonio); mi tío Terry y mi tía Deborah (20 años de matrimonio); mi hermana y su marido (15 años de matrimonio); mi amigo Jim Smith (divorciado hacía 25 años); y Toby (soltero con curiosidad bisexual). A todos nos hubiera encantado que los hijos (solteros) de Felipe pudieran haber venido, pero la boda fue tan precipitada que no les habría dado tiempo de llegar desde Australia. Tuvimos que conformarnos con llamarles por teléfono, pero no podíamos arriesgarnos a retrasar la boda. Teníamos que casarnos para proteger la permanencia de Felipe en el país con un vínculo legal inviolable.

Al final decidimos que sí queríamos tener algún testigo en la boda. Mi amigo Brian tenía razón: el matrimonio no es sólo un juramento privado. Es un asunto tan público como privado, con consecuencias en el mundo real. Mientras los términos íntimos de nuestra relación siempre nos pertenecerían sólo a Felipe y a mí, era importante recordar que una pequeña parte de nuestro matrimonio también pertenecería a nuestras familias, a todos los que se verían más seriamente afectados por nuestro éxito o fracaso. Tenían que estar presentes ese día, por tanto, precisamente para hacer hincapié en ello. Y había que admitir, nos gustara o no, que otra pequeña parte de nuestro matrimonio siempre pertenecería al Estado. Sin su intervención, la boda jamás habría sido legal.

Pero la parte más pequeña y curiosa de nuestro matrimonio pertenecía a la historia, a cuyos enormes pies nos tenemos que arrodillar todos al final. El lugar donde aterrizas en la historia determina en gran parte cómo será el contenido y el aspecto de tus votos matrimoniales. Como Felipe y yo habíamos aterrizado en esa pequeña ciudad algodonera de Nueva Jersey en 2007, decidimos no escribir cada uno sus propios deseos idiosincrásicos (entre otras cosas, ya lo habíamos hecho en Knoxville), sino aceptar nuestro lugar en la historia repitiendo el juramento nupcial laico del estado de Nueva Jersey. Una aceptación razonable de la realidad.

Obviamente, mis dos sobrinos también fueron a la boda. Nick, el teatrero de la familia, leyó un poema conmemorativo.

¿Y Mimi? Mi sobrina me había arrinconado una semana antes para preguntarme: "¿Va a ser una boda de verdad o no?"

—Depende —dije yo—. ¿En qué consiste, según tú, una boda de verdad?

—Una boda de verdad hay una dama de honor —contestó Mimi—. Y la dama de honor lleva un vestido rosa. Y flores. Pero no una corona de flores, sino una cesta de pétalos de rosa. Pero los pétalos no son color rosa, sino amarillos. Y la dama de honor va delante de la novia, regando el suelo de pétalos. ¿En tu boda va a haber algo de eso?

—Pues no lo sé —dije—. Creo que depende que encontremos una niña que sepa hacerlo bien. ¿A ti se te ocurre alguien?

—Supongo que lo podría hacer yo —contestó hablando despacio y fingiéndose indiferente—. Bueno, si no consigues a nadie que quiera hacerlo…

Así que fue una boda de verdad, incluso dado el nivel de exigencia de Mimi. Pero aparte de nuestra elegantísima dama de honor, los demás íbamos bastante normales. Yo me puse mi suéter rojo favorito. El novio llevaba una camisa azul (la que estaba limpia ese día). Jim Smith tocó la guitarra y mi tía Deborah —que ha dado clases de ópera— cantó "La Vie en Rose" en honor a Felipe. A nadie parecía importarle que la casa estuviera llena de cajas de la mudanza y a medio amueblar. La única habitación utilizable era la cocina, que habíamos acondicionado precisamente para que Felipe pudiera prepararnos un almuerzo nupcial. Llevaba dos días cocinando y tuvimos que recordarle que se quitara el delantal cuando llegó el momento de casarse. ("Eso es buena señal", comentó mi madre.)

La ceremonia fue oficiada por un hombre afable llamado Harry Furstenberger, alcalde de esta pequeña ciudad de Nueva Jersey. En cuanto el alcalde Harry entró por la puerta mi padre le preguntó directamente: "¿Es usted demócrata o republicano?", porque sabía que era un tema al que yo le daba importancia.

—Soy republicano —dijo el alcalde Harry.

Entonces se produjo un tenso silencio, hasta que mi hermana me susurró:

—Mira, Liz, para estas cosas es mejor un republicano. Controlan todo lo que tenga que ver con el Departamento de Seguridad y eso, ya sabes.

Y procedimos con la ceremonia.

Todos sabemos bastante bien cómo es la típica boda americana, así que no lo voy a repetir aquí. Basta con decir que nos prometimos amor eterno al estilo tradicional. Sin ironía ni duda alguna, intercambiamos nuestros votos ante mi familia, ante nuestro amable alcalde republicano, ante nuestra elegante dama de honor y ante el perro Toby. La verdad es que Toby —que se debía haber dado cuenta de la importancia de la ocasión— se tumbó en el suelo entre Felipe y yo, justo en el momento de darnos el *sí, quiero*. Al besarnos tuvimos que estirar el cuello, porque teníamos el perro en medio. A mí me pareció un buen auspicio; en los retratos matrimoniales de la Edad Media es frecuente ver un perro pintado entre los dos recién casados, ya que es un símbolo de fidelidad.

Al acabarse la ceremonia —que en sí es corta, teniendo en cuenta la magnitud del hecho—, Felipe y yo por fin estábamos casados. Entonces nos sentamos todos a compartir un copioso almuerzo: el alcalde, mi amigo Jim, mi familia, los niños y mi ya marido. Esa tarde no tenía manera de saber si en mi matrimonio habría paz y alegría o no (ahora ya sé que sí), pero recuerdo tener una sensación de tranquilidad y agradecimiento. Fue un hermoso día. Corrió el vino y hubo muchos brindis. Los globos que habían llevado Nick y Mimi ascendieron lentamente hacia el polvoriento techo de la iglesia, donde se quedaron oscilando de un lado a otro. Los invitados se habrían quedado más tiempo, pero al caer la tarde empezó a helar, así que todos buscaron sus abrigos y sus cosas para irse antes de que empeorara el tiempo.

Cuando nos quisimos dar cuenta ya se habían ido todos.

Felipe y yo —al fin solos, como se suele decir— nos pusimos a recoger los platos y a abrir las cajas para amueblar nuestro nuevo hogar.

Agradecimientos

Este libro no es una obra de ficción. He recreado, con la mejor de mis habilidades, todas las conversaciones e incidentes que aparecen en la obra pero a veces —en nombre de la narrativa coherente— he tenido que editar los eventos y discusiones que sucedieron en varios días y reducirlos a un solo pasaje. Además, he cambiado algunos —no todos— de los nombres de los personajes en esta historia para proteger la privacidad de quienes, cuando sus caminos se juntaron con el mío, seguramente no tenían intención de aparecer en un libro. Le agradezco a Chris Langford por ayudarme a encontrar alias apropiados para dichas personas.

No soy una académica ni una socióloga ni una psicóloga ni una experta en el matrimonio. He puesto lo mejor de mí en este libro para discutir la historia del matrimonio de la manera más exacta posible, para hacerlo tuve que apoyarme en el trabajo de los escritores y académicos que han dedicado sus vidas profesionales a este tema. No voy a hacer un listado bibliográfico de todos ellos pero sí quiero dar las gracias a algunos autores específicos.

El trabajo de la historiadora Stephanie Coontz fue una verdadera luz para mí en los últimos tres años y no puedo recomendar lo suficiente su fascinante libro *Marriage: A History*.

También me siento en enorme deuda con Nancy Cott, Eileen Powers, William Jordan, Erika Uitz, Rudolph M. Bell, Deborah Luepnitz, Zygmunt Bauman, Leonard Shlain, Helen Fisher, John Gottman y Julie Schwartz-Gottman, Evan Wolfson, Shirley Glass, Andrew J. Cherkin, Ferdinand Mount, Anne Fadiman (por su extraordinario trabajo acerca de los Hmong), Allan Bloom (por sus reflexiones en la división filosófica entre griegos y hebreos), con los muchos autores que contribuyeron con el estudio de Rutgers University acerca del matrimonio y —más inesperada pero encantadoramente— con Honoré de Balzac.

Aparte de estos autores, la persona más influyente en la creación de este libro ha sido mi amiga Anne Connell, quien leyó, editó y corrigió este manuscrito como si fuera propio con sus ojos biónicos, su lápiz mágico y su incomparable experiencia con los 'Web nets'. Nadie —y de verdad, nadie— puede medirse con ella en cuestiones de corrección de estilo. Tengo que agradecer a Anne por el hecho de que este libro esté dividido en capítulos, porque las palabras "de hecho" no aparezcan cuatro veces por párrafo y porque todas las ranas que aparecen en estas páginas estén correctamente identificadas como anfibios y no reptiles.

Quiero darle las gracias a mi hermana Catherine Gilbert Murdock, que no sólo es una autora fantástica de literatura para jóvenes (su maravilloso libro *Dairy Queen* es un libro obligado para cualquier niña inteligente entre los diez y los dieciséis años), sino también mi amiga querida y el modelo intelectual más influyente en mi vida. Ella también leyó este libro con un cuidado único salvándome de errores de pensamiento y secuencia. Con eso dicho, no es tanto el conocimiento que tiene Catherine de la cultura occidental lo que me impresiona sino, su talento extraño para saber exactamente cuando su hermana —solitaria y exiliada en Bangkok— necesita recibir vía aérea, una nueva pijama. Así que, a cambio de su generosidad y amabilidad, le dedico esta cariñosa nota.

Además, le doy las gracias a todos los lectores tempranos de este libro por sus recomendaciones y motivación: Darcey,

Cat, Ann (la palabra 'paquidermo' va por ella), Cree, Brian (este libro siempre será *Weddings and Evictions* entre nosotros), mamá, papá, Sherryl, Iva, Bernadette, Ferry, Deborah (quien amablemente sugirió que si era un libro acerca del matrimonio, no podía faltar la palabra 'feminismo'), Susan, Shea (quien por horas y horas me escuchó hablar de este proyecto), Margaret, Sarah, Jonny y John.

Agradezco también a Michael Knight por ofrecerme un trabajo y un cuarto en Knoxville en 2005, y por conocerme lo suficiente para saber que prefería, por mucho, vivir en un viejo hotel que en cualquier otro lugar del pueblo.

También doy las gracias a Peter y Marianne Blythe por compartir su sillón y su entusiasmo con un Felipe desesperado cuando aterrizó en Australia directo de la cárcel. Con dos bebés, un perro, un pájaro y la maravillosa Tayla, todos bajo el mismo techo, la casa de los Blythe ya estaba rebosante pero aún así, Peter y Marianne lograron acomodar a un refugiado. No sobran los agradecimientos para Rick y Clare Hinton en Canberra, por llevar el lado australiano del proceso de inmigración de Felipe y por estar al pendiente del correo. Aun del otro lado del mundo, son los vecinos perfectos.

Y ya que estamos hablando de australianos maravillosos, gracias a Erica, Zo, y Tara —mis hijos adoptivos y mi nuera— por recibirme tan cálidamente en sus vidas. En especial, quiero darle las gracias a Erica, por darme el mejor cumplido de mi vida: "Gracias, Liz, por no ser una chica boba." (Un placer, corazón. Y lo mismo para ti.)

Gracias a Ernie Sesskin y Brian Foster, y a Eileen Marolla por guiar —en nombre del amor por los bienes raíces— la completa y complicada transacción de comprar una casa en Nueva Jersey mientras Felipe y yo estábamos del otro lado del mundo. No hay nada como recibir unos planos hechos a mano a las tres de la mañana para saber que alguien, cuida de ti.

Armenia de Oliveira también merece las gracias por ponerse en acción en Río de Janeiro y salvar el proceso de inmigración en esa parte del mundo. También ahí, en el frente brasileño, estuvieron Claucia y Fernando Chavarría —quienes fueron igual de implacables buscando registros militares que brindándonos su cariño y apoyo.

Le doy las gracias a Brian Getson, nuestro abogado migratorio, por su paciencia y profesionalismo, y a Andrew Brenner por ayudarnos a encontrar a Brian.

Gracias a Tanya Hughes (por ofrecerme un cuarto al principio de este proceso) y a Rayya Elias (por ofrecerme otro cuarto pero al final de esta experiencia).

Gracias a Roger LaPhoque y al doctor Charles Henn por su hospitalidad y elegancia en el oasis presupuestal que resultó el Hotel Atlanta, en Bangkok. El Atlanta es una maravilla que se debe conocer para creer y, aún así, es difícil creer.

Le doy las gracias a Sarah Chalfant por su interminable confianza en mí y por los años de protección que me ha brindado. Gracias a Kassie Evashevski, Ernie Marshall, Miriam Feuerle y Julie Manzini por completar ese círculo de cariño.

Agradezco a Paul Slovak, Clare Ferraro, Kathryn Court y todos en Viking Penguin por su paciencia mientras escribía este libro. No quedan muchas personas en el mundo que le digan a un escritor: "Tómate todo el tiempo que necesites", especialmente si dejaste pasar una fecha límite, como yo. A lo largo de este proceso, nadie (excepto yo misma) me presionó de ninguna manera y eso ha sido un regalo único. Su cariño me remonta a una forma más amable de hacer negocios y estoy muy agradecida de haber recibido ese tipo de decencia.

Debo agradecer a mi familia, en especial a mis padres y mi abuela, Maude Olson, por no dudar al permitirme explorar sus sentimientos tan personales acerca de algunas de sus decisiones más difíciles y plasmarlos en papel.

Le doy las gracias al oficial Tom, del Departamento de Seguridad Interna de los Estados Unidos por tratar a Felipe con un inesperado grado de amabilidad durante su arresto y detención. Y esa es la frase más irreal que jamás he escrito, pero bueno. (Por cierto, no estamos seguros de que su nombre fuera 'Tom' pero así lo recordamos los dos y espero que por lo menos sepa quién es: un agente insólito del destino que hizo de una mala experiencia bastante menos mala de lo que en realidad pudo haber resultado.)

Gracias a Frenchtown por traernos de vuelta a casa.

Finalmente, ofrezco mi enorme gratitud al hombre que ahora es mi esposo. Él era una persona con una vida privada común pero, desafortunadamente, su privacidad se terminó el día que me conoció. (Para muchos extraños alrededor del mundo es conocido como "el chico brasileño de *Comer, rezar, amar*".) En mi defensa, debo decir que al principio, cuando empezamos a salir, llegó el momento incómodo de confesarle que era escritora y que si se quedaba conmigo, inevitablemente acabaría revelado en mis libros y mis historias. No había forma de librarse; así de simple. Su única oportunidad —como le dejé claro— era huir en ese momento, mientras aún había tiempo para escapar con dignidad y discreción.

A pesar de todas mis advertencias, se quedó. Y sigue conmigo. Creo que este ha sido un acto de amor y compasión de su parte. En algún momento, a lo largo del camino, este hombre maravilloso parece haber reconocido que mi vida no tendría una historia coherente si él no estuviera en el centro de la misma.

Otras obras de Elizabeth Gilbert
publicadas por Aguilar:

• *Come reza ama*
El viaje de una mujer por Italia, India e Indonesia
en busca del equilibrio entre cuerpo y espíritu

Aguilar es un sello editorial del Grupo Santillana

Argentina
Avda. Leandro N. Alem, 720
C 1001 AAP Buenos Aires
Tel. (54 114) 119 50 00
Fax (54 114) 912 74 40

Bolivia
Avda. Arce, 2333
La Paz
Tel. (591 2) 44 11 22
Fax (591 2) 44 22 08

Chile
Dr. Aníbal Ariztía, 1444
Providencia
Santiago de Chile
Tel. (56 2) 384 30 00
Fax (56 2) 384 30 60

Colombia
Calle 80, 9-69
Bogotá
Tel. (57 1) 635 12 00
Fax (57 1) 236 93 82

Costa Rica
La Uruca
Del Edificio de Aviación Civil 200 m al Oeste
San José de Costa Rica
Tel. (506) 22 20 42 42 y 25 20 05 05
Fax (506) 22 20 13 20

Ecuador
Avda. Eloy Alfaro, 33-3470 y Avda. 6 de
Diciembre
Quito
Tel. (593 2) 244 66 56 y 244 21 54
Fax (593 2) 244 87 91

El Salvador
Siemens, 51
Zona Industrial Santa Elena
Antiguo Cuscatlan - La Libertad
Tel. (503) 2 505 89 y 2 289 89 20
Fax (503) 2 278 60 66

España
Torrelaguna, 60
28043 Madrid
Tel. (34 91) 744 90 60
Fax (34 91) 744 92 24

Estados Unidos
2023 N.W 84th Avenue
Doral, FL 33122
Tel. (1 305) 591 95 22 y 591 22 32
Fax (1 305) 591 74 73

Guatemala
7ª Avda. 11-11
Zona 9
Guatemala C.A.
Tel. (502) 24 29 43 00
Fax (502) 24 29 43 43

Honduras
Colonia Tepeyac Contigua a Banco Cuscatlan
Boulevard Juan Pablo, frente al Templo
Adventista 7º Día, Casa 1626
Tegucigalpa
Tel. (504) 239 98 84

México
Avda. Universidad, 767
Colonia del Valle
03100 México D.F.
Tel. (52 5) 554 20 75 30
Fax (52 5) 556 01 10 67

Panamá
Vía Transísmica, Urb. Industrial Orillac,
Calle Segunda, local 9
Ciudad de Panamá
Tel. (507) 261 29 95

Paraguay
Avda. Venezuela, 276,
entre Mariscal López y España
Asunción
Tel./fax (595 21) 213 294 y 214 983

Perú
Avda. Primavera, 2160
Surco
Lima 33
Tel. (51 1) 313 40 00
Fax. (51 1) 313 40 01

Puerto Rico
Avda. Roosevelt, 1506
Guaynabo
Puerto Rico 00968
Tel. (1 787) 781 98 00
Fax (1 787) 782 61 49

República Dominicana
Juan Sánchez Ramírez, 9
Gazcue
Santo Domingo R.D.
Tel. (1809) 682 13 82 y 221 08 70
Fax (1809) 689 10 22

Uruguay
Constitución, 1889
11800 Montevideo
Tel. (598 2) 402 73 42 y 402 72 71
Fax (598 2) 401 51 86

Venezuela
Avda. Rómulo Gallegos
Edificio Zulia, 1º - Sector Monte Cristo
Boleita Norte
Caracas
Tel. (58 212) 235 30 33
Fax (58 212) 239 10 51